宋时风雅

大宋文人的另一种打开方式

马逍遥 著

陕西新华出版传媒集团
太白文艺出版社·西安

图书在版编目（CIP）数据

宋时风雅：大宋文人的另一种打开方式 / 马逍遥著. -- 西安：太白文艺出版社，2023.3
 ISBN 978-7-5513-2358-1

Ⅰ. ①宋… Ⅱ. ①马… Ⅲ. ①诗人－生平事迹－中国－宋代 Ⅳ. ①K825.6

中国国家版本馆CIP数据核字(2023)第009199号

宋时风雅
SONGSHI FENGYA
大宋文人的另一种打开方式
DASONG WENREN DE LINGYIZHONG DAKAI FANGSHI

作　　者	马逍遥
总 策 划	党　靖
责任编辑	杨　匡
封面设计	王　洋
版式设计	建明文化
出版发行	陕西新华出版传媒集团 太 白 文 艺 出 版 社
经　　销	新华书店
印　　刷	西安市建明工贸有限责任公司
开　　本	889mm×1194mm　1/32
字　　数	250千字
印　　张	11
版　　次	2023年3月第1版
印　　次	2023年3月第1次印刷
书　　号	ISBN 978-7-5513-2358-1
定　　价	59.00元

版权所有　翻印必究
如有印装质量问题，可寄出版社印制部调换
联系电话：029-81206800
出版社地址：西安市曲江新区登高路1388号（邮编：710061）
营销中心电话：029-87277748

目 录

001　李煜：世间终是有你好
014　林逋：唯有隐者留其名
025　寇准：高调，是一种态度
040　晏殊：文人盛世的黎明
052　柳永：衣带渐宽终不悔
064　范仲淹：岳阳楼上
077　欧阳修：千古一醉翁
089　包拯：真·包青天
102　宋祁：且向花间留晚照
115　苏洵：学出一片天
128　苏轼：遗爱千载苏徐州
139　苏辙：做个"星弟"太难了
151　王安石：吃饭，从来不叫事

165 司马光：办老实事，做老实人

179 曾巩：我可没有拖后腿

191 章惇：刚强的人生不需要解释

206 秦观：伤心的泪，伤心的人

219 黄庭坚：风流犹拍古人肩

231 晏几道：人生自是有情痴

243 米芾：你不是真正的快乐

254 赵佶：王朝终结者

267 陆游：世间美好与你环环相扣

279 辛弃疾：人中之杰，词中之龙

291 杨万里：大宋第一学霸

304 张孝祥：破镜者

317 姜夔：自转的矛盾体

328 宋慈：救时与救世

338 文天祥：挺起大宋的脊梁

李煜：世间终是有你好

一

时间：北宋开宝八年（975）
地点：金陵城（南唐国都）

当北宋大将曹彬得意扬扬地把一套崭新的户口本、身份证和房产证递到魂不守舍的李煜手中时，他只简单交代了一句："从今天开始，你的国籍就不是南唐了，你已是我大宋的臣民，吾皇还贴心地在京城给你置办好了房产，你这就收拾收拾搬走吧！"

这一年，李煜刚满四十岁。

这一年，随着国家的灭亡，李煜词作的关注度剧增，就连曹彬都忍不住私下读了李煜早期的一首《长相思》：

云一缐，玉一梭，淡淡衫儿薄薄罗。轻颦双黛螺。
秋风多，雨相和，帘外芭蕉三两窠。夜长人奈何！

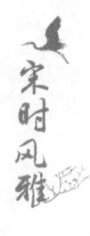

读罢，曹彬不禁感叹："真是一流的才情，一流的人物，如果让他在文艺圈专职搞创作，肯定比当君王更合适啊！"

众位风雅文人的故事开始前，我们不妨思考一个问题：如果没有李煜，历史将会怎样？

站在大一统进程和历史演进的角度，貌似并不会有太大的影响，既然大宋势必会一统江山，李煜不做亡国之君，自然会有张煜、王煜去做。

然而，若是站在文艺创作和艺术贡献的角度，李煜绝对算得上两宋文艺圈一代代风雅文人的头号引领者。

尽管与诗词作品总量轻松破千的苏轼、陆游、杨万里等人相比，李煜虽产量不高（诗词加在一起仅60余首），却首首都是精品。

《虞美人》《相见欢》《长相思》……首首情真语挚，脍炙人口，堪称经典中的经典，一直流传至今。

此外，还有一个最现实的问题：如果没有李煜，南唐在历史上的知名度还会那么高吗？

唐朝灭亡后，依次问鼎中原的五大政权分别是：后梁、后唐、后晋、后汉和后周，即五代；中原之外（主要是南方）先后存在前蜀、后蜀、南吴、南唐、吴越、南楚、南平、闽国、南汉、北汉，共十个割据政权，统称十国。五代和十国被合称为五代十国。

如果你没兴趣涉猎这段混乱又短暂的历史，很可能不知道朱温（后梁创始人）、李存勖（后唐创始人）等一代枭雄是何许人也，也可能不清楚"燕云十六州"是谁（石敬瑭）割让给谁（契丹）的，不清楚赵匡胤的老大（柴荣）有多强悍，甚至不清楚这些政权都是怎么在"生死看淡，不服就干"的时代你方唱罢我登场的。

不过，你肯定知道唐、宋之交存在过一个"南唐"政权，南唐有位国君名叫李煜。

二

李煜（原名李从嘉）能当上南唐国主，绝对属于天上掉馅饼还直接掉进嘴里的小概率事件。

他并不是太子，而且从没觊觎过皇位。

太子是他大哥李弘冀，一个集军事才华与腹黑心机于一身的狠人。

在后周一家独大的那些年里，作为十国中实力最强的政权，南唐可没少被致力于一统天下的周世宗柴荣欺负。

更糟心的是，南唐在全力抵抗周军入侵的同时，还得提防邻居吴越国趁乱搞事情。

周军攻占扬州，吴越国也趁机入侵常州、润州。李璟很生气：打不过柴荣，我还打不过你钱弘俶[①]？

此时，镇守润州的主帅正是李弘冀。考虑到李弘冀年轻气盛爱冲动，李璟打算在和吴越开战前把儿子召回，却遭到众将一致反对："领导，临阵换帅，军心必乱，您得三思啊！"

[①] 钱弘俶：公元948—978年在位，吴越国最后一位君主，宋太宗太平兴国三年（978）降宋。

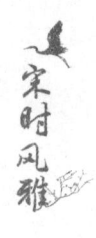

思之再三，李璟重重地叹了口气："唉！毕竟国家安危大于天，即便牺牲了朕的儿子，也要御敌于国门之外！"

李璟的旨意传达到前线，众将士感念领导大公无私，士气大振。当事人李弘冀也很有大局意识，既然不让走，大不了以身许国呗！

将生死置之度外的李弘冀，作战思路一样简单粗暴，打仗嘛，不是你死就是我亡，把部队拉出去真刀真枪干一场就完事了，有什么好守的？他任命勇将柴克宏为前敌总指挥，集合全军赶到常州城下与吴越军决战。

结果，南唐大胜，战事结束。就是这么轻松写意。

入城前，李弘冀下令将全部俘虏押到城门下斩首，随后在将士们高亢的欢呼声中检阅部队，士气立时爆棚。

此后几年，李弘冀在与吴越军的交锋中连战连捷，在军中威望日隆。南唐国防部全体成员就在御前军事会议上联名保奏："陛下，赶紧立弘冀为太子吧！不然以后镇不住场子。"

李璟有些为难："朕当然知道自己的儿子很优秀，可朕曾在先皇面前盟誓，相约兄终弟及，南唐的江山要传给皇太弟兼兵马大元帅李景遂。"

说得如此大公无私，众将肯定是不信的。

"陛下，皇太弟的水平您又不是不清楚，早些年被周军打得找不着北，近些年又被吴越军打得仓皇溃逃，如今柴荣对我朝虎视眈眈，试问皇太弟哪能守住疆土呢？"

李璟没着急表态，李景遂倒先撑不住了。目前看来，皇位可是块烫手的山芋，没皮没脸争下去丢人的还是自己，干脆溜了算了。

他主动向组织递交了辞职信:"老哥,和能打胜仗的大侄子相比,我就是个弟弟,您别让我当皇太弟了行不?"

"呃……那行吧,既然你主动提出来了,老哥也就不勉强你了。"于是,李璟将李景遂改封为晋王、洪州大都督,顺理成章立李弘冀做了太子。

三

刚一上位,李弘冀胆大心黑的本性就暴露了出来。

亲叔叔前脚刚走,亲侄子后脚就送去了一杯毒酒。惊闻噩耗的李璟,内心几近崩溃。

有些人,原谅是不可能原谅的,只能是算了。

毕竟李弘冀年轻有为,是南唐延长国祚的希望;毕竟在乱世混日子,能保住招牌、不被兼并才是王道。

这一切,原本跟李煜没有半毛钱关系,他只是李璟第六个儿子,只想做个安静的美男子。

他很想低调,可实力有点不允许!

不要误会,李煜并非有多么优秀,只是他长了一双传说中的帝王之眼,官方称为"重瞳"①。

按照现代医学解释,这种情况属于瞳孔发生了粘连畸变,非但跟帝王之相毫不沾边,而且还有诱发白内障的风险。

可古代并没有《走近科学》,毕竟重瞳的人极其少见,而

---

① 重瞳:一目双眸,也就是一个眼睛里有两个瞳孔。

且个个是人中之龙，比如"五帝"之一的舜帝、造字的仓颉、晋文公重耳，还有西楚霸王项羽。

像我这样优秀的人都没有重瞳，你小子居然有，什么意思！

被太子老哥各种羡慕嫉妒恨，李煜很慌，怕老哥啥时候不高兴再给自己整一杯毒酒。

为了避祸自保，李煜开始醉心于诗词创作、游山玩水和研究佛经，丝毫不敢在朝堂上发表任何言论，还自号"钟峰隐者""莲峰居士"，只为表明自己无意争位。

这一时期，李煜创作了许多风花雪月的浪漫诗词。

比如《渔父》：

浪花有意千里雪，桃花无言一队春。一壶酒，一竿身，快活如侬有几人。

比如《菩萨蛮》：

蓬莱院闭天台女，画堂昼寝人无语。抛枕翠云光，绣衣闻异香。

潜来珠锁动，惊觉银屏梦。脸慢笑盈盈，相看无限情。

李煜的内心独白很现实：老哥你别针对我，别说去做渔父，让我出家都行！

然而，现实却跟李煜开了一个大玩笑。

后周显德六年（959），李弘冀突染重疾病逝，据说是整天看到老叔李景遂的鬼魂，惊吓过度而死。

李弘冀一死，太子之位再度空缺。

不光李煜害怕李弘冀，就连李璟也时常提防行事酷辣的长子，他敢明着毒死亲叔叔，保不齐哪天心里不爽能把亲爹也弑了。

再立太子，绝对要换一种风格。

考察了一圈，李璟有意立谦谨宽和的李煜为继位人。

没想到礼部侍郎钟谟却当众拆台："郑王（李煜）佞佛，性格又柔懦，如何应付如狼似虎的宋朝？与其立他，不如立纪国公李从善（李璟第七子），和先太子一样优秀。"

"优不优秀是你说了算，还是朕说了算？"李璟怒不可遏，一脚把钟谟踢到饶州，然后让一脸懵懂的李煜入主东宫。

两年后，李璟病重，留给南唐的时间不多了。

病逝前，李璟特意把李煜叫到身边，眼含热泪对儿子倾诉："孩儿啊！你爷爷白手起家，打下这一片疆域，不容易呀！咱们国家最强盛时，占据江淮三十五州，一度有逐鹿中原的实力。"

说着，李璟摇了摇头，幽幽地说道："可惜你老爹没本事，始终打不赢柴荣，被他攻占淮南大片领土不说，还被迫去了皇帝尊号！我忍气吞声，只为保住你爷爷打下的江山。如今柴荣虽死，赵匡胤又雄起了，这厮觊觎南唐之地已久，怎不让人担忧！"

李煜跪在一旁，手足无措地望着老爹，不知该如何回答。

李璟似乎有些失望，强撑着病躯坐了起来："不到万不得已，千万不可与宋朝撕破脸面，切记，冲动是魔鬼，务必要忍耐，也许我们还能有一线生机。没准宋朝内部也闹出什么兵变呢？没准赵匡胤哪天就暴毙了呢？谁知道呢！"

说罢，李璟遗憾地闭上了眼睛。

南唐究竟还能坚持多久，根本由不得自己决定。

四

弱肉强食的时代，弱小即原罪，不能指望强者慈悲为怀。

就算李璟不叮嘱，李煜一样会忍气吞声，守住疆域，让自己的小朝廷苟延残喘，他没有实力更没有勇气跟强大的宋朝叫板。

无可奈何的人生，才最悲哀。

此后十年，李煜小心翼翼地侍奉宋朝，按时纳贡不说，每逢赵匡胤对外用兵或是朝中有重大活动，南唐也会额外上礼以示庆贺。

发红包发得肉疼，却依然阻止不了赵匡胤灭唐的野心。

开宝四年（971），赵匡胤攻灭南汉，屯兵汉阳，俨然将南唐视为盘中餐。李煜只得再次降低姿态，连国号都去了，改称"江南国主"，南唐建制一律降级，彻底沦为大宋的附属国。

要不是打不过你，我早跟你翻脸了！李煜郁闷地想，却实在没有办法，只能借酒消愁、借歌舞自我麻醉了。

就算这么卑微地乞活，赵匡胤还是悄悄加快了灭唐的脚步。他以祭天为由，召李煜入京。

李煜不傻，去了肯定回不来了。

"大哥，我生病了，缓一缓吧？"

"不行！"

"大哥，我真病得走不动道了，您也不希望我死在路上吧？这回真心去不了啊！"

"好小子，敢不听安排，那就等着被安排吧！"

宋军水陆并进，向南唐杀奔而来。李煜只好颁布全国动员令，集合全部力量与赵匡胤死磕。

这时，与南唐素有世仇的吴越国再次趁机进犯常州、润州，配合宋军合围南唐。

李煜隔空给了钱弘俶一个关爱智障的眼神，派使者前去谈判："老哥，'唇亡齿寒'的道理你懂不懂？南唐灭亡，下一个就轮到吴越国了，难道你脑子进水了吗？"

钱弘俶苦涩一笑，在心里默默给李煜道了个歉："兄弟，实在对不住，赵老大逼我出兵，我敢不出吗？万一他先收拾我咋办？'唇亡齿寒'的道理我懂，可如今连整张脸都保不住了，谁还关注嘴唇和牙齿的关系呢？你先灭亡吧，我能比你晚几天，就算对得起列祖列宗了。"

该来的总要来。

开宝八年（975）六月，宋军围困南唐首都金陵，李煜两次遣使，请求赵匡胤缓兵。

"大哥我错了，南唐还有国力侍奉您，别灭我们行不？"

"不行！"

"那我甘愿再降一级，南唐不设国主了，您让我在江宁当个宰相也行。"

"卧榻之侧，岂容他人鼾睡？江宁你别待了，朕在东京①给你盖好房子了。"

总之，灭你没商量。

南唐，注定要灭亡。

十二月，弹尽粮绝的李煜出城投降，随即被押送开封。临行前，他留下一首《破阵子》，细腻地诉说着亡国之君绝望的悲哀。

四十年来家国，三千里地山河。凤阁龙楼连霄汉，玉树琼枝作烟萝，几曾识干戈？

一旦归为臣虏，沈腰潘鬓消磨。最是仓皇辞庙日，教坊犹奏别离歌，垂泪对宫娥。

后面的故事，大多数人都耳熟能详。

赵匡胤故意给李煜封了个"违命侯"，将其软禁了起来。

宋太宗赵光义即位后，行为比老哥还恶劣，不但霸占了李煜的小周后，还命画师在一旁记录下自己即兴表演的犯罪过程，给后世留下一幅《熙陵幸小周后图》，俗称"春宫图"。

小周后一去就是数日，李煜不敢想象，更不敢声张，只能在妻子回来后，夫妻俩抱头痛哭一场，仅此而已。

七夕节（李煜生日）那天，为保一家人性命，小周后再次

---

① 宋朝建国后，以开封府（今河南开封）为东京，以河南府（今河南洛阳）为西京，宋真宗即位后，以应天府（今河南商丘）为南京，宋仁宗即位后，再设大名府（今河北大名）为北京。

应召入宫。悲愤交加的李煜命歌伎唱新作《虞美人》：

春花秋月何时了？往事知多少。小楼昨夜又东风，故国不堪回首月明中。

雕栏玉砌应犹在，只是朱颜改。问君能有几多愁？恰似一江春水向东流。

在李煜的强烈要求下，歌伎把浅吟低唱的悲伤情歌唱成了摇滚，声音很大，气氛很躁。寓所外奉命监视的宦官听到了，随即上奏给赵光义。

聚众狂欢，打扰街坊四邻先不说，组织待你情深义重，你小子还敢怀念故国，看我不弄死你！

翻脸不认人的赵光义就在七夕当晚，送去一杯下了"牵机药"的毒酒，让李煜死得极度痛苦。①

五

作为一国之君，李煜是不称职的。

从他当上国主那一天起，几乎是眼睁睁地看着国家一步步被蚕食殆尽，他的命运注定要走向不可逆转的悲剧，然后，和他日思夜想的故国一起灭亡。

可作为一代词宗，李煜又是无可比拟的。

---

① 据说李煜饮毒酒后，腰直不起，全身抽搐，头脚相接而死。李煜死后不久，小周后也绝食而死。

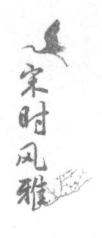

与"初唐四杰"引领唐诗发展的情况类似,晚唐五代那阵,"花间词派"①独步江湖,词风秾丽香艳,格调有些偏低。

南唐亡国前,李煜填词的路子很窄,一样难以摆脱花间派靡丽空洞的词风。

亡国后,李煜的词风才有了较大的转变,他开始直抒胸臆,以普通人的情感变化去体味人生,以白描的手法倾吐身世、家国之思。

比如这首《乌夜啼》:

林花谢了春红,太匆匆!无奈朝来寒雨晚来风。
胭脂泪,相留醉,几时重?自是人生长恨水长东!

这首词用落花、寒雨这些具体意象引发对人世美好事物匆匆凋零的怅惘,不镂金错彩,却情感动人;不隐约其词,却又情味隽永;不刻意雕饰,却鲜明可感。

可以说,在李煜之前,没人能用词的形式直悟人生,体察世事变迁和家国兴衰。没了李煜那几十首,看似无伤大雅,可就是这么几十首,引领了一种词风,抒发了一种情怀,对日后江湖上两大门派——婉约派和豪放派均有深刻影响。

如果没有李煜,你能期待有王煜、马煜来引领潮流吗?

其实不能期待,能以俊采神飞、任纵奔放的风格拓展词的

---

① 花间词派:活跃于晚唐和五代的词派,以晚唐温庭筠为鼻祖,题材集中在伤春悲秋、离愁别绪、风花雪月、男欢女爱等方面,与"艳情"关系密切。

内容、丰富词的手法并开辟一种创作新格调的，除亡国之君李煜之外再无他人。

多愁善感的气质，大起大落的经历，亡国被辱的哀愁，这都是李煜的标签。

他是南唐政权存在的符号，更是中国文化延续的符号。他那风华绝代的才情，追忆故国的深情，都化成一江春水，注入李煜的灵魂，更融入历史的血液，成为一种文化基因。

就像说起唐诗，没人不知道李白、杜甫、白居易；说起宋词，没人不知道李煜、苏轼、李清照。

哪怕是一个没什么文化的中国人，哪怕他对宋词丝毫不感兴趣，提及李煜，都一定能想到这位亡国之君写过的那句"问君能有几多愁，恰似一江春水向东流"。

"作个才人真绝代，可怜薄命作君王。"这就是李煜，一个中华文化史上光辉灿烂的名字。

顺便说一句，如果没有李煜，大宋风雅文人们的精彩故事该以谁为起始呢？

林逋：唯有隐者留其名

一

林逋有两只鹤，一只是仙鹤，另外一只也是仙鹤。

林逋住所旁的孤山山顶，只种了一株梅树，山坡和山脚，却种了三百多株。

许多朋友都曾向林逋请教过一个问题："为何你只在山顶种一株梅树，养两只鹤呢？"

林逋的回答却总是让人匪夷所思："山上那株梅树，是我的妻子，妻子一个足矣；屋外那两只仙鹤，是我的儿子，儿子两个足矣；至于剩下那些梅树，是我的生计，三百多株足矣。"

这种回答基本属于一本正经地胡说八道，朋友们一点都不买账："我信你个鬼！像你这种不走寻常路的隐逸型男神，都这么会自我标榜吗？"

"信不信由你，我可从没想过出名，更不在乎有多少人关注。"

林逋的风轻云淡，让朋友们有点抓狂："我就不信你能守着梅花、仙鹤过一辈子！"

诸如此类的质疑声从未间断。关注他的人，称赞他志向高洁、不慕名利；批评他的人，指责他过度包装、沽名钓誉。

隐居孤山的林逋就在这种追捧和批评的浪潮中，成为大宋初期文艺圈关注度最高的隐逸文人。

宋太祖乾德五年（967），在浙江奉化的一个小村庄里，林逋出生了。

那个时候，他户口本上籍贯那一栏填的还是"吴越"，十多年后，吴越国才正式归入大宋的版图。

不过，户口本的信息变动对林逋影响不大，是"吴越人"还是"宋人"，林逋并不关心，他只想安安静静做个隐士。

古代选择做隐士，一般分为四种类型：

其一，为博功名故意归隐型；

其二，看破红尘潇洒归隐型；

其三，诸事不顺悲哀归隐型；

第四种情况比较特殊，随心所欲说归就归型。

林逋，就属于第四种情况，喜欢归隐，不需要理由，谁也管不着。

问题在于，林逋生活在入仕积极性极为高涨的北宋时代，这就显得过于另类了些。

大唐那阵，科举考试难度系数高，干谒的路子却很宽广，终南山上，考试不及格，暂时隐居起来寻找机会的假隐士很多，一旦机会来临，立马扔掉隐居的行头，或投奔幕府，或从军驻塞，或干谒求官。

到了北宋，赵匡胤改革科举制度以后，干谒的路子断了，可国家每年都会招录大批公务员，①科举录取率飞速上涨。再加上朝廷配套实行的恩荫制度，对于功臣家的二代们，不参加考试也能做官。

"独木桥"扩建成"跨江大桥"，千军万马欢呼雀跃，踊跃参加科考，积极投入组织怀抱，以至于山野间装模作样的假隐士都很少了。

林逋却从一开始，就没打算走寻常路。

二

作为一个没车没房、父母双亡的孤单少年，自幼缺少父母关爱的林逋性格一直很孤僻，不喜欢热闹和喧嚣，唯独喜欢躲在安静处读书，仿佛能在寂静中找到真正的快乐。

也许正因父母早逝，很早就独立生活的林逋，没人督促学习，没人来灌"鸡汤"，主观上也就没养成入仕为官、光宗耀祖的强烈意愿。

四十岁前，林逋有过一段长期的漫游经历，足迹踏遍江淮各地；四十岁后，林逋看遍了风景，厌倦了漂泊，于是选择在杭州西湖边的孤山上盖了间草屋，从此不问世事。

那时的孤山，是真正的孤山，政府不会管控，开发商也不

---

① 宋朝科举制度最初规定每年举行一次科举，有时一二年不等，直到英宗治平三年（1066）下诏"三岁一贡举"，三年一届的科举制度才正式确定下来。

会关注，林逋想怎么开发利用，就怎么开发利用。

天气好、心情好的时候，他会独自一人泛舟于西湖之上，顺道拜访诗友、附近寺庙的高僧。

天气差、心情糟的时候，他就在家读书、弹琴、养鹤、培育梅花……过得很是愉悦。

日子就这么一天天地过，家住杭州城、多年不联系的大哥，终于忍不住给林逋写了封信。

"年轻人宁可去碰壁，也不要在家里面壁。我不像你这么有才，不然早考中进士了，与其整天没心没肺地宅着，你为何不愿努力一把，为咱老林家争口气呢？"

"这么多年没关注过我，如今怎么突然管起我来了？"亲情淡薄的林逋倒也不想纠结老哥的动机，只草草向哥哥道了平安，对入仕绝口不提。

原本以为，哥哥只是随口一问、随意一说，没想到在此后很长一段时间里，林大哥似乎在拯救堕落中年人这件事上上了瘾，给弟弟写了一封又一封的信。

"老弟，你在荒山野岭里隐居了那么久，肯定很无聊吧？就算不无聊，也快成土鳖了，咱杭州如今建设得可好了，到处开发盖高楼，不来看看，你就彻底落伍了！"

林逋架不住老哥多次邀请，勉强去了一次，只待了几天，就实在待不住了。

"哥哥，我必须得回去了，再说我那鹤估计也饿得快不行了……"

"行吧，那你先回，下次再来。"

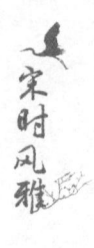

结果，林逋再也不愿去了，直到病逝，他都未曾再次踏入杭州城。

林逋不来，劝他考试的愿望就泡汤了，可做哥哥的，还是希望能为弟弟做点事。

林逋这小子单身了四十年，葫芦里卖的什么药，外人还真是无从得知。

思来想去，林大哥有了主意，如果不是性格孤僻不愿谈恋爱，那就定是独居孤山，很难找到称心如意的另一半。

"弟弟，独身这么久，你不孤单寂寞吗？虽然咱老林家传宗接代不需要你了，可你这后半辈子一直单着算怎么回事？要不哥哥在杭州城给你物色物色？"

林逋的回答很直白："多谢哥哥的美意，小弟已经寻得意中人了。"

"哦哦，是吗？那这姑娘是咱本地人吗？"

"怎么说呢，小弟的意中人，是我在孤山上种的一株梅树。"

林大哥惊了："梅树做妻，你是脑子短路了吧？梅花能赏倒是不假，怎能做妻呢？"

林逋悠然回上一句："能！我喜欢就可以！"

三

从杭州返回以后，林逋再未离开孤山，他守着梅妻鹤子，悠然自得地生活着。

除了仙鹤和梅花，他还收养了个童子，这倒不是他忍受不了孤独，而是由于他名声越来越大，关注度越来越高，慕名前来拜访的文人雅士络绎不绝。

每次独自外出游玩，他都吩咐童子，一旦有人造访，就把他那两个儿子（仙鹤）放出来，只要看到儿子在天上盘桓，林逋就棹舟归来，与访客相会。

隐居的这些年，林逋留下许多名作。

比如这首知名度最高的《山园小梅》：

众芳摇落独暄妍，占尽风情向小园。
疏影横斜水清浅，暗香浮动月黄昏。
霜禽欲下先偷眼，粉蝶如知合断魂。
幸有微吟可相狎，不须檀板共金樽。

特别是"疏影横斜水清浅，暗香浮动月黄昏"一句，被后世评价为"千古咏梅绝唱"。

认识林逋的人，无不对其乐天安命的品性和淡雅温润的才情表示叹服。

杭州郡守薛映、李及等人不但整天找林逋喝茶论诗，还自掏腰包为其扩建新宅，林逋并不推辞。

宋真宗赵恒也是林逋的追捧者，他特意指示杭州市政府有关部门："听说林逋还在靠卖梅度日，这怎么行？你们要妥善关照好林逋的日常生活，全力帮助他尽快脱贫！"

有了政府的大力支持，林逋以火箭般的速度实现了小康。可他的生活状态似乎并没有任何改变，该出游出游，该养鹤养鹤,该看花看花。

最重要的是,他仍然坚持着自己"不入仕、不进城、不娶妻、不生子、不保存作品"的"五不"精神。

一位经常来访的友人对他说:"你写诗从不追求名声,这点我能理解,可你看看如今文艺圈各位知名人物,哪一个不是靠诗词标榜,最起码还是要把作品保存一下,日后必有大用!"

林逋颊边的肌肉不由得抽动了一下,随即垂下眼帘,反问道:"保存作品有何用处呢?"

友人神秘一笑:"这年头,谁不想做我大宋第一代顶级文人呢?虽然你在圈子里的关注度已经足够高了,可我听说朝中有位大人物,无论年纪、实力都和你相差无几,人家那个姿态摆得极高,你难道不想……"

林逋忍不住打断了友人的话:"我这辈子追求的,不是娶妻生子,不是功名富贵,我只看重这片青山绿水,此生以梅为妻,以鹤为子,便是极好了。我不知道你口中的大人物是谁,也不管别人如何思忖,业界如何追捧,我只想告诉他们一句话:'别迷恋哥,哥只是个传说。'"

四

宋仁宗天圣六年(1028),林逋留下一首《自作寿堂因书一绝以志之》:

> 湖上青山对结庐,坟头秋色亦萧疏。
> 茂陵他日求遗稿,犹喜曾无封禅书。

诗成不久,林逋便孤独地在孤山病逝,终年六十一岁。

他的两只鹤,早在很多年前就正常死亡;山顶那株树上的梅花,也在林逋病重后黯然凋零。

他的鹤,埋在孤山下;他的梅,谢在孤山上;他的人,葬在住所旁。

生前,林逋希望自己的热度能随死亡自然消散,甚至不再被人提起。然而,还是那位经常来访的友人,私底下主动帮了个"倒忙",让林逋在后世又火了一把。

这个"倒忙",就是暗自背诵、保存并出版林逋的作品。

没办法,作品写得太好,不流传下去太可惜了!

林逋死后,他的作品集很快出版发行。没过多久,这部作品集就在"大宋文学销售榜"一路飙升,持续霸榜好些年,连宋仁宗赵祯也搞了一本。

当仁宗读到"羁游事无尽,尘土拂吾缨""寒威敢相掉,猎猎酒旗风""迟留更爱吾庐近,只待春来看雪天"等许多美妙的诗句,听到林逋"梅妻鹤子终老一生"的传奇故事,不由得怅然良久:"没想到我大宋还有这种陶渊明式的人物,真是难得。"

很快,官方发布消息,高度评价了林逋的一生:

"林逋,大宋文艺圈现象级文人,终生坚守本心,归隐田园,志比陶潜,特赐谥号'和靖先生',以示追慕。"

只可惜,官方的评价再高,民间也难免会有质疑声,特别是像林逋这样特立独行的,就被视为"道貌岸然、虚伪傲慢的人"。

他们坚信：林逋的所有反常举动，都是经过有意识的包装、宣传、炒作、标榜，最终塑造出了一个志向高洁的隐逸型文人。

林逋果真志向高洁吗？

反对者找到了许多疑点。

与林逋同时代的诗人许洞，是个百分百的质疑者。他就特看不起林逋接受朝廷馈赠的行为："人家陶渊明不为五斗米折腰，林逋这小子却对朝廷的馈赠毫不推辞，居然还有脸和陶渊明相提并论！"

他写了首恶意满满的诗《嘲林和靖》：

寺里掇斋饥老鼠，林间吟嗽病猕猴。
豪民遗物鹅伸颈，好客临门鳖缩头。

就是说，林逋就是寺里一只饥饿的老鼠、林间一只咳嗽的病猴，有人送钱送物，他就像鹅一样伸长脖子接受；没人给他送东西，他就像乌龟一样缩头不出。这种表里不一的小人，哪里算得上名士！依我看，他就是猪鼻子插大葱——装象（相）！

除了许洞，王济也讽刺过林逋。

据《西湖游览志馀》记载，林逋在孤山隐居时，朝廷曾派王济前去拜访，顺便探听一下林逋有无入仕的打算。

王济原本以为，像林逋这种高尚的人、纯粹的人、脱离低级趣味的人，无论自己费多少口舌，他都不会答应的，因此谈来谈去，愣是没提邀请林逋入仕的事。

结果，林逋却当着王济的面，掏出了事先备好的简历。

王济大感意外，对林逋的印象一落千丈："老弟，你在圈子里名气那么响，大家都把你视为百年不遇的高尚隐士，以不事王侯为荣，以文章高古为格调，如今却两下皆失，表里不一，让我说什么好！"

五

对于细节的抨击，难免有些苍白无力。后世的抨击者们，又发布了一个振聋发聩的信息："梅妻鹤子"，根本就是一个人为标榜的阴谋！

这个线索，源自明末清初文学家张岱的著作《西湖梦寻》。据张岱记载，林逋死后两百多年，元初有个盗墓贼挖开了林逋的墓，却只发现一方端砚和一支女子的玉簪。

一方端砚，证明林逋生活简朴倒是不假，可这支玉簪却是女子之物，林逋若是终生不娶、终生无恋，何来女子玉簪？

对此，正史野史均无详细记载。不过，参考林逋另一首脍炙人口的《相思令》，也许能从中读出一些端倪：

吴山青，越山青。两岸青山相送迎，谁知离别情？
君泪盈，妾泪盈。罗带同心结未成，江头潮已平。

一向孤高超然的林逋，居然能以女子的口吻，诉说与心上人在江边诀别的悲凉与苦涩。从词的情感抒发上看，说林逋是个没情趣、没爱情故事的单身男子，似乎真有些靠不住，毕竟单身男子不见得能写出如此缠绵悱恻的词句。

也许年少轻狂的林逋，曾经有过一段刻骨铭心的爱情，这段爱情或许无疾而终，或许情深缘浅，或许被人强行拆散，一切都不得而知。

如果林逋把初恋当绝恋的剧情还不够猛，南宋时，还有个叫林洪的人公然声称自己是林逋的七世孙。

对此，支持者认为恪守"伦理纲常"的文人，不太可能冒认祖宗。

反对者如与林洪同处南宋时代的陈世崇曾在著作《随隐漫录》中记载："林可山（即林洪）称和靖七世孙。不知和靖不娶，已见梅圣俞（梅尧臣）序中矣[①]。"

声名远扬的南宋大词人姜夔，更是写了首《嘲林可山称和靖七世孙》，讽刺林洪蹭林逋热度：

和靖当年不娶妻，因何七世有孙儿。
若非鹤种并龙种，定是瓜皮搭李皮。

争论延续到此，真相就难以论证了。

无论真相如何，林逋终究还是一个人走向了人生的终点，这是他的选择，也是他的归宿。

[①] 梅尧臣曾乘舟冒雪前往孤山拜访过林逋，林逋死后，其侄孙曾请梅尧臣为林逋的诗集作序，序中特意强调：林逋少时多病，不娶，无子。如果林逋真有妻室或是有后代，序中应有显露。

寇准：高调，是一种态度

一

宋太宗端拱二年（989），某个天朗气清的早晨，心情很好的赵光义正端坐在金銮殿上，认真听取二府①班子成员汇报近期工作。

汇报了半天，多是些不痛不痒的成绩总结，谈到问题和不足时，却个个轻描淡写、含蓄有加，听着让人昏昏欲睡。

就在这时，搅局的来了。

班子成员中一年轻干部突然出列，就枢密院人浮于事、相互推诿，以及部分官员懒政不作为的现象疯狂批判。

听着听着，赵光义面子上有点挂不住了，你小子强行把总结交流会变成批判大会也就罢了，这话里话外，总感觉是在批判朕作风不正，不重视实际问题。

---

① 二府：中书省、枢密院。中书省掌行政，枢密院掌军事，合称"二府"。

"够了够了，爱卿不用再说了，退朝吧！"赵光义宣布会议结束，转身就要起驾回寝宫。

"慢着！我话没说完，谁也不能走！"此人一个箭步冲了上来，一把抓住赵光义龙袍的袖角，开口怼道："陛下素以善于纳谏自诩，如今连批评和自我批评都不愿开展，不打脸吗？臣希望陛下少安毋躁，容我再说几句。"

场面一度十分尴尬。

群臣忍不住在底下交头接耳："寇准这小子刚升任枢密院直学士没几天，级别还没翰林学士高，就敢当着'二府'朝臣的面吆五喝六、冒犯陛下，未免太高调了吧！"

不过，赵光义可是以唐太宗为偶像的，这点容人的气量还是有的。他强压住心头的怒火，回到座位上继续参会。

"感谢陛下，下面我就刚才提出的问题谈几点建议。"寇准清了清嗓子，开始讲对策。

平心而论，很有参考价值。

赵光义不由得转怒为喜："剖析问题能切中要害，敢于正视矛盾，直言不讳，朕得寇准，犹如唐太宗得魏徵！"

说着，殿上响起一阵雷鸣般的掌声。

这一年，寇准二十八岁，是大宋最耀眼的政治新星。

寇准打小就是个高调的娃，他智商很高，还有个厉害的爹。

老爹寇湘是后晋朝的文科状元，在家乡陕西华州一带名声很响。

据蒋一葵《尧山堂外纪》记载：寇准八岁那年，寇湘在府中大宴宾客,切磋诗词。可惜听了一圈,一篇质量上乘的佳作都没有,水平实在够低。

这时,有人提议让寇准创作一首。跃跃欲试的寇准从座位上站了起来,自信地说道:"请先给个创作主题吧。"

"那就以华山为主题吧。"

寇准轻轻抿嘴一笑:"没问题!"他环视一周,高调地说:"既然是即兴创作,要玩就玩刺激点,我也效仿一下曹植七步成诗,且看成果如何。"

言毕,寇准就在席间闲庭信步地走着,一步、两步,步伐淡定而从容。

走到第三步,寇准停下了脚步,吟出一首五言绝句《咏华山》:

只有天在上,更无山与齐。
举头红日近,回首白云低。

妙啊!你比曹子建还少走了四步,太优秀了!

优秀的寇准在十九岁时考中进士,弱冠之年授任大理评事,又作为青年干部先被选调为巴东知县、成安知县,选调期满后升任盐铁判官、尚书虞部郎中、枢密院直学士。

雷厉风行的作风,敢怒敢言的性格,让寇准在太宗朝备受重视。

二

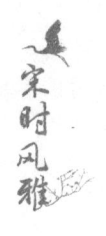

两年后,又是一次朝会。

鉴于春季国内暴发了一场大旱灾,赵光义召集群臣询问施政得失,其实就是他的推责大会。

赵光义先给大会定基调:"万方有难,罪在朕躬。"

各部门领导秒懂:"旱灾乃天数所致,陛下为社稷、为百姓操碎了心,哪能有什么过错呢?"

只有寇准貌似不懂,当众提出质疑:"陛下,'天人感应'您晓得不?"

被寇准这么一问,赵光义有些没底:"朕肯定知道呀,爱卿有什么话就直说吧。"

"《尚书·洪范》有言,天道与人道相互感应,人做得不好,上天就会降下灾祸,我估计这次旱灾是因为刑罚不公。"

赵光义一听就火了:"你这是强行让朕把心肺肠子翻出来,看朕好欺负吗?"说罢,赵光义起身离去(寇准这回没强留)。

冷静了半晌,赵光义又觉得寇准虽然嘴毒,可从来不会无缘无故瞎捣乱,他召来寇准,询问刑罚为何不公。

寇准从容答道:"前不久祖吉和王淮都因收受贿赂而触犯法令,祖吉受贿较少却被判处死刑,王淮收受钱财上千万,却仅受杖刑、官职降级,不就因为他是参知政事[①]王沔的弟弟,试问这公平吗?"

---

① 参知政事:北宋的宰相称中书门下平章事,副宰相称参知政事,简称"参政"。

寇准：高调，是一种态度

"岂有此理！居然敢瞒着朕干这等贪赃枉法之事！"赵光义下令严惩王淮，随即提拔寇准为左谏议大夫、枢密副使，让他进入最高决策层，直接参与北宋的军国大事。

对寇准而言，低调是不可能低调的，这辈子都不可能的。

在枢密院没待几天，寇准就和枢密使张逊出现严重的意见分歧，俩人整天相互嫌弃。张逊嫌寇准目中无人，寇准嫌张逊摆老资历。

某日，寇准和同僚温仲舒外出视察，在街上碰到一个疯子，迎着寇准的马高呼"万岁"。

张逊听闻后，就让死党王宾把这件可大可小的恶心事禀告给赵光义，却刻意隐瞒了对方是疯子的事实。

"陛下，这是对您的威严赤裸裸的践踏啊！赶紧治寇准的罪吧！"

寇准不傻，拉来温仲舒做证。

"陛下，张逊这厮干事没水平，还敢借机诬陷我、欺骗您，赶紧让他滚蛋吧！"

这回，赵光义心态爆炸了，他拍着桌子破口大骂："不要把朕的容忍，当成你们放纵的资本！你俩在枢密院相互拆台，影响工作开展，当朕不知道吗？"

赵光义指了指张逊："贬！"

接着又指了指寇准："你也一样，贬！"

不过，赵光义贬张逊是真贬，贬寇准只想给他上一课，希望他以后学着低调一些。

没过几天，赵光义就开始想念寇准了。他时常闷闷不乐地问侍从："不知道寇准在青州过得快乐吗？"

"陛下，寇准在青州过得好着呢。"

"哦，这样啊！"

又过了几天，赵光义再次提及同样的话题。

这回得到的回答更加果决："陛下，您时常挂念着寇准，我等却只听说他在青州享受，没日没夜搞大型聚会，点着碗口粗的红烛通宵达旦，就是不知道他是否也想念陛下呢？"

赵光义听罢，默然不语。

想了又想，他还是觉得放不下寇准。

怎么办？

当然是选择原谅他啊！

尽管过于高调的寇准经常让一些同僚看不惯，赵光义还是在一年后将其召回，直接任命其出任参知政事。

三

调令发到青州，寇准慢慢悠悠、慢慢悠悠，月余才回到开封。

君臣刚一见面，赵光义就忍不住批评起来："朕都等你许久了，你怎么现在才到，就不能上点儿心？"

说罢，赵光义唏嘘着露出伤痕累累的左大腿，两处箭伤仍然清晰可见。

那是当年伐辽时落下的伤病，数十万宋军在幽州城下惨败，赵光义连中数箭，左大腿上有两支箭深入骨中，年年溃烂，无法痊愈。每到阴天下雨，都让赵光义疼痛难忍。

这是赵光义一生的耻辱，可这次他并不想拉着寇准忆苦思甜，而是另有要事相商。

"立储？"寇准瞪大了眼睛。

"对，立储。"

这个困扰赵光义多年的问题，随着他箭伤的加剧，必须抓紧解决了。

究竟是立自己的儿子，还是立老哥赵匡胤的儿子呢？

当然，他想立自己的儿子。可当初为了当上皇帝，落了个"烛影斧声"杀兄夺位的罪名，若不考虑把皇位归还给侄子，日后必定要挨骂。

赵光义开门见山："朕该立谁为嗣？"

寇准沉思片刻，给领导交了底："为天下选择嗣君，不能和后妃、宦官商量，也不要和亲信大臣谋划，您觉得谁能众望所归，就立谁便好。"

赵光义低头想了半天，弱弱地问："朕的三皇子，襄王赵恒怎么样？"

寇准答道："我刚刚都说了，您认为襄王可以，立就完事了，不用考虑别人怎么想。"

第二天，赵光义宣布晋升赵恒为开封尹，立为皇位继承人。

拜谒太庙回宫时，百姓们挤在道路两旁看热闹。这时不知是谁冲着赵恒喊了一声："少年天子！"

赵光义听了，心里很不是滋味，又把寇准召到宫中："人心归向太子，把朕放在什么位置呢？"

寇准却连连道贺："这只能证明陛下立的储君深得民心，此乃国家之福啊！不如臣陪您整两盅？"

"那就整两盅！"赵光义恍然大悟，困扰多年的心结终于得解，对寇准更加器重。

至道三年（997），宋太宗病逝，真宗赵恒即位。

相较于老爹，赵恒的处境比较糟糕，刚即位没几年，辽军就在边境搞事情，而且看上去还是要搞大事情。

果不其然，辽国萧太后、辽圣宗耶律隆绪亲率二十万大军南下，先头部队已抵达澶州。

告急文书像箭镞一样飞到朝廷，寇准却不予理睬，照常打卡上下班。

"爱卿，军国大事，你得支个招啊！"赵恒很急。

"很严重吗？不就是辽人入侵吗？陛下想不想抓紧时间把事情办了？"寇准很稳。

"当然想啊！爱卿有什么好办法赶紧说吧！"

"很简单，亲征！"

"哎！这么说就没意思了，调皮一下很开心？"

"陛下，臣是认真的！"

赵恒压根儿没想过亲征，毕竟即位不到十年，万一亲征失利，这辈子还混不混了？

于是，赵恒召开御前紧急军事会议，商讨一下有没有无风险又能解决问题的方法。

方法倒是有的。

参知政事王钦若是江南人，主张迁都金陵；枢密院事陈尧叟是四川人，提议迁都成都。

赵恒左思右想，居然打算同意迁都。

寇准气得当场拍了桌子:"迁都南逃,亏你们说得出口!如果连都城都能放弃,辽人一旦乘虚而入,金陵、成都又哪能守得住?到时再往哪里逃?流亡海外吗?为今之计,陛下只有御驾亲征,才能鼓舞边关将士,一举击溃辽人!"

赵恒看了看怒发冲冠的寇准,沉重地点了点头。

四

开赴澶州的路上,赵恒时不时就想打道回府,得亏寇准左动员右鼓舞,才勉强把真宗"赶"到前线。

事实证明,当赵恒的专属龙旗飘扬在澶州北城城头时,守城将士的热情被直接点燃,他们在寇准的带领下高呼"万岁",响声震天动地。

赵恒见鼓舞士气的效果已经达到,当夜返回南城,把前线军事指挥权交给寇准。

回到行营后,赵恒依然没底,他唯恐寇准临阵也怕,便悄悄派人去北城探视。

这时,寇准正在城楼上和知制诰杨亿喝酒下棋,淡定自若,还时不时高调地唱上几句歌谣,完全不把城下漫山遍野的辽军放在眼里。

"心理素质强到无人能敌,这谁顶得住啊!"赵恒见寇准胸有成竹,才渐渐调整了心态。

狭路相逢,要敢于亮剑。

看见敌军,要敢于放箭。

辽军就吃了暗箭的亏。某日,主将萧挞凛正在澶州城下视

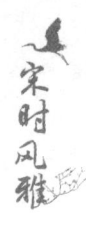

察地形,一不留神被宋军伏弩射杀。

主将一死,萧太后坐不住了。毕竟萧挞凛可是辽北地区第一狠人,最近几场著名的恶仗都是他打的,又听说宋朝皇帝已至澶州,宋军士气大振,萧太后便动了讲和的念头。

辽国使者奉命到澶州北城知会寇准,又跑到南城拜见赵恒。

谈不谈判,赵恒和寇准的反应天差地别。

赵恒见到使者,心里乐开了花:讲和?好呀好呀!打打杀杀多不好,这个世界需要和平。

寇准见到使者,连正眼都不瞧:讲和?开什么国际玩笑!老子本想趁你们军心不稳,再干上一票,没准还能顺势收回燕云十六州①,将你们这帮恶徒彻底赶回老家。

可惜,寇准的思路太猛,风险太大,赵恒始终不同意。他只想尽快讲和,根本不在乎赔钱。

赵恒对出使辽营谈判的曹利用说:"只要不割地,如万不得已,赔偿白银百万两亦可。"

寇准听后很不是滋味,他把曹利用叫到一边,只给了一个指示:"陛下虽有百万之约,可你心里应该有数,谈判时务必据理力争,如果超过三十万,我就砍了你的脑袋!"

其实辽人根本没那么大胃口,一番威胁恐吓下,最后也就每年索要白银十万两、绢二十万匹而已。

---

① 燕云十六州:五代时被后晋高祖石敬瑭割让给契丹,具体指幽州、顺州、儒州、檀州、蓟州、涿州、瀛州、莫州、新州、妫州、武州、蔚州、应州、寰州、朔州、云州,相当于今京、津全境,河北、山西北部。

曹利用光荣地完成任务，兴冲冲地回去复命。

他向赵恒伸出三根手指，赵恒误以为是每年三百万两，感到有些心疼，咬着后槽牙说："如果真能为两国百姓换来和平，三百万两也能接受。"

曹利用笑了："陛下，是三十万两。"

"哦，才三十万，那么少，小伙子很会办事嘛！"

澶渊之盟，客观上为宋辽两国赢得长达百年的和平，赵恒平安回到开封，寇准更是被视为救国英雄受到敬仰。

他本就高调，如今更是意气风发。

每次朝会，基本都是寇准的个人专场，退朝时，寇准大袖一挥，拱手告辞。赵恒总会从龙椅上起立，目送这位救国英雄离去。

这种超出君臣之礼的非正常待遇，寇准欣然接受，从不拒绝。

于是，政敌们看到了扳倒寇准的绝佳机会。

某次退朝后，赵恒仍是礼貌地目送寇准。

曾经被寇准当廷羞辱的王钦若叫住赵恒，低声问道："陛下敬重寇准，是因他有功于社稷吗？"

赵恒点了点头。

王钦若再问："澶渊之盟，陛下不以为耻，反倒认为寇准立有大功，这不科学啊！"

"哪有什么耻呢？"赵恒不懂。

王钦若继续解释："城下之盟本就耻辱，更别说是一国之君亲自订立的了。陛下听说过赌博吗？赌徒快把钱输光时，就

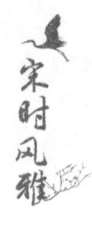

会把筹码全部押上，这叫孤注一掷。"

接着，王钦若亮出了杀招："寇准唆使陛下御驾亲征，是拿陛下做赌注啊！事成则功劳在他，事败则陛下亡国亡家！这对您也太危险了！"

歪理一旦被皇帝接受，就成了真理。

在赵恒眼中，寇准的形象一下暗淡了下去。不久，寇准就被外放为官。

这一走，足足走了十三年。

十三年后，寇准官复原职，可他依然执着于高调的做派，批评讽刺毫不留情。

某日，中书省举行宴会，寇准没注意，一点汤汁沾到了胡须上，参知政事丁谓赶忙凑过来给他擦拭。

没想到寇准一点不给脸，厉声批评道："副宰相给宰相溜须，成何体统！"

就这么一句话，丁谓自此和寇准结了仇。

没多久，寇准因立储一事得罪刘太后[①]，加上丁谓在旁煽风点火，寇准再次被罢职，被贬为雷州司户参军。

北宋政坛这颗最耀眼的星，就这样陨落了。

---

① 刘太后：宋真宗赵恒皇后，宋朝第一位摄政的皇太后，完成大宋政权从真宗到仁宗的平稳交接，为仁宗时期的国家繁盛打下基础。

五

宋仁宗乾兴元年（1022），寇准抵达雷州。在这个鸟不拉屎的蛮荒之地，政务很少，寇准很闲，每天除了读经释书，就是填词会友。

贬谪期间，他创作了多首作品，比如这首《踏莎行》：

寒草烟光阔，渭水波声咽。春潮雨霁轻尘歇。征鞍发。指青青杨柳，又是轻攀折。动黯然，知有后会甚时节？

更进一杯酒，歌一阕。叹人生，最难欢聚易离别。且莫辞沉醉，听取阳关彻。念故人，千里至此共明月。

巧合的是，三年后，死敌丁谓也因得罪刘太后遭贬。

刘太后问侍从："当年丁谓把寇准贬往何处？"

侍从回答："在遥远的雷州。"

刘太后笑道："那就让丁谓去更远的崖州吧！"

更巧的是，丁谓赴崖州，必然要从雷州经过。

仇人见面，分外眼红。寇准的许多亲友都等着看他如何报仇，寇家仆人也都想趁机去羞辱丁谓。

然而寇准的举动，却大大出人意料。

首先，他派人把一只蒸羊送到丁谓必经之处，略尽地主之谊。内心五味杂陈的丁谓主动提出面见寇准，却被直接回绝。

其次，丁谓路过当天，寇准锁上大门，把家人、仆人全部集合到院里，让他们玩各种赌博游戏，但绝不许出门。自己则靠在一旁的躺椅上，慵懒地看着家人大呼小叫、嬉戏玩闹。直到丁谓走远，才把门打开。

亲友们实在不解："老寇，这可不像你的作风，你以前可高调得很！"

行将就木前，寇准终于低调了一回。

在雷州的四年时间里，寇准向当地百姓传授农业技术，兴修水利，开渠引水灌溉良田，大力传播中原文化，对雷州的发展做出了突出贡献。

四年后，寇准在雷州悄无声息地病逝。十年后，仁宗为其昭雪，恢复寇准太子太傅、莱国公的品衔，赠中书令，谥号"忠愍"。

曾经，赵光义这么评价寇准："麻雀和老鼠尚通人意，你怎么就不懂呢？"

曾经，赵恒即位时，任命毕士安为参知政事，毕士安推荐寇准跟自己搭班。

赵恒道："朕听说寇准这人太高调，应该很不好相处。"

毕士安却摇了摇头："寇准虽然高调，可他为人刚正，坚守正义，因而时常被一些奸猾小人诬陷，如今边境常受辽兵骚扰，危害深远，能力挽狂澜者，唯寇准一人。"

于是，赵恒任命寇准、毕士安同为宰相，二人志同道合，配合默契。寇准刚正不阿、疾恶如仇，屡遭奸邪小人弹劾构陷，多赖毕士安为他辩解，才得以消除赵恒疑虑。

也许众人都只看到寇准的高调和傲慢，毕士安却看到了他至真至性的本色。

麻雀和老鼠都能通人意，寇准不懂吗？

也许，他只是不想懂。

就像他这首《蝶恋花》：

四十年来身富贵。游处烟霞，步履如平地。紫府丹台仙籍里，皆知独擅无双美。

将相兼荣谁敢比。彩凤徊翔，重浴荀池水。位极人臣功济世，芬芳天下歌桃李。

春风得意时高调热血，颠沛流离时放荡洒脱，无论顺境、逆境，无论年轻、衰老，无论上升、陨落，寇准始终都以高调姿态示人。他的一生，正应了这句：愿你走出半生，归来仍是少年。

其实，像寇准这种意气风发的少年英杰，四海之内还有很多。

比如，大宋词坛第一位殿堂级文人：晏殊。

晏殊：文人盛世的黎明

一

"爱卿，跟你打听个事。"真宗赵恒笑意盈盈地看着寇准，神色十分悠然。

尽管日理万机，经常在政事堂忙得不可开交，寇准仍是耐着性子，不紧不慢地回复一句："陛下有何指示？"

赵恒道："昨天批阅江南安抚使张知白的奏章，他给朕推荐了当地一个十三岁的神童，建议破格让他进京赴考，这事你怎么看？"

寇准略作沉思，摇了摇头表示反对："陛下，在我看来，所谓民间神童，大部分都是当地官员刻意包装出来引人关注的，估计不足为信。"

赵恒眉头一皱，稍稍加重了语气："爱卿说得在理，可大宋建国四十多年了，还没怎么出过神童呢，朕很想见见，没准真是个好苗子呢？麻烦爱卿安排一下，让他进京参加明年的科考吧。"

寇准虽心存疑虑，却只得表示赞同，随即通知吏部发布招考公告，让张知白举荐的那个名叫晏殊的小孩进京赴考。他也很想验证一下，被张知白吹得神乎其神的小孩到底有几斤几两。

景德二年（1005）春，刚满十四岁的神童晏殊进京了。和他同时来的，还有全国各地千余名考生。

千人之中，晏殊是年龄最小的一个，也是最具话题性的一个。

大龄考生们对待优秀又年轻的竞争者向来不惮以恶意揣测之，在晏殊身后，这帮人不免要指指点点一番。

"据说这小屁孩五岁就得过新概念作文大赛一等奖，在他老家江西抚州属于神童级的当红人物，不会是虚假宣传吧？"

"我还听说这小子可是当今圣上钦点进京赴考的，真有这么优秀吗？"

"哎哎哎，别再质疑人家小朋友了，什么神童不神童的，上考场比试比试再说！"

……

结果，考场上年龄最小的晏殊神色自如，走笔如飞，当一干考生还在聚精会神理思路、凑字数时，晏殊淡定地放下了笔，举起了稍显稚嫩的小手。

"我做完了，交卷！"

天哪，这么优秀的吗？

很快，晏殊的答卷就被送进宫里，赵恒看后，当场拍板决

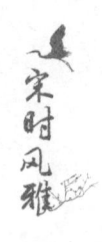

定录取,赐同进士出身。①

"陛下,这小子的文章,我瞅着并不咋样呀。"寇准对赵恒的决定并不认可。

赵恒皱了皱眉:"对啊,所以我才只让他名列五甲,按最低标准录取呗。"

"陛下,晏殊可是南方人(五代时期,晏殊家乡江西抚州属于南唐)……"

"哎,打住打住!"赵恒打断了寇准的吐槽,语气也变得冷淡起来,"盛唐名相张九龄不也是南方人吗?爱卿可别有偏见呀!朕明白你的意思,且等两日后的殿试,若晏殊真没本事,朕一定不会培养他。"

二

两日后,殿试按时开考,拿到试卷的各位考生又开始新一轮的绞尽脑汁、疯狂凑字数,晏殊却只瞄了一眼试题,再次举起了手。

"报告,我申请换张试卷。"

巡考员赶忙走过来询问:"几个意思?答题纸被你弄破了吗?"

晏殊摇了摇头,认真地回答:"这套题目我以前做过,请

---

① 赐同进士出身:宋代进士分五甲,第一甲赐进士及第并文林郎,第二甲赐进士及第并从事郎,第三、第四甲赐进士出身,第五甲赐同进士出身。

给我换套新的吧！"

"押中试题，你不高兴吗？"巡考官万分不解。

"有什么值得高兴的呢？这下完全体现不出我的实力了。"晏殊很耿直。

晏殊的回答让巡考官有点哭笑不得："这么说，你还亏了是吧？但考题是不可能更换的，看着做吧！"

晏殊只好耐着性子做完这套毫无挑战性的试题，轻轻松松拿了个高分。

"看到了吗？朕挑中的人绝对错不了！"赵恒心花怒放，直接把晏殊调进秘书省，留在秘阁①读书深造，并作为后备干部重点培养。

晏殊，瞬间就出名了。

十四岁的晏殊，让众人看到了前朝超级神童王勃的影子，毕竟大宋文坛，太需要一个王勃级别的神童天才引领时代风尚了。

说来有点尴尬，大宋建国四十余年，文坛诗词创作却萧条到令人着急的地步。

在晏殊之前，大师级别的知名文人除了林逋，就剩寇准了。

可这俩人的作品加起来，也是少得可怜。除了林逋的一首《山园小梅》，其他人基本没有拿得出手的扛鼎之作，根本没法和"初唐四杰"所处的黄金时代相提并论。

毕竟文人队伍需要壮大，文化格局需要成型，文艺氛围需

---

① 秘阁：北宋在崇文院中堂建阁，称为秘阁，用以收藏书籍真本及宫廷古画墨迹。

要培养，大宋的"文艺复兴"之路依旧漫长，亟待出现一位领袖级别的创作型大文人。

赵恒希望把晏殊培养成肱股之臣，文艺圈希望晏殊扛起文坛发展的大旗。

无论从哪个层面来看，文人盛世的黎明，终于就要来了。

小小年纪卓尔不群，晏殊却很能沉得住气。

天下承平，国家又奉行"重文轻武"的大政方针，文官们工资高、待遇好、社会地位高、存在感强，工作又比较安逸，生活状态比起动荡纷争的五代时期不知要好多少倍。

整座开封城里的市楼酒馆，大都设豪华包间，为大小官员提供宴饮游乐的场地。

据沈括《梦溪笔谈》记载，已经在秘书省挂职锻炼的晏殊，表现得却有些不太合群。办公室的同事每每邀请他一起前去消遣娱乐，他却总是委婉拒绝："未成年人出入烟花巷陌，影响不大好吧？"

"那有啥不好的？我在你这个年纪，早把这些都玩遍了！"同事们觉得晏殊很虚伪。

"算了算了，我还是安心好好读书吧，你们就别管我啦！"

每天下班后，各级官员成群结队，朝娱乐场所飞奔而去，只有晏殊不急不躁，闷头回家钻研诗书。

其实，晏殊不是不想去，而是由于家里条件一般，刚入职薪水也不高，再加上晏殊性格较为淡泊，实在不想花钱乱折腾。

晏殊并不知道，真宗一直密切关注着他的一举一动，等到朝廷给接班人赵祯选授课老师时，真宗想都没想，直接钦点晏殊上任。

这等美差怎么能如此草率就让资历浅、年纪小的晏殊捞着了呢！领导太偏心了吧！

面对质疑，真宗给出的解释却很合理："你们平日里嬉游宴饮，一天到晚迟到早退，作风考核有几个及格的？再看人家晏殊，整天闭门苦读，这么努力好学的人，正可教习太子读书。"

晏殊很实在，不能让领导误解，某次面圣之际，他特意说明了一下个人情况："陛下，其实您误会了，我并非不喜欢玩乐，只是家里穷实在没钱出去。如果有闲钱，我也不会表现得那么不合群的。"

"如此坦诚的年轻人，现在真心不多了！"真宗听罢，由衷地表示赞赏。

三

此后十余年间，晏殊稳步晋升，从光禄寺丞、左正言、户部员外郎、太子舍人，一直做到知制诰、翰林学士，每一步都迈得扎实稳健。

晏殊二十二岁那年，父亲去世，晏殊照例回家守孝。守了还不到两年，真宗就忍不住催人了。

"小伙子赶紧回来吧，组织需要你！"

"领导，那个啥，俺的丁忧[①]期还没满呢。"

---

① 丁忧：古代官员的父母去世后，官员必须辞官回家守孝（通常为三年），称为"丁忧"。

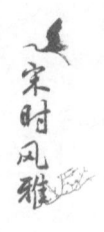

"这样,朕给你特批夺情①,你收拾收拾就回来吧。"

晏殊只好提前结束丁忧。

不久,晏殊的母亲又去世了。这一次,晏殊在回家前就给真宗交了底:"领导,承蒙您的错爱,上回父亲去世,您让提前回来了,这次母亲的孝期,请务必让我守满三年,以尽人子之孝。"

"这个嘛,看情况,不忙的话朕就让你守满。"

结果,又是两年多点,晏殊就被真宗叫了回来。

两次丁忧,两次夺情,足见真宗对晏殊的器重和宠信。

乾兴元年(1022),仁宗赵祯即位,三十二岁的晏殊,政治生涯自此步入快车道。

随着官职和待遇的提升,政坛文坛双丰收的晏殊生活变得富裕起来。他确实没撒谎,有钱了,就有条件享受了。

未尝一日不宴饮,每有佳客必留,留亦必以歌乐相佐。②

在晏殊的朋友圈中,聚集了范仲淹、欧阳修、富弼、韩琦等晚辈门生,个个是后世一等一的名家。

范仲淹、欧阳修自不必说,韩琦连任仁宗、英宗、神宗三朝宰相,富弼身为晏殊女婿,一样官至宰相。由晏殊提拔的各级官员更是数不胜数,且大都勤于政事、作风优良。

---

① 夺情:由于某些大臣身居要职,皇帝可命令他们提前结束孝期回归朝廷,称为"夺情"或"夺服"。
② 叶梦得:《避暑录话》。

晏殊：文人盛世的黎明

生活安逸的晏殊，被圈里人封了个"富贵闲人"的称号。可在他的作品中，却极少描绘风流富足、舞榭歌台的华丽场景。

那样的词句，简直太低级了！他喜欢那种淡淡的忧伤，淡淡的感慨，淡淡的离愁别绪，在气质这块拿捏得死死的。

比如代表作《浣溪沙》：

一曲新词酒一杯，去年天气旧亭台。夕阳西下几时回？
无可奈何花落去，似曾相识燕归来。小园香径独徘徊。

一边填词一边喝酒，夕阳西下，花零落，燕归来，在自家庭园中散散步、散散心，是何等惬意！

还有这首《破阵子》：

燕子来时新社，梨花落后清明。池上碧苔三四点，叶底黄鹂一两声。日长飞絮轻。
巧笑东邻女伴，采桑径里逢迎。疑怪昨宵春梦好，元是今朝斗草赢。笑从双脸生。

那些美丽的小姐姐，采桑、斗草，微微一笑，很倾城。

在这些富贵闲适的日子里，晏殊看到了最简单、最纯粹、最浪漫的春天，这是一个词人最好的时代。

四

欧阳修曾形容晏殊：富贵优游五十年，始终明哲保身全。

这个评价其实不够准确，晏殊虽然过得潇洒惬意，却不是不管事，在朝堂上，他一样很有存在感。

仁宗即位那阵年龄很小，朝政基本是刘太后说了算，宰相丁谓、枢密使曹利用也想独揽大权。如何既限制刘太后的权势，又防止丁谓和曹利用以权谋私，还能让群臣满意呢？

晏殊的提议只有四个字：垂帘听政。

这样一来，刘太后就不能在台前公然发号施令，保住了仁宗的权威；丁谓和曹利用也不能当庭面对太后，行为就会有所收敛。这个一石三鸟之计，让同事们纷纷对晏殊竖起了大拇指。

当上参知政事后，晏殊偶尔也会像前辈寇准那样，展现出刚直文人的一面。

刘太后想任用亲信张耆为枢密使，晏殊投了反对票。

刘太后想身着皇帝的衮服去太庙祭祀，晏殊再次投了反对票：太后大人，您这不合规矩，我不能赞成！

结果，被贬。

在应天府尹任上，晏殊大力扶持应天府书院，还邀请范仲淹来书院讲学。

后来，他又大力倡导州、县立学，改革教学内容，甚至拿出自己大部分俸禄在老家买田购地，兴办义学，聘请名重一时的程颐、周敦颐等学术名家担任兼职教授，为学子传道授业，为国家竭力举贤。

庆历二年（1042），晏殊以枢密使加平章事，次年又晋升为中书门下平章事，兼集贤殿学士、枢密使，几乎囊括所有军政要职。

六十四岁那年，晏殊病重，仁宗准备亲自前去探望。晏殊得知后立即给仁宗上折子："臣老了，又重病在身，不能做事了，不值得陛下担心了。您若屈驾前来，只会让臣无地自容。"

仁宗很感慨，派人前去询问："晏卿还有什么未了的心愿吗？"

晏殊垂下眼帘，淡淡回道："不敢以私忧吾君。"

晏殊病逝的消息传来，仁宗特地辍朝两日，赐晏殊司空兼侍中，谥号"元献"。

多年后，浙江鄞县学子汪洙编写了一组长长的《神童诗》，其中有些句子至今仍备受推崇。比如"天子重英豪，文章教尔曹。万般皆下品，惟有读书高""朝为田舍郎，暮登天子堂。将相本无种，男儿当自强"。

寒门出身、登峰造极的神童晏殊，很可能就是这组《神童诗》的原型。

五

作为后世公认的北宋词坛"四大开祖"[①]之首，晏殊把令

---

① 四大开祖：晏殊、晏几道、欧阳修和张先。

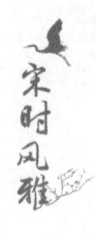

词①的艺术品位推向了一个新的高峰,开启了宋初令词创作的新篇章。后人评价其"倚声家之初祖""导宋词之先路者"。

其实,晏殊也经历过许多不为人知的苦涩与悲凉。

晏殊有个弟弟叫晏颖,一样是个神童,可在晏殊二十岁那年,弟弟去世了;晏殊二十二岁时,结发妻子李氏病逝;二十三岁时,父亲去世;接着,母亲又去世。

至亲接连去世,晏殊在仕途上也曾三度被贬,饱尝人世间的悲欢离合:

一向年光有限身,等闲离别易销魂。酒筵歌席莫辞频。
满目山河空念远,落花风雨更伤春。不如怜取眼前人。

人,是栖居于诗意世界的主人翁,艺术的动人之处就在于把个人从离群和孤单之中解放出来。

富贵而不矫情,享乐而有担当,淡淡的愁绪中表现出一种理性的反思旷达和圆融平静的观照,闪耀着诗意的生命之光,这就是这位重量级的文人——晏殊。

槛菊愁烟兰泣露,罗幕轻寒,燕子双飞去。明月不谙离恨苦,斜光到晓穿朱户。
昨夜西风凋碧树,独上高楼,望尽天涯路。欲寄彩笺兼尺素,山长水阔知何处?

---

① 令词:也称小令,与慢词相对,小令字句短,节奏较为急促、明快、精炼,是五代至北宋前期最主要的曲调样式和艺术风格。

成年人的生活里，没有"容易"二字。从晏殊独上高楼的那一刻起，他就深刻地体会到天涯路远，他更明白，自己注定要承受与天涯一样渺远的孤独。

晏殊，其实也不孤独。在他身后，还站着一大批风流才子，他们注定会以不朽的才华和耀眼的光彩与山比高，与水比阔，这才是煌煌大宋应有的文艺气魄和高远境界。

放眼望去，风雅文人涌现的盛世黎明，早已在天空布满万丈光芒。

柳永：衣带渐宽终不悔

一

初春的一天，宰相晏殊正在相府后院实践着他的名句——小园香径独徘徊，忽听仆从禀报说有客请见。

一般情况下，当晏殊全身心沉浸在静谧的氛围之中时，是拒绝被人打扰的，可当他听说来人名号时，当即吩咐仆从："先将客人带到书房等候，我更衣便来。"

晏殊很想见见这位名声响彻四海，却在科考中直接被皇帝点名淘汰的才子词人，究竟是何方神圣。

更衣完毕，晏殊大踏步走进书房，悠然笑道："失礼失礼，阁下便是大名鼎鼎的柳永吧？"

"晏相言重了，叫我小柳就行，久仰晏相大名，今特来拜访。"

这是词坛两大（小令和慢词）巅峰级代表人物首次见面，却也是最后一次，因为刚刚涉及有关词曲创作的话题，两人便立刻闹得不欢而散。

作为前辈，晏殊语重心长地向柳永提出建议："阁下才华横溢，希望你好好反思一下皇帝陛下给你的评价，今后认真准备科考，不要再醉心于填词了。"

柳永年轻气盛，面子上有点挂不住，直接反驳道："晏相难道不一样爱填词吗？"

晏殊仰头哈哈大笑："非也，我虽然填词，但却从来不写'针线闲拈伴伊坐'这样的句子，听着多俗啊！"

听罢此言，柳永直接起身，拂袖而去。

夜深了，柳永怔怔地望着漆黑的夜色，心里如同被一团棉絮堵住似的，似乎感觉不到呼吸。

他隐约觉得，这辈子很难熬出头了。

出身官宦之家的柳永，自幼聪颖好学，素有飘飘凌云之志。其父柳宜从政一生，同样对儿子寄予厚望，特意为子取名"三变"（出自《论语·子张》：望之俨然，即之也温，听其言也厉）。

一向以科举入仕为人生目标的柳永，信心满满地于宋真宗大中祥符元年（1008）进京赴考，结果落榜。

这让考前自信"定然魁甲登高第"的他甚为狼狈，更难堪的是，他落榜的原因并非答卷水平问题，而是所谓文风问题，直接被真宗皇帝"属辞浮糜"的四字评价生生击垮。

其中缘由，还得从六年前说起。

真宗咸平五年（1002），十八岁的柳永从老家福建出发，前往京城开封。

谁能想到，柳永一去六年，居然还没走到开封。

不要误会，柳永并不是路痴，而是途经杭州、苏州、扬州时，被灯红酒绿的繁华都市、温婉秀美的自然风光彻底迷住，久久不愿动身离开。

二

年轻的人，躁动的心，柳永迫不及待地要用身体的每一寸肌肤感受生活的快乐，更要用喷涌而出的灵感创作热情澎湃的词句：

东南形胜，三吴都会，钱塘自古繁华。烟柳画桥，风帘翠幕，参差十万人家。云树绕堤沙，怒涛卷霜雪，天堑无涯。市列珠玑，户盈罗绮，竞豪奢。

重湖叠巘清嘉。有三秋桂子，十里荷花。羌管弄晴，菱歌泛夜，嬉嬉钓叟莲娃。千骑拥高牙。乘醉听箫鼓，吟赏烟霞。异日图将好景，归去凤池夸。

这是柳永拜谒前辈杭州知府孙何时填的一首《望海潮》。杭州城的富庶繁华、燕语莺声尽收笔下。

作品一经推出，杭州城内各大烟花场所的歌伎竞相传唱，一时间红遍大江南北。

这是一首堪称"城市最强宣传文案"的作品，据说南宋时，金主完颜亮正是读了《望海潮》，才激起了"投鞭渡江，麾师伐宋"的心思。

江南的美景美色，让柳永流连忘返。

一个月过去了。唉！还没玩够，再等等吧，时间还很充裕。三个月过去了。唉！不舍得走啊！再等等吧，在考试前赶到不就行了？六个月过去了。唉！走是暂时不能走了，大不了考前立即动身。一年过去了。唉！已经错过考试日期了，等下一届再说吧！

……

就这样，边玩边纠结的七哥在杭州、苏州、扬州三大一线城市待了足足六年，留下了诸多脍炙人口的佳作。

可惜，正是这六年快意纵情的经历，以及在此期间所创作的放荡不羁的词曲，给柳永的仕途生涯设下了一道难以逾越的屏障。

他，很不幸被真宗皇帝注意到了。

评阅答卷时，真宗简单给了句"属辞浮糜"的评价，就把柳永刷了下来。

年轻气盛的柳永实在难以接受这种结果，几杯苦酒下肚，当即填了一首《鹤冲天》：

黄金榜上，偶失龙头望。明代暂遗贤，如何向。未遂风云便，争不恣狂荡。何须论得丧。才子词人，自是白衣卿相。

烟花巷陌，依约丹青屏障。幸有意中人，堪寻访。且恁偎红倚翠，风流事，平生畅。青春都一饷。忍把浮名，换了浅斟低唱。

抱怨归抱怨，结果却不可更改。

无论内心有多失望,柳永还是强打精神,连续参加了大中祥符八年(1015)、天禧二年(1018)的科举,却依然落榜。

宋仁宗天圣二年(1024),柳永第四次参加科考。

他心里仍抱有一丝希望,毕竟连领导都换了,没准会网开一面呢?

没想到,仁宗比他老爹还简单粗暴。

本来这回柳永已获准参加殿试,当仁宗翻到柳永的文章时,眼神突然变得寒厉如刀。

"这是不是上次写'忍把浮名,换了浅斟低唱'那人?"

"启禀陛下,正是那个柳永。"

赵祯冷笑一声,直接拿起御笔在试卷上旁批:且去浅斟低唱,何要浮名!然后在录取名单上画掉了柳永的名字。

落榜通知发布后,柳永终于觉悟了。

三

"像我这样优秀的人,本该灿烂过一生。"

被仁宗安排得明明白白,柳永彻底放下了执念。

既然组织让我去浅斟低唱,那从此以后,我就要勇敢做自己!

柳永对外给自己取了个绰号:奉旨填词柳三变,然后傲然踏进风情万种的另一个世界,将多年来遭遇的不如意和愤懑,统统发泄在了烟花巷陌之中。

这里,没有所谓功名利禄的牵绊,没有苦涩愤懑的情绪;这里,只有柳永的追随者和爱慕者。

凡有井水处,皆能歌柳词。柳永的作品,谁唱谁红,谁唱谁的身价倍增。

柳永给许多青楼女子填过词。

比如给心娘:"心娘自小能歌舞,举意动容皆济楚。"

给酥娘:"酥娘一搦腰肢袅,回雪萦尘皆尽妙。"

给佳娘:"佳娘捧板花钿簇,唱出新声群艳伏。"

给虫娘:"就中堪人属意,最是虫虫。有画难描雅态,无花可比芳容。"

除了"四大美娘",还有秀香、英英、瑶卿、师师、香香、安安……一大票红颜知己。

在宋词的历史上,柳永是第一个把笔深入青楼歌伎的内心世界的人,为她们作词,为她们排忧。她们只是红尘世界里的一朵朵野花,迎着凄风苦雨,努力挺直脊梁。

她们的情,他懂;她们的泪,他更懂。

他把欢乐和泪水统统化为一首首脍炙人口的词曲,让她们拿去唱,唱给每个人听。

作风被皇帝否定、词风又与主流圈子"趋雅"相背离的柳永,除了风尘女子,一向没什么朋友。他离开京城时,来送别的,也只有这些歌伎。

寒蝉凄切,对长亭晚,骤雨初歇。都门帐饮无绪,留恋处,兰舟催发。执手相看泪眼,竟无语凝噎。念去去,千里烟波,暮霭沉沉楚天阔。

多情自古伤离别,更那堪、冷落清秋节!今宵酒醒何处?

杨柳岸、晓风残月。此去经年，应是良辰好景虚设。便纵有千种风情，更与何人说？

"想留不能留才最寂寞，没说完温柔只剩离歌。"

这首《雨霖铃》送给你，我走了，也许不回来了，你要好好保重！

从此，七哥带着无限的伤感，四处漂泊。

流浪期间，他留下了大量名作，比如《八声甘州》：

对潇潇暮雨洒江天，一番洗清秋。渐霜风凄紧，关河冷落，残照当楼。是处红衰翠减，苒苒物华休。唯有长江水，无语东流。

不忍登高临远，望故乡渺邈，归思难收。叹年来踪迹，何事苦淹留？想佳人、妆楼颙望，误几回、天际识归舟。争知我，倚栏杆处，正恁凝愁！

比如《蝶恋花》：

伫倚危楼风细细，望极春愁，黯黯生天际。草色烟光残照里，无言谁会凭阑意。

拟把疏狂图一醉，对酒当歌，强乐还无味。衣带渐宽终不悔，为伊消得人憔悴。

毕竟心灵没有归宿，身体就要一直流浪。

四

多年以来，柳永在流浪，然大哥柳三复、二哥柳三接，甚至儿侄们都相继考中进士，让年近半百的他极为尴尬。

所幸，仁宗景祐元年（1034），朝廷特开恩科，对历届科场落第的考生放宽录取政策，柳永终于金榜题名，授任睦州团练推官，两年后转任余杭县令。

漂泊半生，饱受时运磋磨的柳永，却没有选择随波逐流或是得过且过。

他的心里，依旧流淌着报效国家、造福百姓的热血。

下车伊始，柳永便一头扎进工作之中，针对余杭百姓不重视教育的现实，他亲自撰写了一篇言简意赅的《劝学文》，在县内广泛宣传，号召百姓特别是莘莘学子读书治学：

父母养其子而不教，是不爱其子也。虽教而不严，是亦不爱其子也。父母教而不学，是子不爱其身也。虽学而不勤，是亦不爱其身也。是故养子必教，教则必严；严则必勤，勤则必成。学，则庶人之子为公卿；不学，则公卿之子为庶人。

余杭县盛产质地优良的藤纸，每年所产却要悉数上缴朝廷，百姓毫无利润可言。柳永得知后立即上奏朝廷，请求重新限定每年进贡藤纸的数量，其余藤纸让利于民。

除造纸外，余杭县制盐业同样发达。与造纸情况类似，盐民们起早贪黑、风餐露宿，常年忍受着烈日炙烤、风吹雨淋，然而苛捐杂税却让盐民生活困顿，苦不堪言。

柳永作《鬻海歌》上奏朝廷，请求减免赋税，减轻盐民的负担。

其实，大多数人都对柳永有着刻板印象，认为他一生风流不羁，只爱流连于烟花场所。实际上，步入中年特别是进入仕途后，柳永的心性有了很大的变化，表现在词曲创作上，便是一改青年时代的浮靡浓艳，变得更为清新脱俗。

比如在上任余杭县令途中，他写下一首《满江红》，其中就有：游宦区区成底事，平生况有云泉约。归去来，一曲仲宣吟，从军乐。

在这里，柳永借魏晋名人王粲（建安七子之一）少年不得志，后来在曹操的赏识下崭露头角的典故，激励自己要老当益壮，干出一番事业。

柳永的功绩，是经得起历史考验的。

清嘉庆年间编修的《余杭县志》中就有记载：

柳永字耆卿，仁宗景祐间余杭令，长于辞赋，为人风雅不羁，而抚民清净，安于无事，百姓爱之。建玩江楼于南溪，公余啸咏，有潘怀县风①。

此后，柳永又辗转做过泗州判官、著作郎、太常博士、屯田员外郎。虽然官职很小，却处处用心做贡献，以至于被后世载入《海内名宦录》，足见其文学才情之外，政治才能一样超群。

---

① 潘怀县风：潘岳（即潘安）曾任怀县县令，在任期间政绩斐然。

五

皇祐五年（1053），柳永病逝于润州。

他这辈子，说值很值，说亏也亏。

作为一代风流才子，柳永对宋词的贡献极为关键。

首先，他是宋代第一个大量创作慢词①的著名文人，开宋词流派之新篇。

在小令一家独大的时代，柳永却不走寻常路，他深知小令虽然格调清新，却受限于篇幅和节奏，故事讲述不够形象，情节诉说不够直白，情感表现有些突兀，而且还不接地气，哪有娓娓道来的慢词来得通透？

只有拉长曲调、增加字数、放慢节奏，在音调的变化上更加繁复，才能更加悠扬动听，表达曲折婉转、复杂变化的个人情感。

就是这个看起来并不起眼的变化，让宋词向前跨越了一大步！从此，慢词与小令两种体式平分秋色，共同发展。

特别需要强调的是，宋词共计880多个词调，其中100多个是柳永创造的。

其次，柳永以个人实际经历，推动了词曲创作的主题走向民间、走向大众化。

长期流浪在民间，柳永对市民生活有着深刻的体会，特别

---

① 慢词：宋词主要体式之一，与小令一起成为宋代词人最常用的曲调形式。慢词的名称从"慢曲子"而来，指依慢曲所填写的调长拍缓的词。

是那些情感细腻、真挚动人、体现女性生活和情感的词作，从创作方向上改变了词的审美内涵和审美趣味，变雅为俗，雅俗共赏，使词作从官僚阶层的文艺沙龙重新走向市井。

据说柳永死后，每年清明，歌伎们都会身着鲜艳的春衣，画着浓艳的桃花妆容，自发到柳永坟前吊唁，称为"吊柳会"。

可以想象，歌伎们面对七哥的墓穴，依然会唱：

不愿穿绫罗，愿依柳七哥；
不愿君王召，愿得柳七叫；
不愿黄金屋，愿得柳七心；
不愿神仙见，愿识柳七面。

那些曾经以为念念不忘的事情就在念念不忘的过程里，被人们遗忘了。

而柳永，就在歌伎们的无限追忆中，安然入眠。

他的笔下没有富丽堂皇的宫殿，只有最平常不过的市井；没有慷慨激昂的英雄豪杰，只有烟火味十足的普通生活；没有热血激情的报国建功，只有与歌伎之间缠绵悱恻的儿女情长。

虽然词风与词坛整体"趋雅"的审美倾向背离，虽然被两任皇帝长期放逐，虽然这个时代很凉薄，社会很残酷，人心很险恶，虽然后世更乐意将目光集中在他青年时代风花雪月的故事上，而非关注他晚年做出的政绩。

正如这句"衣带渐宽终不悔，为伊消得人憔悴"，柳永是不后悔的，不悔青年时的放荡不羁，不悔中年时的四处漂泊，不悔老年时的官居下品，不悔弥留时的无人探视。

白云偶尔能够遮住蓝天，但蓝天永远在白云之上。他死在明媚的春光里，隐忍着一生被人针对的悲戚和愤懑，成就了个人专属的高山大川、日月星辰。

范仲淹：岳阳楼上

一

当滕子京独自登上岳阳楼，面对浩浩八百里洞庭，他的情绪却掀不起任何波澜。

再美的景色看久了，也就索然无味了。

只是，他的记忆好像被刀刮过的鱼鳞，被风吹过的枝丫，有些还残留在肢体上，有些已经凋零在泥土里，剩下的，就是想念挚友范仲淹了。

无论过去多少年，滕子京依然清晰地记得，同届考友兼兄弟朱说在科举放榜后，向自己倾吐身世之悲的那个夜晚。

"子京，你知道吗？我的名字并不叫朱说，我本名叫范仲淹。"

朱说没征兆地突然倾诉，让滕子京有些手足无措，他望着满脸阴郁的好友，小心翼翼地递了杯酒。

朱说一饮而尽，眼里写满了怆然："二十二岁前，我一直不清楚自己的身世，我只知道母亲嫁给了长山人朱文翰，却不知道原来她是二婚，我的生父在我一周岁那年就病死了。"

滕子京张着嘴巴怔了片刻，不由自主接了一句："那你是如何发现真相的呢？"

朱说的面色变得愈发暗沉，好一阵方道："本来也许我永远不会发现，直到某一天，我劝朱家兄弟不要过于挥霍浪费，结果他们回我：'我们自用朱家钱，关你屁事。'"

朱说的语调不高，却带有凌厉的怒意："难道我不是朱家人？他们这是几个意思？我把疑惑告诉母亲，母亲被我缠得不行，才把真相和盘托出。原来我刚满两岁时，母亲就改嫁到朱家，虽然养父一直待我很好，可得知真相的我仍然受到了很大的刺激！"

朱说倏地眼含热泪："我暗自发誓，不能这么屈辱地活着，我要离开这个家，结束这种寄人篱下的生活！"

后来，滕子京才知道，这些全是朱说深藏在内心从不愿触及的伤痛，却原原本本地分享给了自己。

在应天府求学那阵子，包括滕子京在内的所有同学，都对这位平时沉默寡言的少年很感兴趣。

他太与众不同了。

同窗四载，朱同学几乎从没沾过荤腥，他自己的说法是肠胃不好，其实是不想问家里要钱。

同学们都看到，朱同学每天只喝稀粥，偶尔换点花样，就是熬一锅稠粥，待粥凝固后，用刀划成四块，早晚就着腌菜，各吃两块。

当时，应天府尹的儿子见他过于清苦，就把从家里带来的珍馐美味分他一些，朱同学却一口没吃，直到饭菜放坏，他还是一点都不碰。

官二代很纳闷："老朱，我特意给你带点好吃的，你咋就不给面子呢？"

朱说坦荡一笑，拍了拍他的肩膀："感谢兄弟，只是我已安于吃粥的生活，从我在家乡附近的醴泉寺读书开始，就养成了这个习惯，只怕一旦享用了美食，以后就咽不下咸菜和稀粥了。"

不愿接受施舍的朱同学又很要强，常常昼夜苦读，就算是凛冬腊月，他都用冷水洗脸，敢在极寒的冬夜挑灯夜读。

苦日子过惯了，也就不觉得苦了。勤学苦读的朱同学，不知不觉间变得特别突出，还特别自信。

某次，真宗赵恒的车驾路过应天府，众学子欢呼雀跃，蜂拥着去一瞻龙颜。滕子京去叫朱说，却发现他还躲在书院里读书。

"大家都去凑热闹了，你咋不去呢？"滕子京疑惑地问。

朱说却连头都没抬，淡定地翻着书本："今后见天子的机会多着呢，不着急！"

话说到这里，滕子京不得不给眼前这位志向远大的老哥叫了声好，然后一溜烟跑去凑热闹了。

朱说并没有吹牛，他已暗自定下目标，本年度进京赴考，必要鱼跃龙门！

二

予观夫巴陵胜状，在洞庭一湖。衔远山，吞长江，浩浩汤汤，横无际涯；朝晖夕阴，气象万千。此则岳阳楼之大观也，前人之述备矣。然则北通巫峡，南极潇湘，迁客骚人，多会于此，览物之情，得无异乎？

此刻，滕子京正捧着拜托挚友写的《岳阳楼记》细细品读。他实在很佩服范仲淹，从来没登上过岳阳楼，却能把文章写得如此意境悠长，这是他万不能及的才华。

那一年科考，滕子京和范仲淹同榜入仕。在滕子京看来，范仲淹实现了人生目标，该好好放松一下身心，享受享受生活了。

范仲淹却没有，放着轻松安逸待遇好的盐监工作不干，偏要去一线监修海堤，结果海堤修到一半，母亲病逝。范仲淹只得把工作转交给同事，回乡守孝去了。

守孝期间，范仲淹依然不愿闲着，当时晏殊正当着应天府尹，便力邀范仲淹来重建的应天书院担任兼职院长。

原本晏殊预计范仲淹只会偶尔来书院搞个学术讲座，没想到范院长却拿着兼职的钱，干着专职的事。

他平时工作勤勉，以身示教，特别注重培养学子对时政的敏锐性和洞察力。

到了毕业季，范院长还化身人生导师，在毕业典礼上慷慨陈词。

"我给你们提三点希望。希望你们严以律己、严以修身；

希望你们以身作则，躬身实践；希望你们无论走到哪里，心里装着的只有四个大字：天下苍生！"

他是这么讲的，更是这么做的。

若夫淫雨霏霏，连月不开，阴风怒号，浊浪排空；日星隐曜，山岳潜形；商旅不行，樯倾楫摧；薄暮冥冥，虎啸猿啼。登斯楼也，则有去国怀乡，忧谗畏讥，满目萧然，感极而悲者矣。

读着读着，滕子京不由得追忆起挚友三起三落的人生。

天圣六年（1028），枢密使晏殊拉着宰相王曾，王曾拿着范仲淹刚递上来的《上执政书》，大力向仁宗举荐。

"陛下，小范这人，谁见谁说好，您瞅瞅他写的万言书，虽身不在朝堂，却对我朝'三冗两积'[1]困境有如此独到的见解，别等了，赶紧召他进京吧！"

这年年底，范仲淹就被选调进京，出任秘阁校理[2]。

进京还没几天，范仲淹就在冬至，干了一件令人咋舌的猛事——正面与刘太后叫板。

按照仁宗登基后的惯例，冬至当天赵祯要率领百官到会庆殿给刘太后祝寿。

范仲淹不愿去，也不想让仁宗去。

他是这么说的："陛下，不能因为她是您老妈，就乱了伦

---

[1] 三冗两积：冗官、冗兵、冗费，积贫、积弱。
[2] 秘阁校理：负责皇家图书典籍的校勘和整理。

理纲常。您说这是惯例,我刚刚仔细查了资料,太祖没干过,太宗没干过,您老爸也没干过,今后您也别干了,给太后祝寿,这个可以有,在后宫搞一搞就得了。"

折子递了上去,没人搭理。毕竟仁宗不敢忤逆老妈,朝臣不敢冒犯太后。

范仲淹怒了,他想了一下,不让皇帝去拜见太后,这只是表面问题,治标不治本,干脆把根源性问题指出来,大家心里都敞亮。

这一回,他直接给太后上了个简短的折子:太后大人,陛下都十九岁了,您该交班让他亲政了。

结果,再次石沉大海。

数日后,满朝文武才听说范仲淹竟敢赤裸裸地让太后交权,真是个莽夫。

众人不由得为莽夫的前途捏了把汗。参考寇准、丁谓等人的遭遇,莽夫注定斗不过狠人,得罪了太后,下场没有最惨,只有更惨。

保举范仲淹的晏殊心态先顶不住了,当面责备说:"希文,年轻人不要太气盛,你这么轻率地冒犯太后,连我都让你给连累了!"

范仲淹目光如炬,神情极为坦然:"您当初举荐我进京,我整天唯恐不作为不担当,让您蒙羞。与其说得罪太后是连累您,我倒觉得学旁人明哲保身、尸位素餐,才是对您最大的连累!"

回到家,范仲淹又给晏殊写了一封洋洋洒洒的长信,说了很多心里话：当官为了啥，不就是"致君尧舜上，再使风俗淳"吗？有益于国家社稷，我必秉公直言，虽有杀身之祸也在所不惜！

话说到这个分上，晏殊也只能听之任之。

不过，太后不回复，不代表不打击报复，第二年开春，范仲淹就被外放到了河中府做通判。

三

第一次被贬出京，丝毫没有消减范仲淹进谏的热情。

朝廷想兴建太一宫和洪福院，范仲淹认为"大兴土木，劳民伤财"，建议停工；

朝廷想补招一批亲信，范仲淹认为"冗官很多，有损公正"，建议精减官吏；

朝廷想废除职田制①，范仲淹认为"少了这份收入，容易滋生腐败"，建议削减田亩数量，但不可盲目废除；

……

不停地建言献策，充分彰显着范仲淹强烈的责任感和事业心，仁宗看在眼里，记在心里。

明道二年（1033），刘太后一去世，仁宗立即把范仲淹调回中央，担任右司谏。

这年冬天，一直不太得宠的郭皇后一言不合，就要给仁宗

---

① 职田制：政府按官职品级授给官吏作为俸禄的田地，即以租田收取的租粟为俸禄。

的宠妃尚美人一顿教训,却不小心一巴掌扇到了拉偏架的仁宗脖颈上。

仁宗大怒:"就你这样的!哪有点母仪天下的样子!这日子没法过了!"

宰相吕夷简和郭皇后有仇,强烈建议仁宗废后。

范仲淹等人听到风声,当庭质问吕夷简:"我们做臣子的,应视皇帝如父、皇后如母,哪有父母吵架,子女劝离婚的?你究竟安的什么心!"

吕夷简哑口无言,只好推卸责任:"这事我说了又不算,明天你们见了陛下,再据理力争吧!"

可惜,仁宗已决意废后。第二天,范仲淹还没到议事堂,就被外放到睦州做知州。

几年后,范仲淹因治水有功,再次被调回中央,担任开封府尹。

刚上任没几天,范仲淹就绘制了一幅《百官图》,严厉指责吕夷简任人唯亲,污化干部队伍。

吕夷简火了,组织这么多部门,为啥只针对我?

他不甘示弱,抨击范仲淹迂腐偏激,结党营私。

双方越闹越僵,越闹越激烈,朝臣们纷纷应援,各自站队。

仁宗一看这阵势,原本没结党的局面,都有可能演化为党派互殴。

算了,你俩都走人吧!

范仲淹第三次被贬,外放到饶州做知州,吕夷简也被罢相。

三起三落,每次在中央都待不长的范仲淹,在民间的声望却与日俱增。

第一次被贬，时人称赞："此行极光。"

第二次被贬，时人称赞："此行愈光。"

第三次被贬，时人称赞："此行尤光。"

范仲淹大笑："我这前后已是三光了，美滋滋！"

"你是真的乐观通达，还是苦中作乐呢？"范仲淹的好友梅尧臣给他寄了一首《啄木》：

中园啄尽蠹，未肯出林飞。
不识黄金弹，双翎坠落晖。

老范，你可别像啄木鸟一样，勤勤恳恳啄尽树中蠹虫，却招来杀身之祸，忒不值了。

范仲淹看后，却这么回复老友："宁鸣而死，不默而生。"

四

自入仕以来，滕子京很少见到范仲淹，一直到康定元年（1040），滕子京调任泾州知州，站在了抵制西夏国主李元昊①对外扩张的第一线，他才得知，原来三川口惨败后，仁宗再次起用了范仲淹，与韩琦同被任命为前敌副总指挥，跟随总指挥夏竦开赴前线。

---

① 李元昊：党项族首领，北宋宝元元年（1038）称帝，建国号大夏，定都兴庆。

滕子京还听说，最近前线有一首《渔家傲》很流行，那是挚友深夜挑灯创作出来的：

塞下秋来风景异，衡阳雁去无留意。四面边声连角起。千嶂里，长烟落日孤城闭。

浊酒一杯家万里，燕然未勒归无计。羌管悠悠霜满地。人不寐，将军白发征夫泪。

尽管都在前线，可滕子京只能在别人口中听到范仲淹的消息，大部分都是捷报。虽然范仲淹此前从未上过战场，却对战局有着极为清晰的把握。

他主张"屯田久防"，打持久战，在战略要冲建起堡垒，困住西夏人，然后断绝与西夏的一切贸易往来。

夏竦总指挥却认为：可以持久，但没必要。他希望一步到位，彻底清除西北的祸患。

结果，宋军又在好水川、定川寨损兵折将，夏竦不得已，只好施行了范仲淹的主张。

范仲淹不慌不忙，修建了大顺城，然后慢慢向外推进，接连建起青涧城、鄜城等堡垒，先切断西夏军东进的路线，然后边困边拉，招抚西北的大小羌族，彻底孤立李元昊。

很快，西夏人撑不住了，打也没得打，守也很憋屈，特别是食盐贸易的中断，日常缺盐的滋味实在难受。

困了一段时日，西夏内部厌战情绪高涨起来，连放羊的姑娘都会唱："军中有一韩（韩琦），西夏闻之心骨寒；军中有一范（范仲淹），西夏闻之惊破胆。"

李元昊本人也不得不承认:"小范胸中有百万兵,惹不起,惹不起!"终于,李元昊遣使向大宋认罪称臣。

不但战略主张精准,范仲淹还在军中大力提拔了中下级军官狄青、种世衡等,这些人后来都成为西北军中战功赫赫的名将。

范仲淹对狄青说:"作为一名战将,不懂历史,就是匹夫之勇。"

范仲淹对种世衡说:"一个人不用吹牛,能带出一支令敌人闻风丧胆的队伍,那才是真的牛。"

狄青很感动,开始认真研究范仲淹送的《左氏春秋》,加强军事理论学习,终成一代名将;种世衡很受激励,开始刻苦训练部队,带出一支名扬天下的"种家军"。

边关危机解除后,仁宗心情极佳,直接大笔一挥:"范爱卿,组织需要你挑起更重的担子,赶紧回来吧!"

五

至若春和景明,波澜不惊,上下天光,一碧万顷;沙鸥翔集,锦鳞游泳;岸芷汀兰,郁郁青青。而或长烟一空,皓月千里,浮光跃金,静影沉璧,渔歌互答,此乐何极!登斯楼也,则有心旷神怡,宠辱偕忘,把酒临风,其喜洋洋者矣。

仁宗口中更重的担子,就是主持"庆历新政",属于范仲淹的时代终于到来了!

庆历三年(1043)秋,升任参知政事的范仲淹呕心沥血作

《答手诏条陈十事》①,全力推进改革方案。

数月间,新政的效果立竿见影,范仲淹心气很足,喊出了更加响亮的口号:全面推动改革不断向纵深发展。

新政中一大核心议题——"裁汰冗员",范仲淹一直抓得很紧很实,却也有些操之过急。

为了撤换地方上懒政不作为的官员,范仲淹派出大批调研员分赴各地开展实际调查走访工作,调研员的汇报材料一到,罢官的公文随即下发。

富弼见范仲淹一手拿着档案,一手拿着红笔,略带质疑地说:"你这大笔一勾,可就有一家人要哭!"

范仲淹声调坚定:"一家人哭,总比无数家百姓哭要好些!"

富弼张了张嘴,似乎想要解释,最终还是未发一言,垂首咽下了喉间的叹息。

那声叹息代表着富弼的担忧,改革推行得如此操切,极易在重压之下轰然崩盘。

果不其然,庆历五年(1045)正月,被改革摧残得利益尽失的大批官僚,联合宰相章得象、贾昌朝,再度指责范仲淹结党。

恩荫减少了,考核变多了,暗箱操作和职务升迁变难了,我们还怎么开展工作!范仲淹不下台,我们决不答应!

群情激愤之下,仁宗退缩了,范仲淹也灰心了,他自行请奏,后被外放到邠州做知州,为新政所付出的努力,转瞬间付

---

① 《答手诏条陈十事》共十项改革措施:明黜陟,抑侥幸,精贡举,择长官,均公田,厚农桑,修武备,推恩信,重命令,减徭役。

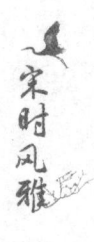

之东流。

嗟夫！予尝求古仁人之心，或异二者之为，何哉？不以物喜，不以己悲。居庙堂之高则忧其民，处江湖之远则忧其君。是进亦忧，退亦忧。然则何时而乐耶？其必曰"先天下之忧而忧，后天下之乐而乐"乎。

读到这里，滕子京不觉被文字的重量压得有些喘不过气来，他只觉前额有些发沉，太阳穴隐隐作痛，不禁抬手按着太阳穴，好一阵才放下手来。

"希文，你真有这么不快乐吗？"

此刻，他多么希望范仲淹能站在岳阳楼上，和自己一同欣赏浩荡洞庭，体味百态人生。

当大宋的风雅文人们开始重铸晚唐五代时期被战乱和枭雄摧残殆尽的风骨，寻回士大夫"以天下为己任"应有的气节，用乐观的心态直面惨淡的人生，用豪迈的笔锋挥洒进取的热情，用深邃的目光去关注天下苍生，他们就已在时代的分岔路口，矗立起了一座千秋不倒的里程碑。

噫！微斯人，吾谁与归？

滕子京轻声喟叹："唉！这年头，能有资格与你范希文携手并肩的，确实没几个。"

突然，滕子京笑了笑，自言自语道："也许你的亲密战友欧阳修，应该算一个吧！"

欧阳修：千古一醉翁

一

大概欧阳修自己都不会料到，从他出生的那天起，就注定要经历一段传奇的人生。

先不说别的，欧阳修出生那年，父亲欧阳观已经年近六旬。

老年得子，居然还是长子，一般人，能这么厉害吗？

正因"来之不易"，欧阳观才给儿子取名"修"，字"永叔"，就是希望儿子这辈子能永远健康，福寿绵长。

可欧阳修小朋友却一点都没个福寿绵长的样子，身板瘦弱不说，眼睛打小也不太好（日后还熬成了高度近视眼）。

更惨的是，欧阳修三岁那年，欧阳观在泰州判官任上病逝。由于欧阳观秉性廉洁，不贪不送，当了那么多年官，愣是没给家里攒点积蓄、置办些田产。

没积蓄，没田产，又突然失去经济来源，欧阳修的母亲郑氏在亲戚的帮助下，勉强安葬了丈夫，然后带着年幼的子女，投奔随州的小叔子欧阳晔。

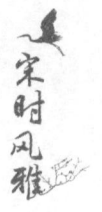

可惜欧阳晔家也不富裕，照顾孤儿寡母的基本生活还凑合，欧阳修的教育成本，只能靠郑氏自己想办法。

没钱，就没什么好办法，只能费功夫。

家里买不起纸笔，郑氏就用荻秆在沙地上教儿子识字写字。等儿子稍微大一些，郑氏在做针线活的基础上，又找了个替人浣洗衣物的工作，把这部分薪水用来给儿子购买纸笔。

纸笔花费还是相对较少的，到了欧阳修真正需要大量读书的年纪，郑氏犯了难。在那个没有国家助学贷款的年代里，对于欧阳修这种穷苦人家，教材费用确实是笔巨大的开销。

所幸，再大的困难也难不住努力又懂事的天才。

欧阳修很乐观，从不怨天尤人，也不羡慕邻家衣食富足的小伙伴。老妈的难处，欧阳修看在眼里，主动提议说："妈，我其实用不着买书的，城南李家的少爷和我很要好，我去他家借点书回来摘抄一遍，效果是一样的。"

白天，舍不得用纸笔的欧阳修依然在沙地上刻苦练字。

晚上，母子俩对着一盏油灯，郑氏做针线活，欧阳修就把借来的书籍认认真真地誊抄在珍贵的纸上。

纵然生活很艰苦，欧阳修却始终觉得很温暖，守着母亲刻苦用功，潜力就会源源不断地涌现出来。

事实证明，欧阳修确实不用买书，连他自己也说不清楚，小伙伴们背了忘、忘了背的知识，自己只需抄写一遍，基本就记住了，而且还能举一反三、活学活用。

上天没有给欧阳修一个好家庭，却给了他远超常人的天赋。二十二岁时，欧阳修已连中二元（解元、省元），下一步,就是状元了。

欧阳修心气很足,又一个"连中三元①"的科场奇迹,注定要由自己创造。

结果,殿试考完,欧阳修却只得了第十四名。

"好气呀!真不甘心!"欧阳修郁闷得捶胸顿足。

众多落榜的考友瞅着欧阳修,又可气又好笑地回他:"求求你做个人吧!全国第十四名,你还气,我都没考上,我说话了吗?"

无论怎么说,欧阳修还是一副半死不活的样子,考友们就给他取了个外号"不知满足欧阳修"。

其实,欧阳修的郁闷并非无理取闹,也不是不知满足。很多年后,那届主考官晏殊谈及此事,主动说出了内幕:"欧阳修的文章我看了,文笔不错,评个状元完全说得过去。只是字里行间,隐约还能感受到年轻人那种高谈阔论的不成熟和卖弄文采的不谦虚。"

于是,众考官经过磋商,一致决定给他降了档次,以免他带着"连中三元"的光环,目空一切,不利于日后平稳发展。

当然,郁闷只是暂时的。入仕后,欧阳修先是官拜洛阳留守推官,然后被开封府代府尹胥偃看中,招为胥家的女婿。

洞房花烛夜,金榜题名时,人生两大乐事,欧阳修接连收

---

① 三元:科举制度分乡试、省试(会试)和殿试,其中乡试在省城举行,考中后称举人,第一名为"解元";省试在礼部举行,考中后称贡士,第一名为"省元(会元)";殿试在皇城举行,由皇帝亲自主持,第一名为"状元",能在乡试、省试、殿试中蝉联第一,就称"连中三元"。

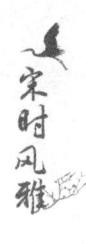

获，这么多年的艰苦努力，终于得到了回报。

二

欧阳修很幸运，既没去秘书省这个需要经常熬夜、加班的单位继续深造，还遇到了一个不爱管事的"顶头上司"钱惟演。在洛阳，欧阳修给自己定了个座右铭：座上客常满，樽中酒不空（孔融的口头禅）。

他太能玩了！

这么美丽的大都市，这么宝贵的青春年华，来呀！快活啊！大把的时间挥霍啊！

在钱惟演手下，上班是不可能按时上班的，反正也没啥要紧事务。欧阳修经常性地翘班，约上好友梅尧臣、尹洙或是游山玩水，或是切磋诗文。

"欧阳修呢？又跑哪儿玩耍啦？"钱惟演也是经常性找不到欧阳修的人，可他却从不扣工资，也不让下属写检讨。天下承平日久，作为陪都，西京洛阳确实没啥实际工作，快乐就完事了。

很多年后，欧阳修仍然会经常回忆起那段快乐又荒唐的时光，和那群阳光又豁达的人。

为此，他写下不少名作，比如《戏答元珍》：

> 春风疑不到天涯，二月山城未见花。
> 残雪压枝犹有橘，冻雷惊笋欲抽芽。
> 夜闻归雁生乡思，病入新年感物华。

曾是洛阳花下客，野芳虽晚不须嗟。

比如《浪淘沙》：

把酒祝东风，且共从容。垂杨紫陌洛城东。总是当时携手处，游遍芳丛。

聚散苦匆匆，此恨无穷。今年花胜去年红。可惜明年花更好，知与谁同？

快乐的时光是短暂的。钱惟演离职后，继任者王曙是个年逾古稀的"老干部"，作风比较耿直，态度比较强硬，管束属下向来十分严格。

王曙到任后，看着钱惟演留下的这帮年轻人整天游山玩水、吟诗作赋，气就不打一处来。

没几天，王曙就召开了一次内部会议，在会上严厉训斥下属："寇莱公（寇准）都知道吧？他年轻时和你们一样不羁放纵爱自由，可你们的水平能跟他比吗？他都耽于享乐导致贬官，更何况你们！前任官的作风问题我不好评价，可如今在我手下干活，就要彻底改掉那些个臭毛病！都听清楚了吗？"

王曙一通猛烈的批判，搞得众人都不敢吱声。

这时，欧阳修却站了起来，眉宇间隐隐约约透露着得意之色。

王曙板着脸问："欧阳修，平时就你玩得最凶，你有什么话说？"

欧阳修看了领导一眼，不紧不慢地答道："领导，我认为

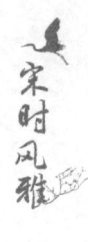

您说得不对，寇莱公之所以被贬官，并不是因他耽于享乐，而是一大把年纪了还不知道早点退休。"

王曙听罢，气得脸色铁青，一句话说不出来。

同事们个个强忍着笑意，纷纷在座位下给欧阳修伸出了大拇指：欧阳修，你真行！

三

宋仁宗景祐元年（1034），欧阳修从洛阳调任馆阁校勘。

谁也想不到，在洛阳奉行"快乐至上"的欧阳修，如今目睹国家"三冗两积"问题愈发严重，社会矛盾日益突出的困境后，体内以天下为己任的洪荒之力突然爆发，按都按不住。

他给上任谏官没多久的范仲淹写了封言辞激烈的谴责信：

司谏，七品官尔，于执事得之不为喜，而独区区欲一贺者，诚以谏官者，天下之得失、一时之公议系焉。

司谏，只是个七品小官，不值得祝贺，可谏官官职虽小，却关系天下得失，关系舆论导向！

紧接着，欧阳修话锋一转：

拜命以来，翘首企足，伫乎有闻，而卒未也。窃惑之，岂洛之士大夫能料于前而不能料于后也，将执事有待而为也？

您到任以来，大伙儿都翘首以盼，希望您真正亮亮本事，可等来等去您也没出手，大伙儿心里不免犯起了嘀咕：是我们看错人了呢，还是您准备搞件大事呢？

答案是后者。

范仲淹确实正在酝酿大事情，他不出手则已，一出手就要弹劾任人唯亲的宰相吕夷简。

范仲淹的奏折是这么写的：宰相以权谋私，任人唯亲，提拔了一批才不匹位的庸人，陛下应该另立制度，亲自掌握官员升迁。

结果，范仲淹被扣上"越职言事、勾结朋党、离间君臣"三项大帽，并被贬为饶州知州。

欧阳修怒了。

没几天，同样身为谏官的高若讷当众讽刺范仲淹螳臂当车、大言不惭，欧阳修怒火中烧，本想直接发作，又觉得当众抨击有损个人形象。回到家后，欧阳修迅速写了篇《与高司谏书》，指名道姓骂起了高若讷。

欧阳修说："高若讷，这货一点也不讷，还是个假君子、真小人，居然有脸说人家真君子范仲淹！作为谏官，你不敢站出来说话，就是不能胜任谏官的职责；既然不能胜任谏官的职责，还觍着脸去打卡上班，就是不知羞耻；我所悲哀的，不是你不知羞耻，而是你作为大宋的谏官不知羞耻，将来史书上蒙受羞耻的不是你这君子之贼，而是我们大宋朝全体官员！"

骂到兴起，欧阳修叫嚣了起来："其实我写这篇文章，也不是针对你，只是希望你能尽尽职责，干点实事。当然，你若不服，可以把文章转交给领导，让领导惩罚我，这样才能不让范仲淹蒙受不白之冤，好让大家都看看，我欧阳修不是谏官，却干着谏官的活,你丢人不!"

高若讷看到文章,直接气炸了,他立即把文章上奏朝廷,然后联合其他谏官,弹劾欧阳修嚣张跋扈,吐槽朝政。欧阳修随即被贬为夷陵县令。

四

四年的贬谪期转瞬即逝,欧阳修回到开封,"庆历新政"也在此时拉开序幕。

然而,新政自开始,就被反对派无休止地抨击抨击再抨击,还给支持革新的官员安上了一个最要命的罪名:结党。

作为范仲淹最亲密的战友,欧阳修的责任感丝毫没有因贬谪而被挫败,他继续发挥个人特长,破天荒地写了篇《朋党论》:

臣闻朋党之说,自古有之,惟幸人君辨其君子小人而已。大凡君子与君子以同道为朋,小人与小人以同利为朋,此自然之理也。

"朋党"这个令君主望之色变的祸患,在欧阳修的文章中,却成了一个很普遍的现象。

在欧阳修之前,有关"朋党"的文章只有一个调调:坚决打击!我们要坚决遏制山头主义、小圈子主义!

欧阳修却告诉仁宗:"朋党是必然存在的,没啥稀奇的,关键是领导您的眼睛够不够雪亮,能不能分得清哪个是君子党,哪个是小人党。小人以利为党,君子以义为党,小人党只忠于功名利禄,君子党却忠于道义。所以,您不需要关注什么党不党的,您只需要分清我们是君子党,那些反对变法的是小人党,依靠我们君子党的努力,就一定能实现国家长治久安!"

文章写得确实很赞,观点也足够发人深省,可惜并没什么用,"庆历新政"很快宣告失败,欧阳修也被贬为滁州知州。

环滁皆山也。其西南诸峰,林壑尤美,望之蔚然而深秀者,琅琊也。

在滁州百姓看来,欧阳修实在很特别,明明只有三十多岁,却自号"醉翁";明明酒量很小,却总吹嘘自己海量,搞得每次都喝得大醉。

滁州百姓也很佩服欧阳修,轻轻松松就把公事办了,然后带着一帮下属,到琅琊山上的醉翁亭喝酒。

欧阳修的酒局很欢乐,射箭的、下棋的、拼酒的、划拳的,一个个兴致高涨,欧阳修则颓然坐在一旁,醉了身心,也醉了夕阳。

欧阳修喝醉时,能够与大家同乐,清醒后还能妙笔生花,写出许多绝妙的文章。

直到欧阳修卸任后,滁州的百姓依然不太理解他说的那句"醉翁之意不在酒,在乎山水之间也。山水之乐,得之心而寓之酒也"。

他到底快不快乐呢?他的快乐是在酒,还是在山水?搞不懂搞不懂!

五

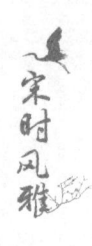

唐宋八大家中，欧阳修排第三，这并不意味着韩愈、柳宗元比他更优秀，只是比他更早。实际上，不看韩、柳，欧阳修就是大宋文坛第一人。

在唐朝，韩愈是文人公认的道德楷模和人生导师。在宋朝，最有资格获此殊荣的只有欧阳修。

自滁州回朝后的很多年里，屡遭贬谪的欧阳修突然快乐了起来，他彻底改变了自己的易怒体质，不再执拗于成败得失，看淡了是非恩怨，还专注起两件影响深远的大事：一是发起大宋的"诗文革新"，二是培养杰出青年。

他和韩愈一样，主张文章要明道致用，以"道"为本，以"文"载道，强调用诗文来传达时代的心声，大力提倡简而有法和流畅自然的文风，为宋代诗文发展开辟了一条新道路。

他和韩愈一样，桃李满天下。苏轼、苏辙、曾巩都是他的学生，苏洵深得他的赏识，王安石早年也曾向他请教诗文。可以说，宋代其余五大家，都或多或少受到过他的影响和指导，欧阳修无愧"文坛领袖"之名。

他和韩愈一样，自身的文学成就极为显赫。欧阳修有许多脍炙人口的名作。

比如《蝶恋花》：

庭院深深深几许，杨柳堆烟，帘幕无重数。玉勒雕鞍游冶处，楼高不见章台路。

雨横风狂三月暮，门掩黄昏，无计留春住。泪眼问花花不语,乱红飞过秋千去。

比如《生查子》:

去年元夜时,花市灯如昼。月上柳梢头,人约黄昏后。
今年元夜时,月与灯依旧。不见去年人,泪湿春衫袖。

诗、文、词以外,欧阳修还参与合编《新唐书》、独编《新五代史》,又编《集古录跋》十卷四百多篇。当有人夸他著作等身时,他总会说上一句:

余生平所作文章,多在三上,乃马上、枕上、厕上也。

我的文章大都是在马上、枕上、厕上抽空写出来的。
欧阳修的号"六一居士"是他自封的。

吾家藏书一万卷,集录三代以来金石遗文一千卷,有琴一张,有棋一局,而常置酒一壶。

别人仔细查了好几遍,发现了问题,"六一六一,怎么少了个一呀?"

欧阳修得意地回答:"不还有我这一翁嘛!加在一起,正好是六一。"

"那你这'六一'的绰号,究竟有什么含义呢?"

欧阳修想了想,身心愉悦地说了下面一段话:

"当我沉浸在这'五个一'中时,就是泰山横在我面前,我也看不见;就是巨雷轰然击中柱子,我也没反应;就是在洞庭湖上奏响九韶之乐,在逐鹿之野观看大型战场,也无法形容我的快乐。"

欧阳修冲出人世间的一切苦恼和世俗的樊笼后,依然热爱生活。千古一醉翁,万世一楷模,在得与失之间自由往返,慢慢抚平心灵的伤痕,在醉与醒之间充分体悟生命的充沛和丰饶,继而享受人生取之不尽、无处不在的快乐。

这就是欧阳修。

包拯：真·包青天

一

历史上连太阳都黑不了的人，根本不用猜，肯定是出场自带背景音乐的包大人。

在小说演义和民间故事的塑造下，包大人一张黑脸，素颜朝天，铁面无私，英明善断，身边还聚集着展昭、公孙策等一干豪杰，干的是铡驸马、斩高官、断奇案的大事。

久而久之，刚正不阿的包大人成了正义的化身，以至于一提起他，背景音乐就会不自觉在耳边环绕：

开封有个包青天，铁面无私辨忠奸。江湖豪杰来相助，王朝和马汉在身边。

只不过，歌词再热血，影视剧情再跌宕起伏，都不是历史的真相。

其实，包拯的人生没那么传奇，也不算特别精彩。

包拯其实是肤白貌美颜值高的,和"包黑炭"这个外号毫不沾边。

宋仁宗景祐四年(1037)春,安徽天长县官道上,白面书生包拯正赶赴天长,准备上任知县。

这一年,他已经三十九岁了。

人生前三十九年,他一直待在家中奉养双亲,没什么少年包青天、公孙策和展昭组团,到处断案破案的剧情。

三十九岁才上任七品县令,是包拯水平有限,考不中进士吗?

非也。

包拯智商够高,却不算顶尖;读书很刻苦,却不够神童级别。他苦读十几年书,在二十九岁时考中进士,授任建昌知县。

然而,包拯没去。

不是嫌官小、待遇差,而是离家远。

不要误会,包拯并没有恋家症,只是觉得奉养双亲比功名利禄更重要。由于父母年迈,家中无人照料,包拯就把家庭情况一五一十汇报给组织,请求在老家庐州附近就职。

这么有孝心的三好青年,必须安排到位!于是组织改派包拯为和州税监,待遇好、工作清闲,而且距离庐州仅一百多公里。

组织很给力,包拯很感动,他希望父母能跟自己去和州,方便他长期照顾。可包老爹和包老妈乡土观念太强,坚决不肯背井离乡,老两口催促儿子赶紧去和州赴任,有空常回家看看就行。

包拯却实在放心不下年事已高的父母，毕竟自己还很年轻，为国尽忠来日方长，为父母尽孝却就在眼前。

包拯一咬牙，给组织递了辞职信：我暂时先不干了，请别给我安排职务了。

辞官后的包拯，在家一待就是十年。

十年间，包拯的父母相继病逝，他在父母的墓旁搭了个草棚。从侍奉父母到结庐守孝，包拯在家守了整整十年，才愿意赴京听调，出任天长知县。

包拯是个为奉养双亲完全放得下个人前途的孝子。

一个恪尽孝道的孝子，绝对不会碌碌无为。

二

以奔四的年纪步入仕途，包拯并不着急，出来做官，最重要的是不忘初心、忠于职守。

在天长县，包拯智断了令他扬名天下的"牛舌案"。

某日，村民刘某的耕牛被人割了舌头，跑去县衙击鼓报案。

无缘无故害人耕牛，必然系仇家所为。包拯略作沉思，想出了破案的计策。

"这牛反正是活不长了，你干脆把牛宰了，再去集市上把肉卖了，多少能弥补一些你的损失。记住一条，牛舌被割不要告诉任何人。"

刘某搞不懂包县长葫芦里卖的什么药，只好把牛杀了。

按照北宋律法，私杀耕牛是重罪，包拯这招欲擒故纵，很快就把犯罪嫌疑人钓了出来。

两天后,邻居李某来衙门状告刘某私杀耕牛。包拯立时警觉,定定地盯着李某:"你如何知道他私杀耕牛?"

"他那头牛不是快不行了嘛,所以就杀了卖钱呗。"

"你如何得知李家的牛不行了?"

"嗨,舌头没了,还能活几天呀?"话音刚落,李某突然意识到自己犯了一个致命的错误。

包拯的脸上顿起怒色:"李家的牛舌被割,除本官与当事人知晓实情外,你是如何知道的?"

"大人,这……"

包拯猛拍惊堂木:"大胆刁民,割了人家的牛舌头,还要把人往死里整!"

面色煞白的李某浑身瘫软地趴在地上,只得老老实实供认了割人牛舌的罪行。

包拯在天长县干了三年,除了智断"牛舌案"外,基本没别的案子可审。三年后,包县令任期满,升为端州知府。

尽管是从县长升为市长,工作地点却很糟心。

端州地处岭南,交通不便,环境恶劣,一般情况下,正常被任命的官员都是能拖就拖,能不去就不去。

既然是干工作,到哪里不是干呢?只要思想不滑坡,办法总比困难多!毫无怨言的包拯来到端州后,迅速根据当地实际情况,出台了一系列改善民生的政策。

治理瘴气,发展生产,开挖水井,创办书院,助推脱贫,兴建驿站。包大人工作拼命,节假日无休,还特别乐意跑基层，受到端州百姓热烈拥护。

除了下大力度为百姓谋利，包大人抓干部队伍作风建设一样雷厉风行。

端州虽然只是十八线小城市，招牌却一直很响亮，大名鼎鼎的端砚①就盛产于此。

写字画画，谁不需要砚台？达官显贵们，谁不想搞到几方好砚台？

很好办。

送！

于是，端州各级官员打着"进贡"的旗号层层克扣，十有八九的端砚都成了逢年过节行贿京中高官的礼品，真正送到皇帝手上的没几方，市面上也总是供不应求。

包拯对这种无节操无下限的勾当深恶痛绝，下大力度严打以砚谋私的腐败行为。方法很简单：彻查，查到一个停职一个，看谁还敢顶风作案！

很快，进贡朝廷的端砚多了，市场上作为商品流通的端砚也多了。

不光不让别人送，包拯自己也不取用。两年后，包拯因政绩突出被调入中央，离任时也不曾带走一方端砚。

---

① 端砚：石质坚实温润，纹理细密，发墨快而不涸，自唐代起就享有盛誉。

三

包拯并不知道，自己在朝中居然那么有名。

御史中丞王拱辰一见面就拉着包拯的手，激动地问："你就是那个为侍奉双亲十年不出仕的包拯吗？当年感动大宋十大年度人物，你可是第一名啊！"

组织给包拯分配的第一份工作，是殿中丞，俗称综合事务办公室主任，具体负责布置会场、策划活动等事宜。

王拱辰得知后很不乐意，这种杂活根本不适合包拯，你们这是在浪费人才，让他跟着我干监察吧！

得益于王拱辰的举荐，包拯由殿中丞升任监察御史[①]。

王拱辰的眼睛是雪亮的。很快，包御史就以实际行动证明：什么叫责任心，什么叫官员的自我修养。

监察御史，工作只有一个标准：不停地递奏章。

臣包拯言：朝廷满足于每年向辽人交纳岁币，还自认为很赚，这是什么心态？必须勤加操练军队、加强边境守备。

臣包拯言：贪官污吏是我们最可恶的敌人，应该实行官德一票否决制，一旦贪污被抓，终身不得踏入仕途。

臣包拯言：河北百姓日子过得苦哇！朝廷哪能与民争利呢！建议把邢、洺、赵三州一万五千顷用来牧马的农田全部划给当地百姓。

……

包御史工作开展得热火朝天，御史台的同僚们却总想让他

[①] 监察御史：掌管监察百官、巡视郡县、纠正刑狱、肃整朝仪等事务。

降降温:"老包,你悠着点儿,工作节奏稍微放慢些。"

包拯却有些莫名其妙:"不给朝廷提意见,我做监察御史干吗?就这我还觉得力度不够呢!"

对包拯而言,给朝廷提意见是态度最温和的,弹劾官员才是最猛烈的。

荆州转运使王逵在任期间巧立名目盘剥百姓,激起民变后,他又仗着仁宗的宠信派兵镇压,滥用酷刑,事后居然被朝廷免责。

"陛下,王逵鱼肉百姓,草菅人命,这种酷吏必须严惩!"包拯第一次上了奏折。

"哦哦,知道了,你退下吧。"

"陛下,惩处王逵的诏书啥时候下发?您得抓紧办呀!"包拯第二次上了奏折。

"正研究着呢,不急不急。"

"陛下,批评不能流于表面,问题必须摆到台面上来。您以为我上奏折是跟您闹着玩的吗?"

……

先后六次被糊弄,看来仁宗有心维护王逵,应该可以确定了。

第七次,包拯连仁宗也一起抨击了起来。

"陛下,为了一个酷吏,您可以堵住我的嘴,却堵不住天下百姓的议论,万一王逵闹出更大的乱子,到时候看您好不好收场!"

仁宗迫于压力,终于罢免了王逵。

"七弹王逵"后,很多人都明白了,不把包拯放入谏官[①]序列,简直是太屈才了。

包大人,别监察我们了,你去监察领导吧!

出任知谏院谏官后,包拯强行给仁宗搞了三个座右铭:

一、虚心纳谏,分辨是非。

二、爱惜人才,严正刑禁。

三、厉行节俭,去除苛政。

他还特意强调:"希望陛下把这三点牢记在心,最好能刻在御案上,不时瞅瞅,以为镜鉴。"

很多时候,仁宗对包拯的观点并不完全认同却又实在不愿过分争论,因为受伤的总是他自己。

仁宗的宠妃张贵妃是个枕头风吹得十分猛烈的女人,她想替伯父张尧佐要官,整天在仁宗面前撒娇耍心眼。

仁宗一时心软,准备让张尧佐兼任淮康军节度使、群牧制置使、宣徽使、景灵使四大美差。

"陛下,您不是海草,不能随风飘摇!"以包拯为首的谏官们堵在大殿内,集中火力要让仁宗收回成命。

仁宗狂拍桌子,断然怒道:"这里究竟谁说了算!"

殿内顿时没人吱声了。

"陛下!"一道清亮的声音刺破了室内凝滞的空气,紧接着,包拯从人群中突然冲到仁宗面前,眼底深处浮着一抹愤怒之色,语调如冰。

[①] 谏官:对君主的过失直言规劝并助其改正的官吏。

"陛下即位近三十年，从没做过失道败德之事，近年来却不知怎的，重用张尧佐这种资质平平的外戚，不怕引起议论吗？"

包拯越说越激动，说得唾沫星子横飞，崩了仁宗一脸。仁宗一边擦，一边还得强压胸中翻腾的怒火，抬头认真听包拯讲话。

"重要的事情说三遍，不行，不行，不行！最多只能让他当宣徽使，或是节度使！"

包拯讲完，退了下去，同僚王举正准备延续火力。仁宗见状，赶紧开溜。

回到宫里，张贵妃还嗲声嗲气地问："陛下，我伯父的差事安排到位了吗？"

一听这话，仁宗气不打一处来，冲着张妃一通抱怨："妇道人家，只知道替你伯父要宣徽使、宣徽使，不知道包拯是谏官吗！还安排差事，朕差点就被包拯安排了！"

当天，张尧佐就被削去宣徽使、景灵使的职务，谏官们这才重归安宁。

四

五十八岁那年，包拯来到开封府，暂代开封府尹。

注意，包拯只是暂代开封府尹，而且从未正式出任开封府尹，因为一年半后，他就从开封府离职了。

开封府里没有龙头铡、虎头铡、狗头铡，也没有展昭、公孙策、王朝、马汉。

包拯根本不需要这些，带着一颗赤诚之心，就已足够。

在短暂的任期内，包拯主要做了两件事。

一、整顿吏风，改革诉讼程序。

开封府旧制，凡来告状的百姓，必须先将状纸交给府吏，由府吏转呈府尹，是否审理、何时审理，则由府吏通知本人。

这种制度一看就有漏洞。由于诉讼者不能直接面见府尹，府吏往往借机敲诈勒索，徇私舞弊。

想告状吗？先拿钱来！

没钱，没钱你告什么状！赶紧走人吧！

这就导致许多家境贫寒者无处申冤。

包拯到任后，立即废除这种坑害百姓的旧制度，宣布诉讼者可直接来公堂见官纳状，自陈冤屈。

二、执法严峻，打击不法权贵。

开封府作为大宋的首都，皇亲国戚、达官显贵多如牛毛，素以难治著称。

怕得罪人、不想得罪人，还怎么开展工作？包拯规定：凡以私人关系请托者，一概拒绝；凡横行不法、欺压百姓者，一律严惩。

在其任就得谋其政，我管你是谁的亲戚呢！

由于包拯执法严明、铁面无私，连皇帝都敢得罪，有这么个重量级的大文人坐镇，皇亲国戚们谁也不敢轻易在京城犯事。

短短一年半，包拯的大名如雷贯耳，开封府的百姓亲切地称他为"包待制"。

当时，坊间广泛流传着这么一句话：关节不到，有阎罗包老。

包拯：真·包青天

即便没铡过陈世美，没办过"狸猫换太子"的奇案，也丝毫不影响包拯人格的光辉。

卸任开封府尹，包拯再任右谏议大夫、御史中丞。

人生最后五年，包拯的精力依然充沛，似乎从来没有什么事能让他主动退缩。

三司使①张方平私买土地，包拯弹劾；继任三司使宋祁在益州知州任上花钱如流水，包拯继续弹劾。

路见不平一声吼，吼完继续往前走。两任三司使相继被弹劾下台，包拯不顾病情，以六十一岁的高龄接任三司使。

欧阳修对此很不爽，还打了个很犀利的比方："包拯这么做就好比自家的田被别人的牛踩了，不但夺了人家的牛，还贪人家的田，未免太过分了！"

"所以说，你欧阳修只能搞文学，根本搞不了政治！"包拯见欧阳修多有不满，免不了要回击上几句，"我是贪图三司使的职务吗？你未免也太小看我了！"

然后，包拯称病不出，不再处理三司事务。

"包卿，别跟欧阳修一般见识，工作还是得由你主持啊！"仁宗给包拯做思想工作。

"让他道歉！"

"都是同事，别太让人难堪了吧？朕代他向你道歉可以不？"指望欧阳修道歉肯定是没戏的，仁宗只好代人背了黑锅。

"那行吧！反正我已经不见他了，眼不见心不烦。"

---

① 三司使：掌全国钱谷出纳、均衡财政收支，为中央最高财政长官，号称"计相"。

三年后，包拯病逝于枢密副使任上，终年六十四岁。

噩耗传来，举朝震惊，全城尽悼。仁宗亲临包府吊唁，并为其辍朝一日，追赠包拯为礼部尚书，谥号"孝肃"。

病逝前，包拯没留下什么遗嘱，只是简单强调了这么一句话：

后世子孙仕宦，有犯赃滥者，不得放归本家，亡殁之后，不得葬大茔之中。不从吾志，非吾子孙。

这就是包拯。

五

包拯没有铡刀，没有尚方宝剑，更不需要江湖人士保护。

他始终坚信，正义从不缺席，公道自在人心。

他断过"牛舌案"，展现了不俗的断案能力；

他不拿端砚，展现了为官的清正廉明；

他反驳仁宗，展现了诤臣的刚正不阿；

他弹劾权贵，展现了为民父母官的铁面无私。

他性情沉稳，不苟言笑，疾恶如仇，不以巧言令色取悦于上，平常更不与人私下交往，甚至连亲友都断绝来往，这注定他不会有好的人缘。

这一点，包拯毫不在乎。他是个简单纯粹的人，只需要贯彻正义，一点一滴将该做的事一做到底。

包拯：真·包青天

包大人这辈子没时间搞文学创作，传世的作品少之又少，为世人所熟悉的有《书端州郡斋壁》：

> 清心为治本，直道是身谋。
> 秀干终成栋，精钢不作钩。
> 仓充鼠雀喜，草尽兔狐愁。
> 史册有遗训，毋贻来者羞。

以赤诚之心，行正义之事，仰不愧于天，俯不怍于人，这就是包拯——一个金光闪闪的名字，一个忠正廉明、威武不屈的大宋文人！

宋祁：且向花间留晚照

一

宋仁宗天圣二年（1024），这一年科考，与开国以来任何一届均有不同。

礼部众考官商议录取的殿试"三鼎甲（状元、榜眼、探花）"其中之二，是来自南京应天府（今河南商丘）的一对亲生兄弟：宋庠、宋祁。

然而，当晏殊（主持科考）恭恭敬敬向刘太后呈上进士拟录取名单时，却发现太后微皱眉头，满脸疑惑地盯着宋氏兄弟的名字问道："晏卿，这名单是不是有点问题啊？"

晏殊赶忙解释："太后，臣与礼部考官商议许久，一致认为兄弟俩文章写得出类拔萃，这才将二人定为状元、探花，一届科考兄弟俩联袂上榜'三鼎甲'，实乃我朝科考界一大佳话！"

刘太后摇了摇头："我不是质疑你们录取的程序，可这二人的名次是否有待商榷？探花宋庠是兄，状元宋祁是弟，弟弟比哥哥风光,有悖孝悌之道,再说二人同登'三鼎甲',难免遭其他考生非议,这不大行啊!"

晏殊只好拱手询问:"太后,您要觉得名次不合适,可以调整。"

太后看着晏殊,笑了:"人家孔融四岁就懂得让梨,你明白了吗?"

"必须明白!"

很快,录取结果公布,宋庠成了状元,宋祁被动让了次梨,落到了二甲第十名,时人赞为"二宋"。

顺便说一句,这个改动名次的小插曲,帮助宋庠成为科考史上"连中三元"名人堂中又一知名成员。

进入组织后,才华横溢的哥俩都被选进直史馆挂职锻炼,作为后备干部重点培养。

才华上相差无几的宋氏兄弟,性格上却截然相反,堪称一部冰与火之歌。

大宋宋庠是"冰",不苟言笑,谦谦有致,做起事来老成持重、滴水不漏;小宋宋祁是"火",仪表堂堂,幽默活泼,最大的爱好是尝试新鲜事物,追求快意人生。

尽管没当上状元,宋祁却不太在意。才华横溢之外,他还具备职场另一大核心竞争力:长得帅。

又帅又有才的宋祁,自然比严谨内秀的宋庠更受欢迎。平日里行走在京城的大街小巷,素颜出镜的宋祁,回头率百分之百,成了很多青春少女心中的顶流文人。

据黄升《花庵词选》记载,某日,宋祁在街上闲逛,偶遇皇家游幸回宫的车队,擦身而过之际,忽听其中一辆车中传来

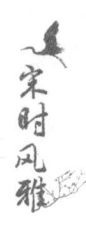

一声宛如天籁的呼唤:"快看,快看,那个帅哥是小宋哎!"

然后,车队飞驰而去。

宋祁好像听到了有人在夸他帅,却不知这声温婉的呼唤究竟来自何人。

触手可及而不得的遗憾最能撩拨文人的情怀,心旌摇荡的宋祁浮想联翩,当晚便填了首《鹧鸪天》:

画毂雕鞍狭路逢,一声肠断绣帘中。身无彩凤双飞翼,心有灵犀一点通。

金作屋,玉为笼,车如流水马游龙。刘郎已恨蓬山远,更隔蓬山几万重。

这首词,填得并不算出彩,抄了李商隐四句,李煜一句,查重率肯定过不了关。可这是帅哥宋祁填的,很快就被坊间唱红了,最后连仁宗都听说了这个故事。

仁宗饶有兴致地调查到词中的当事人,然后叫来宋祁,故意质问道:"朕的宫女你也敢惦记,李商隐的诗你也敢抄袭,想干什么呀!"

宋祁慌了,低着头一声不吭,过了片刻,又尴尬地瞅了仁宗一眼:"我错了。"

仁宋哈哈一笑:"小伙子,做人要真诚,还说什么更隔蓬山几万重,蓬山远吗?一点都不远,很近。"

仁宗指了指从帘后走来的宫女:"喏,就是她,你领走吧!"

一首词换得一红颜佳人,宋祁绝对稳赚不亏。

宋祁：且向花间留晚照

二

进士及第后，宋祁历任复州军事推官、大理寺丞、太常博士、知制诰，宝元二年（1039）升迁为天章阁侍制、尚书工部员外郎，权三司度支判官[1]。

千万别以为宋祁只是个帅帅的花瓶，干起正事来，他相当出彩。

太常博士任上，宋祁奉命参与校正音律的工作，并参与完成《崇文总目》《唐乐记》的编纂。

景佑元年八月判大常寺燕肃等言："大乐制器岁久。金石不调，愿以周王朴所造律准考按修治，并阅乐工，罢其不能者。"乃命直史馆宋郎、内侍李隋，同肃等典其事，又命集贤校理李照预焉。[2]

三司度支判官任上，他针对西夏战事紧张的实际情况，给仁宗上了封《三冗三费[3]疏》：

"领导，兵以食为本，食以货为资，现在朝廷三冗三费问题严重，不抓紧整治仗就没法打了！"

紧接着，宋祁又上了封《三患论》：

---

[1] 三司度支判官：掌判天下相赋多少之数，物产丰约之直，水陆通途之利。每岁计其所出而度其所用，转运征敛送纳，皆准程面节其迟速。
[2] 《宋史·乐志》。
[3] 三冗：冗官、冗兵、冗僧道。三费：道场斋越太费、京师寺观太费、使相节度太费。

"领导,您的天威呢?怎么无法制约臣下呢?我给您提三点意见吧,您和贤人谋划却与佞臣决断,把臣子安排到重要的位置却不重用,大事做不好小事倒很急,这就是您的三个问题,听我说一句,强君威,别邪正,急先务,别老一副天下仁君的模样,没什么用的。"

再后来,他又接连上了《上便宜札子》《御戎论》,责任感强到不行。

一针见血指出朝廷症结,对症下药给出解决方案,如果奏疏能够得到仁宗重视,那么很有可能四年后的"庆历新政"就要改为"宝元新政"。

尽管性格直率,肯进言、敢发问的宋祁被众多朝臣公认为可堪大用,可惜恰恰就在君臣共同酝酿变法的关键节点上,哥哥宋庠因政见不合得罪了宰相吕夷简,宋祁受到牵连,被迫离京外放为官。

庆历三年(1043),宋祁回朝担任龙图阁学士、使馆修撰。此时,"庆历新政"已在范仲淹、富弼、韩琦等人的主持下迅速推进,宋祁没能加入改革者的队伍,而是受命与欧阳修编修《新唐书》。

相比于波谲云诡的政治斗争,在浩瀚史海里尽情徜徉,显然更加安稳,也更加考验一个人的耐性。

通常情况下,编修史书的工作是漫长而艰辛的,没点毅力根本坚持不下来。

一般来说,编书的过程又必然是枯燥无味的,一壶清茶,一盏油灯,在浩如烟海的史书典籍中埋头苦干,形影相吊,体重蹭蹭上涨不说,头发还一掉一大把。

然而，主编宋祁的日常状态却完全不一样，他有自己独特的工作节奏。

据《东轩笔录》记载：

(宋祁)每宴罢，开寝门，垂帘燃二椽烛，媵婢夹侍，和墨伸纸，远近皆知为尚书修《唐书》，望之如神仙焉。

晚宴过后，宋祁就会在书房里点上几根粗大的红烛，把书房布置得很温馨，让侍婢们伺候笔墨，然后才开始搜集资料，奋笔疾书。

对此，宋祁有一套合理的解释：谁规定修书就一定得过苦行僧般的生活呢？我喜欢这种温馨舒适的氛围，这是我灵感来源的不竭动力。

可以想象，灿亮巨烛之下，红袖添香之中，宋祁气定神闲，走笔如飞，路人都不禁感叹一句："这真是神仙一般的人物啊！"

三

尽管十余年间职务多次变动，宋祁却始终没有忘记编书的重任。无论来到哪里，他都会随身携带大批史籍资料，一有空闲便倾情投入、乐此不疲。

《新唐书》这部共计225卷（其中本纪10卷、志50卷、表15卷，列传150卷）的史学巨著，75卷本纪、志、表由欧阳修负责，150卷列传由宋祁个人独立撰写完成。

与以往史籍编纂风格不同，宋祁在为人物立传时，除大量引用一手史料外，还创新性地引用了唐代小说、笔记、碑志、家谱、民间传说、街巷琐语等资料，极大增加了史书的可读性。

不过，由于宋祁长期不在京城任职，与欧阳修交流甚少，因此他负责的列传部分与欧阳修编纂的部分体例存在较大差异。

仁宗见稿后，希望欧阳修对宋祁负责的"列传"部分加以修订，使全书风格统一。欧阳修却果断表示拒绝："宋公于我为前辈，且人所见不同，岂可悉知己意？"

不得不说，宋祁耗费多年时光，编出的内容文笔流畅，立场鲜明，恢宏大气，质量丝毫不逊于前辈们呕心沥血编纂的《旧唐书》。

能把编书工作开展得如此快意而又不出纰漏，在史学界，宋祁绝对是最具特色的第一人。

除了长期编纂《新唐书》，嘉祐元年（1056）外放为益州知州后，宋祁还身体力行，四处寻访，写了一本极具研究价值的《益部方物略记》，对益州及其周边地区65种草木、药材、鸟兽、虫鱼做了详细的记载。

在序言中，他盛赞益州当地丰饶的物产：

益为西南一都会，左阻剑门，右负夷蕃，内坦夷数百里，环以长江，裹以复岑，川陆盛气碍而不得东回，薄蜿蜒还负一方，为珍木、为怪草、为鸟、鱼、芋、稻之饶。

《益部方物略记》共收录益州及其周边地区41种植物，针对植物的不同性状、特点、用途均有细致说明。

比如楠木：蜀地最宜者，生童童若幢盖，然枝叶不相碍。茂叶美阴，人多植之。树甚端伟，叶经岁不调，至春，陈新相换，有花实似母丁香云。

比如慈竹：性丛产，根不外引，其密间不容笴。笋生夏秋，阅岁，枝叶乃茂。别有数种，节间容八九寸者，曰笼竹，一尺者曰苦竹，弱稍垂地者曰钓丝竹。

此外，宋祁还在书中研究了部分川菜的烹饪方法，同时对蔬果类、水产类、调料类等物品的产地、生长形态及来龙去脉进行了详细的阐述，堪称一部北宋版的"舌尖上的益州"。

四

宋祁这辈子，有个始终难以跨越的坎，那就是他的哥哥宋庠。

老成持重、性格谨慎的宋庠，比弟弟更适合混仕途，官职自然也比弟弟高。

问题恰恰在于，宋庠入相，宋祁就不能同时升任宰相，此为避嫌；宋庠罢相，宋祁就要一同外放，此为同荣辱、共进退。

庆历元年（1041），宋庠罢相，宋祁外放为寿州知州；

庆历五年（1045），宋庠复为参知政事，宋祁转任龙图阁学士；

嘉祐四年（1059），宋祁刚当上三司使，却因宋庠为相的缘故，外放为郑州知州。

……

除了性格原因,兄弟二人不得同时入相,才是宋祁多年辗转各地、执政才华难以充分施展的根源。

不过,仕途难以登顶,并未给宋祁带来太多困扰,他的人生,依然温情,依然快意,依然极富情调。

据《曲洧旧闻》记载,某日,宋祁正在雪夜修书,修着修着有些累了,便朝新晋招募的姬妾环顾一圈,悠然问道:"你们以前侍奉的主人,是不是也和我一样潇洒快意?"

姬妾们如实回道:"那肯定没法跟您比,他们不是油腻就是无聊,哪有您这么风雅又可人爱呢?"

宋祁再向某位曾作为歌伎为皇室宗亲服务过的姬妾询问:"你家主人遇此大雪天气,一般都干些什么?"

歌伎答道:"也就是抱着暖炉,赏赏歌舞,大醉而已。"

宋祁大笑一声:"喝酒赏歌舞,不错不错!"说罢,率性地把笔一丢,让姬妾们陪着喝了个通宵。

《东轩笔录》同样记载了一件趣事。益州任上的宋祁某次在船上与友人喝酒,喝着喝着突然起风了,他对仆从说:"回去给我拿件半臂衫(短袖,类似坎肩小外套)。"

仆从回到家,对宋祁一干妻妾说道:"老爷要穿半臂衫。"

姬妾们马上回屋翻箱倒柜,然后各自拿出一件,争着要仆人带去。

仆从想了又想,发现这帮人谁也惹不起,只好把这些半臂衫全都带去,把难题丢给宋祁。

果不其然,宋祁看着这些半臂衫,一样不知该穿哪一件。

他的难题很现实,如果穿了其中一件,其他姬妾还不得把这人恨死,到时候万一再争风吃醋、你争我夺,多不值当啊!

宋祁犹豫再三,愣是一件没敢穿。为了团结和睦,只能冻冻我一个,幸福大家庭了。

北宋有个相当有趣的现象,文人之间喜欢根据各自名作互取外号。

比如柳永因一句"露花倒影,烟芜蘸碧,灵沼波暖"被称为"露花倒影柳屯田";贺铸因一句"一川烟草,满城风絮,梅子黄时雨"被称为"贺梅子";秦观因一句"山抹微云,天连衰草"被称为"山抹微云秦学士"。

宋祁自然也有一个高端大气的外号:红杏尚书。

这一外号,取自宋祁最著名的一首词作《玉楼春》:

东城渐觉风光好,縠皱波纹迎客棹。绿杨烟外晓寒轻,红杏枝头春意闹。

浮生长恨欢娱少,肯爱千金轻一笑。为君持酒劝斜阳,且向花间留晚照。

据《过庭录》记载,某次词坛名宿张先进京办事,宋祁听说后急忙前往探望,并高调地对张先的下人说:"快去通报,我要见'云破月来花弄影'郎中。"

张先听说宋祁来访,高兴地出门迎接,同样打趣道:"莫非是'红杏枝头春意闹'尚书到了?"

两人相视一笑,犹如老友。

五

长得帅、性格鲜明、作风洒脱，长期以来，宋祁都是朝中极具话题性的典型顶流文人。

他性情宽容，从不因人无心冒犯而大发雷霆。

某年秋天，宋祁下去调研，见庄稼收成很好，便兴致勃勃地采访了一位农民："老人家，今年收获颇丰，你认为是归功于上天恩赏呢，还是朝廷政策得力呢？"

老农以为他是个没脑子的路人，盯了他半天，突然挖苦了起来："你这人看着挺机灵，看待问题怎么如此幼稚？庄稼收成好，全是我老汉辛勤劳动所得，和上天、朝廷没有半毛钱关系，老天爷不闹灾，朝廷不乱摊派，我就谢天谢地了！"

一番话说得宋祁满脸通红，尴尬地走掉了。

他敢说敢做，从不以虚假面貌示人。

入仕之前，宋氏兄弟都是标准的贫困生，家里一穷二白。

等哥俩富贵后，大宋宋庠依然坚持朴素的生活状态，可小宋却不愿继续朴素，还特意把府名称作"不晓天"。

哥哥宋庠很担心，经常找弟弟开展忆苦工作："你还记得吗？以前我们元宵节吃什么？咸菜加稀粥啊！咱哥俩是穷苦出身，千万不能忘本啊！"

宋祁不以为然，率性地反驳哥哥："当年吃咸菜，为了什么？不就是为了如今的风光无限、快意人生吗？"

注意，不要认为宋祁口中的快意是放纵恣睢、奢靡无度。仕宦生涯每至一处，宋祁必留下美政，特别是益州知州任上，尽管御史吴及、御史中丞包拯包大人都曾批评宋祁奢侈过度，但益州当地百姓对宋祁十分爱戴，以至于宋祁去世之后，百姓们自发组织起来为其哭灵，对其拥戴程度由此可见一斑。

这种快意人生一直持续到宋祁临终前。人生走近尽头时，宋祁写下一篇《治戒》："葬礼及棺木一切从简，能盛放残骸朽衣就行；不要请人写墓志铭及碑文，更不需要谥号，我这点才学真不够看；坟墓不用搞得太奢华，也不要做法事；词作语录和文章，也不必编撰成册。"

除了不编文集那一点，儿孙们都遵照了宋祁的遗愿。

宋祁一生留下了诸多脍炙人口的佳作，比如这首《浪淘沙近》：

少年不管。流光如箭。因循不觉韶光换。至如今，始惜月满、花满、酒满。

扁舟欲解垂杨岸。尚同欢宴。日斜歌阕将分散。倚兰桡，望水远、天远、人远。

再比如《蝶恋花》：

绣幕茫茫罗帐卷。春睡腾腾，困人娇波慢。隐隐枕痕留玉脸。腻云斜溜钗头燕。

远梦无端欢又散。泪落胭脂，界破蜂黄浅。整了翠鬟匀了面。芳心一寸情何限。

相比于仕途取得的诸多成绩，宋祁想必更加眷恋往日的美好、人生的快意。

这就是宋祁，快意人生，率性而为，他可以快意地活着，也可以潇洒地走了。

苏洵：学出一片天

一

十八岁的程氏嫁到苏家前，她只听说未来的老公是个帅哥，无不良嗜好，未来生活的家庭和睦温馨，父慈子孝，嫁过去肯定很幸福。

程氏嫁过来后，却发现这家人都个性十足。

先说老公苏洵，学习态度不端正，人生偶像居然是李白。可他又不属于李白那种一学就懂、不学也懂的天才，学习中但凡遇到点挫折，立马丢下书本，离家游玩，性格就像个长不大的孩子。

程氏给老公写信，让他早点回家。苏洵却只回了一首诗，其中提到：

少年喜奇迹，落拓鞍马间。
纵目视天下，爱此宇宙宽。
山川看不厌，浩然遂忘还。

爱上一个不回家的人就算了，可苏家有个性的人却不止苏洵一个。

再说公公苏序，虽然他很有见识，性格也蛮好相处，但对待三个儿子的教育方式，却让人有些摸不着头脑。

对苏洵的两个哥哥，苏序管教很严，平日里不学习要批，考试成绩差也要批，作业写不完就更别提了。可对老三苏洵不务正业，整天出去游玩的行为，却纵而不问。

不光程氏，就连邻居们都对苏洵的前途表示担忧："苏洵这孩子不爱学习，整天在外面瞎玩，你这个当爹的怎么不管管？赶紧把他逮回来，给他买补习材料、报辅导班啊！"

苏序正躺在摇椅上晒太阳，草草敷衍一句："他爱学不学，不学问题也不大。"

这还不是最奇葩的。据说苏洵的大哥考中进士时，喜报从州里传来，苏序正在村口淡定地与人下棋、喝酒，喝到傍晚才醉醺醺地骑着毛驴回家。

父子俩个性十足，程氏都看在眼里，郁闷在心里。更何况，程、苏两家本就有些门不当户不对，程氏的爷爷是录事参军，老爸是大理寺丞，标标准准的官宦之家。

可苏家呢，往上数三代都是农民，没钱没背景。原本程家同意嫁女，只是看重苏家家学渊源，家风优良，苏洵这小伙儿长得又帅，没想到程氏嫁过来后，居然无端生出这么多烦恼。

不过，程氏是个知书达理的好媳妇，无论内心有多纠结，从不轻易显露于外。

对待丈夫，程氏很体贴；对待公婆，程氏很孝顺。只是苏家条件一般，吃饭用度一切从简，日子过得难免有些紧紧巴巴。

程氏出嫁前的闺中密友有次来苏家探望，见程氏衣着朴素，还在内室给苏洵缝补衣裳，心里很是困惑。

她悄悄对程氏说："指望你那不靠谱的老公挣钱养家是没戏了，你娘家那么有钱，何不让你父亲接济一下，干吗委屈自己整天粗茶淡饭、缝缝补补，却一句话都不愿说呢？"

程氏徐徐向后靠在软枕上，微笑着告诉闺友："我不是不可以问家里要钱，可万一这事传出去，让大家笑话我老公要靠岳父资助才能养家，岂不是太丢他的脸了吗？"这就叫"贫不以污其夫之名"。

二

程氏原本以为，嫁了这么个一切随缘的老公，这辈子也就只能跟着随缘了。

没想到，云淡风轻如苏洵者，居然也会有转性的一天。

以前亲朋好友见到苏洵，总会发出经典的人生三问：

"怎么不去读书啊？"

"啥时候要孩子呀？"

"工作找到了吗？"

这些问题令苏洵头大，却不知道如何回答。

这样的追问也不知道重复过多少次，直到程氏为苏洵生下长子苏景先后，她突然发现，对家务不管不顾、对双亲马马虎虎的老公，好像正在慢慢发生着改变。

以前给他一张床，他能睡到世界灭亡，现在天天早起晚睡，洗衣做饭样样都会；以前给他一匹马，他能逛到天涯海角，现在很少外出游玩，总是待在家中翻翻教材、看看真题。

时间一长，程氏才逐渐明白，长子出生、母亲病逝、老父年迈多病、两个哥哥又不在家，家庭重担不知不觉间已悄然压在老公一人肩头。

这是生活给苏洵上的最生动的一课。苏洵，决定暂时逃离舒适区，向着模范丈夫的官方标准步步进击了。

某夜，苏洵平躺在床上，怔怔地盯着即将燃尽的灯捻，突然百感交集地对程氏说："这些年辛苦你了，此前有对不起你之处，望你不要介意。"

程氏微微吃了一惊，过了许久，方淡淡笑了一下："怎么突然这么多感慨？"

苏洵半直起身，深吸一口气，仿佛要将所有心事从胸中倾吐而出："我已经快三十岁了，一般情况下，到了这个尴尬的年纪，再去读书已经晚了，可我自认为还能挽救一下，希望你也一样没有放弃我！"

这几句掷地有声的体己话如同钢针般刺进程氏心底，泪珠不禁自眼眶内奔涌而出。她紧紧依偎着苏洵，轻声说道："如果你读书是为了我们的家，那我也说一句，以后家务事你就甭管了，全由我来操持，你只管读书备考，求取功名吧！"

有个看淡一切的老爸，有个尽职尽责的妻子，苏洵还自认为有个装满题库的脑子，苏洵一直认为考个进士，还不是信手拈来的事吗？

结果，连乡试都没考过，好不容易考过了乡试，省试又挂了，想换个方向考个专科（茂才异等科），还是挂了。

折腾了好几年，不停落榜的苏洵心态炸穿，直接选择放弃科考。

他满怀愤懑地翻出近些年写的数百篇文章，看来看去，发现这些文章无一例外全是为应付科考而作的，言辞肤浅又故作深沉，引经据典却生硬空洞，自己看着都脸红。

他在院子里升了盆火，将这些文章连同各类复习资料一把火烧了个干净，然后从书架上拿出沾满灰尘的《论语》《孟子》《韩愈文集》……从头再读。

六年间，苏洵每天雷打不动地端坐在书桌前，刻苦钻研先贤经典，考证古今得失成败，探寻安邦定国之道。

六年的时间很漫长，读书很枯燥，苏洵读白了青丝，读成了近视，手心里磨出了老茧，却依然沉迷学习无法自拔。

直到苏洵感觉头脑里积聚的才思如滔滔江水连绵不绝，又有如黄河泛滥一发不可收拾时，他终于放下翻得破破烂烂的书本，正式开始心游万仞、纵横驰骋的写作。

这时的苏洵还不知道，在那个崇尚科举入仕、大批学子玩命复读备考的时代，他摇身一变，成了真正意义上的学者、有真才实学的学术型文人。

三

宋仁宗嘉祐元年（1056），某日傍晚，雅州知州雷简夫仍在办公室加班加点，阅读四川学子们踊跃投来的作品。

这年头，读书人很多，自诩能妙笔生花的也多，真正有水平的却极少。不过，雷简夫热心负责，热衷于在各地挖掘潜力新人，海量的文稿一篇一篇过，生怕错过了出彩的文章。

读着读着，雷简夫突然眼前一亮，拿着一篇名为《洪范论》的文章，细细品读起来：

夫致至治总乎大法，树大法本乎五行，理五行资乎五事，正五事赖乎皇极。五行，含罗九畴者也。五事，检御五行者也。皇极，裁节五事者也。傥综于身，验于气，则终始常道之次靡有不顺焉……

这一读不要紧，雷简夫居然忘了时间，好几个时辰仍意犹未尽。

如此气势恢宏、鞭辟入里，真心太赞了！

雷简夫赶紧写信，邀请文章的作者苏洵前来面谈。

两人一见面，闲话少叙，直接开谈。

谈论的主题有二：古今治乱之道，历史人物品评。

交谈中，雷简夫发现苏洵不仅文思敏捷，而且见识深远，一向爱惜后辈学子的他直接激动地猛夸道："苏洵，四川这块巴掌大的地儿哪能限制你，你真是天下少有的奇才！你这种人才，用之则为帝王师，不用则为民间一老叟，我这就给你写推荐信！"

雷简夫的首封推荐信，写给了好友、益州知州张方平：

简夫近见眉州苏洵著述文字，其间如《洪范论》，真王佐才也,《史论》,真良史才也;岂惟西南之秀,乃天下之奇才尔。令人欲麋珠斋芝,躬执匕箸,饫其腹中,恐他馈饷。①

张方平读到了苏洵《六国论》《衡论》等几篇文章:

六国破灭,非兵不利,战不善,弊在赂秦。赂秦而力亏。破灭之道也。或曰:六国互丧,率赂秦耶?曰:不赂者以赂者丧,盖失强援,不能独完。故曰:弊在赂秦也。②

厉害了厉害了!这文章写得也太犀利、太透彻、太雄健、太严谨了吧!

心情大悦的张方平分分钟给苏洵发来邀请信:"你的文章,如层云出于群山,一览无余;如大江滔滔东去,东至于海源。最近有空的话,来益州详谈可好?"

苏洵自然有时间,很快,他就赶到益州。

几天接触下来,性格沉稳、博学广闻的苏洵让张方平由衷地竖起了大拇指:"小老弟,才思敏捷,见识不凡,你的文章兼具左丘明、司马迁和贾谊三位大家的风格,着实难得。你先来益州担任学官吧,后续有机会我再向朝廷举荐!"

苏洵倒没什么意见,雷简夫却不赞成让其担任一个小小的学官,直接给文坛领袖欧阳修写了推荐信:

---

① 雷简夫《上张文定书》。
② 苏洵《六国论》。

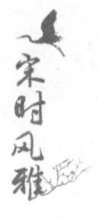

伏见眉州人苏洵，年逾四十，寡言笑，淳谨好礼，不妄交游，尝著《六经》《洪范》等《论》十篇，为后世计。张益州一见其文，叹曰："司马迁死矣，非子吾谁与？"简夫亦谓之曰："生，王佐才也。"呜呼！起洵于贫贱之中，简夫不能也，然责之亦不在简夫也。若知洵不以告于人，则简夫为有罪矣。①

后续，朝廷并没有特别的诏令，雷简夫、张方平只好提议让苏洵进京寻找机会，苏洵便返回收拾行装，准备进京。

"父亲，您要去哪里呀？"不知何时，苏洵的次子苏轼、三子苏辙站在老爸身后，疑惑地问道。

苏洵回头看了看两个儿子，突然灵机一动：子瞻二十一岁了，子由也十九岁了，既然要去京城，何不带他俩去见见世面，顺便考考试呢！

四

嘉祐元年（1056），苏洵父子一行三人进京了。

苏轼、苏辙一边跟着老爸拜访名家，一边认真复习备考。

结果，兄弟俩双双考中进士，苏轼还得了个会试第二名。

大宋的主流媒体，瞬间炸开了锅。

三十多年前，宋庠、宋祁兄弟受到多大的关注，三十多年后，苏轼、苏辙兄弟就受到多热烈的追捧。

---

① 雷简夫《上欧阳内翰书》。

苏氏兄弟和宋氏兄弟的情况大不相同。苏氏兄弟之所以如此优秀，是因为家里培养得好，既然苏洵这么有方法，必须请来传授教育经验啊！

苏洵的教子心得，其实并不复杂：

子瞻和子由小时候和我一样爱玩，为了培养他俩的读书兴趣，我经常当着他俩的面躲进书房读书。时间一长，孩子们以为读书比玩耍更有趣，就愿意主动缠着我读书，读书的兴趣就逐渐培养出来了。

有了兴趣，下一步就是锻炼独立思考的能力。每天读完书，我都会和他俩探讨一些心得体会，让他俩自由表达意见并提出疑问，这样既可以培养父子之间的感情，还能准确把握哥俩的成长状况。

能够独立表达观点并提出质疑后，我就开始定量布置家庭作业，让他俩独立完成一些读书心得，记得子瞻写过一篇《夏侯太初论》，让我印象极深。

人能碎千金之璧，而不能无失声于破釜；能搏猛虎，不能无变色于蜂虿。

人有魄力摔碎价值连城的美玉，却可能被瓦盆的破裂声吓一大跳；有胆量与猛虎搏斗，却可能被蜜蜂蜇一下就惨然失色。

小小年纪竟有如此见识，我自认为，我的教育方法是成功的！

苏洵每次讲完，台下都会响起雷鸣般的掌声。

在子女教育方面取得显著成果的苏洵,显然不屑于只当个传授者,他靠的还是自己的作品,登上人生的巅峰。

写散文,苏洵是当之无愧的大家。

宰相韩琦读了苏洵的文章,由衷感叹道:"纵横恣肆而生动鲜明,雄奇纡徐而凝练隽永,工整严谨而犀利透彻,简直比贾谊写得还好!"

文坛领袖欧阳修读后,更是给出至高称赞:

博辩宏伟……纵横上下,出入驰骤,必造于深微而后止。

这一年,苏洵已经四十八岁了。曾经那些日日夜夜呕心沥血的苦练,那些屡试不中发愤向上的磨砺,终于换来如今的一鸣惊人!

嘉祐三年(1058),韩琦主动上奏,举荐苏洵,考虑到苏洵并未科考,韩琦特意请求朝廷为其铺上一条绿色通道,专门举办一场自主招生考试(召试舍人院),你来考就让你过。

苏洵,却没去。

不是不想弥补遗憾,而是怕丢份。

他是这么说的:

"我发表的文章都够评教授和博导了,现在居然还想让我参加入学考试,和一帮本科生竞争,我不要面子的吗?再说我做自由学者做惯了,一辈子专注于学术研究,从不从政的不就那么回事吗?"

五

当事人都放弃了,韩琦却还没放弃。

两年后,韩琦再次上奏举荐。

仁宗直接拍板,给苏洵定岗:秘书省试校书郎。编外试用,待遇参公,全额拨款。

苏洵仍然觉得不爽,他认为组织冗官冗员的弊病已经很严重了,还非得"强迫"自己,继续给财政增加负担,何必呢!

尽管苏洵"尸位素餐"了一年,组织还是按时给他转正,正式将他聘为秘书省校书郎,而且还有重大任务要交给他。

"老苏同志,组织本想让你去挂职霸州文安县县委常委、秘书长(主簿)的,可最近礼部要修撰一部《礼书》,你就受累去编书吧!"

这种工作,苏洵很喜欢,做得很顺手,态度迅速转变了过来,毕竟不用拿钱不干事了。

四年后,《礼书》顺利修撰完成,领导很满意,当场表扬苏洵工作得力、办事靠谱,还给他发了一笔奖金。

苏洵开心得像个孩子,在韩琦举办的家宴上开怀畅饮,并当场赋诗一首《九日和韩魏公》:

> 晚岁登门最不才,萧萧华发映金罍。
> 不堪丞相延东阁,闲伴诸儒老曲台。
> 佳节久从愁里过,壮心偶傍醉中来。
> 暮归冲雨寒无睡,自把新诗百遍开。

一年后，苏洵病逝于任上，终年五十八岁。英宗赏赐绸绢、银两，均被苏轼退还，只求赠官，因此英宗追封苏洵为光禄寺丞。

其实，苏洵只是个八品小官，在政务上基本没有建树。他能依仗的，只有文章，但这已足够。

他的事迹告诉世人，即使没有学历，拥有一身本领照样能实现抱负。

苏洵这辈子，有很多标签。

有尴尬的，比如"唐宋八大家"中唯一一个没考中进士的人；

有骄傲的，比如史上最成功的教育家之一，一手将两个儿子教育得与自己齐名，打造了中国文学史上一大巅峰——三苏；

更有光荣的，比如入选《三字经》，成为启迪莘莘学子刻苦读书的榜样：

苏老泉，二十七，始发愤，读书籍。彼既老，犹悔迟，尔小生，宜早思。

苏洵的文章，上可与先秦孟子、汉代贾谊相媲美，下可匹敌唐宋最耀眼的两大巅峰人物——韩愈、欧阳修。

这不是吹出来的，而是学出来的。

其实，人生就是一个慢慢苏醒的过程，从来没有太晚的开始，每个人都能成为自己的英雄。

前提是，无论多晚，都不要轻言放弃。

在荒废时光时，苏洵没有放弃；

在屡试不中时，苏洵没有放弃；

在苦读诗书时，苏洵没有放弃。

生活不会放弃我们，我们也不要放弃生活。

你只管努力，其他交给天意。苏洵找到了适合自己的进击之路，也印证了一个最简单的道理：有志不怕年高。

苏轼：遗爱千载苏徐州

一

宋神宗熙宁十年（1077），政坛上仍是围绕"熙宁变法"，延续着新旧两党看似永无休止的党争，很无聊。

圈子里病逝了两位理学名家，一位是用象数之学解释《周易》的邵雍，另一位是那句绝世名言"为天地立心，为生民立命，为往圣继绝学，为万世开太平"的主人张载，令人哀叹。

除此之外，一切都很平静。

中秋节后，在距离开封三百多公里外的徐州，发生了危如累卵的灾情。

由于连日暴雨，黄河在徐州以北约五十里处的曹村埽处决口，洪水横冲直撞来到徐州城边时，被高山所阻，水位不断升高。九月初，水深达到两丈九尺[①]，若是洪水决堤或洪水漫过

[①] 徐州城外的水位达到 2.89 丈（9.6 米），比城内平地高出 1.09 丈（3.6 米）。

护堤，后果不堪设想。

此时，徐州地区的一把手，是本年度四月刚刚从密州调任徐州知州的苏轼。

在密州，大文人苏轼玩得很欢，填的是《江城子·密州出猎》这种超燃词章：

老夫聊发少年狂，左牵黄，右擎苍，锦帽貂裘，千骑卷平冈。为报倾城随太守，亲射虎，看孙郎。

酒酣胸胆尚开张，鬓微霜，又何妨！持节云中，何日遣冯唐？会挽雕弓如满月，西北望，射天狼。

然而，刚到风景秀美、物产丰饶的徐州，还没过几天快活日子，这场巨大的考验便不期而至。

虽然在暴雨期间，苏轼就提前采取行动，广泛动员百姓加高城外护堤。可他没料到，当洪水冲破了堤坝，一路汹涌而来时，仅凭城外的护堤显然有些吃力。

尽管已经提前发布一级应急响应，让全城百姓提前做好了防范准备，可当苏轼站在城楼之上，望着随时都会决堤淹城的滚滚洪水，他着实犯了难，严峻的形势逼迫着他必须早做决断。

其实，如果不负责任一点，办法就很简单：动员全城百姓收拾细软，一天之内就能全部撤到西面高耸的云龙山上。任凭洪水再怎么淹，总能保住大家的性命。

但是这样一来，整座徐州城将全部被洪水吞噬。百姓们就算保住了身家性命，洪水退后呢？住哪里？吃什么？以后怎生活？万一徐州城塌了，又得花费多大的民力财力，才能重建这个交通要冲、军事重镇呢？

作为徐州知州，不能守住城池，不能保境安民，罢官事小，名声也事小，苏轼实在不愿看到百姓们在灾后流离失所的悲惨境遇，于是下定决心死守城池。

二

很可惜，城中的一些富贵人家，品行可没苏轼这么高尚。

大难临头之际，他们只想带着细软赶紧出城避难，反正身上有钱，到哪里都能快乐地生活。

毕竟立场不同，苏轼也没法指责这些人的自私行为。可问题是，一旦放任这些人出城，肯定会导致民心大乱，到时候你也想走他也想走，这城还怎么守？

为了安抚民心，苏轼把全城的富人集中起来，苦口婆心地劝说："危急关头，徐州城内的所有百姓都应该以大局为重，你们不在乎家产，让那些穷苦人家怎么办？现在别无他法，唯有动员全部人力物力筑堤防洪，护城保家，有我在，绝不会让洪水摧毁徐州城！"

话都说到这个份上了，却依然有人偷偷出逃，逼得苏轼只好拿出强硬手段：封城！他在各城门张贴布告："擅自出城者，家产充公，人直接押到狱中，待洪水退去后按律治罪！"

强力的手腕稳定了民心，终于把众人之力拧成了一股绳。

苏轼穿着草鞋，拄着木拐，冒着暴雨，连夜考察地形，最终决定从城南戏马台①起至城墙这一带另筑一道长堤防洪。

为了保证长堤尽快筑好，苏轼派衙役鸣锣通知全城百姓，有钱出钱，有力出力，并派通判以下官佐，分段把守每一片城墙，哪里出了问题，就拿哪里的守堵官员是问。

即便广泛调动，人手依然不足，苏轼只好火速赶往徐州当地驻军的武卫营，希望驻军能积极参与抗洪。

按照大宋制度，地方驻军归朝廷直接管辖，没有朝廷的军令，本地官员无权调动。

可苏轼根本来不及向朝廷禀告，他只能带着自己的态度和诚意，对这些军将晓之以理、动之以情。

当地驻军也被苏轼这股舍己奉公、恪尽职守的精神深深感动："太守大人如此尽心竭力，我等又岂敢置身事外！"

武卫营的官军们积极响应，轻装上阵，拿上土筐铁锹，和苏轼召集的五千民工一起奋战，几个昼夜后，顺利在城南筑起一道护城长堤，总算把四处漫延的洪水拦了下来。

三

拦住洪水漫延只是第一步，随着暴雨日渐上涨的水位，距离城墙只有三尺了。

这才是最要命的！

只要洪水淹过城头，此前所做的一切努力都将付诸东流。

---

① 戏马台：项羽定都彭城（即徐州）后，于城南山上构筑崇台，以观戏马，故称戏马台。

三尺的距离，吓倒了许多百姓，暴雨依然倾盆，洪水依然势猛，苏轼费尽心力聚拢起来的民心，随时都有溃散的可能。

为了保住徐州，苏轼豁出去了，他索性在城头搭了个临时帐篷，把自己的床铺搬到里面，日夜住在帐篷内，以便随时测量水位。

徐州的百姓们震惊了："危急关头，太守大人居然还有这种操作，这谁顶得住啊！既然太守大人都愿与徐州城共存亡，那我们这些本地人还有什么话说！"

溃散的民心，再次被聚拢起来。

苏轼继续发动军民加高长堤、加固城墙，在九百八十四丈（约三千二百八十米）长的防洪堤上，苏轼来回奔波，日夜指挥防洪事宜。

最终，这段长堤被加高到十丈（三十三米），宽两丈（六点六米），硬是把洪水挡在了徐州城外。

当一轮红日冲破层层阴云，从东方冉冉升起，在浩荡的水面折射出万道金光，苏轼疲惫至极的脸上，终于露出了一丝微笑。

暴雨终于停了，水位终于不再上涨了！

防洪阶段顺利结束后，苏轼和全体抗洪人员进行了短暂的休整，接下来的工作，就是尽快泄洪。

对于选择理想的泄洪口，苏轼的经验值不够，毕竟才到徐州半年，对徐州地形地貌的掌握仍差火候。

他在城中派人多方打听，终于找到一个对徐州水文、地理情况了如指掌的和尚应言。

面对苏轼的咨询，应言毫不推辞，直接建议道："只有想办法挖开清冷口,让洪水流入黄河故道,才能让徐州城外的水患解除,也不至于祸及其他州县和沿途的农田。"

为了实施这一工程,苏轼又马不停蹄带领僚佐,在应言的引导下,火速赶往徐州以北百里之外的清冷口。

这里地形崎岖,山石林立,不远处就是黄河故道,确实是非常理想的泄洪口。

只不过,由于地形崎岖,施工起来难度也不小。

既然确定了理想地点,困难就不再是困难,苏轼亲荷畚锸,布衣草履,带领大批军民在清冷口开挖河道。

十月十五日,洪水终于流入了黄河故道,围困徐州城的洪水也慢慢退去。

从九月初发布一级应急响应以来,苏轼身先士卒,带领徐州军民死扛硬守,被洪水整整包围四十五天的徐州城彻底解除了危机。

徐州城保住了!

在防洪抗灾的四十五天里,苏轼没有回过一次家,也没有见过一眼家人。

在苏轼眼中,徐州城就是他的家,徐州的全体百姓,就是他的家人!

四

洪水退去后,百姓们欢欣鼓舞,苏轼却没有沾沾自喜,反而多次来到防洪时修筑的长堤上,反复勘察,总结经验。

这一勘察不要紧,苏轼不由得被这道长堤的质量惊出了一身冷汗。由于当时的状况过于危急,能筑起长堤已是十分不易,如果洪水的冲击力度再大一些,也许长堤就会被直接冲垮。

这一次挡住了洪水,下一次可就说不准了。为官者不能只顾眼前的政绩,一定要给百姓留下长久的恩泽。

于是,苏轼向朝廷上书,提议重修一道高质量的石堤,以防日后洪水再至。

为了争取朝廷的工程资金,苏轼在奏章中将自己的设想阐述得非常清晰,需要多大的工程量,需要多少资金,需要多长的工期。

结果,朝廷根本不理。

毕竟徐州当时的处境有多凶险,朝廷的官员又没有亲身体会。当然,还有另外一层更现实的考虑,你苏轼要钱要物要重修河堤,这是民生工程倒也不假,可朝廷如果直接批准了,就得给你拨一大笔资金,别的州县如果跟着要钱,朝廷是给还是不给?更别提你苏轼还是个保守派核心成员了。

久等不来朝廷的答复,苏轼颇感无奈,只好将原定的石堤改为土坝:先打木桩,再填土夯实。

工程量降低了一大半,资金也减少了一大半,这回朝廷终于采纳了,而且还降了一道圣旨,称赞苏轼在抗洪中的英勇功绩,并拨钱三万贯,赠粮一千八百石,还有七千二百个义务工的指标。

土坝确实比石堤好修多了。施工还不到一年,一道从城东南戏马台向西北延伸,全长三千二百八十米的防洪土坝就顺利竣工了。

修好堤坝,还剩下部分资金,苏轼觉得不够尽意,于是又在堤上修建了一座高约十丈（三十三米）的楼阁，还别出心裁，用黄土刷墙，名曰黄楼，以此纪念这次抗洪救灾的事迹。

黄楼建成的那一天，苏轼写了首篇幅很长的《九日黄楼作》以示庆贺：

> 去年重阳不可说，南城夜半千沤发。
> 水穿城下作雷鸣，泥满城头飞雨滑。
> 黄花白酒无人问，日暮归来洗靴袜。
> 岂知还复有今年，把盏对花容一呷。
> 莫嫌酒薄红粉陋，终胜泥中事锹锸。
> 黄楼新成壁未干，清河已落霜初杀。
> 朝来白露如细雨，南山不见千寻刹。
> 楼前便作海茫茫，楼下空闻橹鸦轧。
> 薄寒中人老可畏，热酒浇肠气先压。
> 烟消日出见渔村，远水鳞鳞山鬙鬙。
> 诗人猛士杂龙虎，楚舞吴歌乱鹅鸭。
> 一杯相属君勿辞，此境何殊泛清霅。

黄楼建成后，苏轼经常在黄楼上宴请宾朋，他还请弟弟苏辙、弟子秦观分别写了两篇《黄楼赋》，在描绘黄楼壮观景色的同时，记叙了徐州军民同心治水的整个经过。

黄楼从此被视为徐州人民抗洪功绩的象征，也是苏轼从政一生，始终造福一方、为民谋利的闪亮名片。

五

抗洪救灾圆满完成后,这年冬天,又连降大雪,本年度粮食歉收,薪柴奇缺,百姓做饭取暖又遇上了很大的麻烦。

有困难,找苏轼,绝对给你安排得妥妥的!

经过一段时间的调查,苏轼在徐州西南的白土镇,发现了储量可观、品质优良的煤矿,并在历史上首次为徐州开采出煤田,大大缓解了百姓的燃眉之急。

欣喜之余,苏轼即兴写下传诵千古的《石炭歌》:

君不见前年雨雪行人断,城中居民风裂骭。
湿薪半束抱衾裯,日暮敲门无处换。
岂料山中有遗宝,磊落如礧万车炭。
流膏迸液无人知,阵阵腥风自吹散。
根苗一发浩无际,万人鼓舞千人看。
投泥泼水愈光明,烁玉流金见精悍。
南山栗林渐可息,北山顽矿何劳锻。
为君铸作百炼刀,要斩长鲸为万段。

由于连年灾荒,徐州的穷苦百姓依然很多,有些百姓忍受不住饥寒,就去做了盗贼。

苏轼对这一社会问题进行了深入的观察和思考,如果生活过得去,谁会铤而走险作奸犯科呢!

苏轼同情那些为生存而盗窃入狱的囚犯,他亲身视察各处监狱,亲眼见许多监牢人满为患,由于狱卒人手不够,虐待囚犯、不给医治致死的情况也很常见。

为此，苏轼不但指定医者按时为囚犯治病，还特意加强对狱吏的管束惩办，间接减轻了对囚犯的压迫，以此保护囚犯的生命和健康，体现出高尚的人道主义精神。

在苏轼主政徐州期间，又革除了一项陋规：低级军士因公出差，官府不给差旅费。

因公出差不发钱，只会迫使那些贫穷的士卒筹备盘缠借高利贷，回来后还得连本带利偿还，等于是逼着良民走上犯罪道路。

其实，这些出差费用真的不多，只要每年从官费中省下几百缗钱，就够用。

苏轼愿意花时间去调查、去协调、去纠正，因为他心里装着的始终不是个人功绩，而是黎民百姓、天下苍生！

苏轼的熙宁十年，不能说是他从政生涯中最辉煌的一年，却一定是令他印象深刻的一年。

徐州的壮美山川和名胜古迹，如云龙山、百步洪、戏马台、燕子楼，处处都留存着苏轼登临凭吊的足迹，以及豪放飘逸的诗词。

比如《送蜀人张师厚赴殿试》：

云龙山下试春衣，放鹤亭前送落晖。
一色杏花三十里，新郎君去马如飞。

再比如他离开徐州时，依依不舍地写下的《江城子·别徐州》：

天涯流落思无穷，既相逢，却匆匆。携手佳人，和泪折残红。为问东风余几许？春纵在，与谁同！

隋堤三月水溶溶。背归鸿，去吴中。回首彭城，清泗与淮通。寄我相思千点泪，流不到，楚江东。

其实，不单是在徐州期间，苏轼无论在何处为官，都一样尽心竭力为百姓谋利，为社稷造福。

在朝中，他殷切期望组织革除弊政；在杭州，他疏浚河道、修筑苏堤；在惠州，他修桥铺路，为了筹集资金把朝服上的犀带都捐了；甚至被贬到极边之地儋州（海南岛），他也在当地全力发展教育事业，被百姓视为儋州文化的开拓者、播种人。

唯大英雄能本色，是真名士自风流。

苏轼就是这种性格，遇事从不推脱，从不畏难，事情圆满搞完了，谁也挡不住他那股热烈的情绪，该作诗作诗，该填词填词，该痛饮痛饮，该享受享受。

这才是一个真实的苏轼，一个提到他就会让你忍不住大加称赞并无限崇拜的男人。他不只活在豪放不羁的诗词里，更活在不畏一切艰难险阻、笑看人世沧桑变幻的生活中。

这才是苏轼作为大宋的国民男神，最令人钦佩、令人崇敬的地方。

苏辙：做个"星弟"太难了

一

宋神宗元丰二年（1079），一个暮色笼罩的夏日傍晚，时任应天府（今商丘）判官的苏辙和往常一样，处理完当日公务准时下班。

苏辙从单位返回府邸，官服还没解下，就听到府外传来一阵急促的敲门声。

来人进门后，神色紧张，面容疲惫，显然是连夜赶了很长的路。

"苏相公，出大事了！"来人没时间解释太多，直接从包袱里掏出好友王诜寄来的亲笔信。

苏辙赶忙接过信件，拆开一看，立时有些恍惚。只见信上赫然写道：

"兄子瞻被小人污蔑，朝廷已派御史台钦差赶赴湖州捉拿！事急难缓，请早做打算。"

苏辙大脑一片空白，他根本来不及细究详情，立即让仆人快马加鞭赶到湖州通告,以免事发突然,让老哥心态崩溃。

随后,苏辙连夜写了一封奏章《为兄轼下狱上书》,请求削去自身官职替哥哥赎罪:

臣早失怙恃,惟兄轼一人相须为命。今者窃闻其得罪,逮捕赴狱,举家惊号,忧在不测。臣窃思念,轼居家在官,无大过恶。惟是赋性愚直,好谈古今得失……臣欲乞纳在身官,以赎兄轼,非敢望末减其罪,但得免下狱死为幸。

一字一句,兄弟之情溢于言表,可该抓还是抓了,该关还是关了。

苏轼被捕入狱期间,全家人成立了临时营救小组,苏辙任组长,负责多方联系苏轼在京的朋友求援,苏轼的长子苏迈任副组长,负责给老爹送饭,并传递外界信息。

据《避暑录话》记载,苏轼父子俩私下约定,平时只送酒肉面食,如判死罪则以送鱼为号。

某次,苏迈这倒霉孩子外出办事,委托亲友帮老爹送饭。这人不晓得苏氏父子之间的专属暗号(苏迈没说),觉得苏大人在牢里肯定吃嘛嘛不香,他特意自掏腰包买了条大鱼,送到牢里给偶像改善伙食。

苏轼一见有鱼,顿时感到心凉透了。

"哎呀完了,我命休矣!"绝望透顶的苏轼当即给苏辙写下两首绝命诗:

圣主如天万物春,小臣愚暗自亡身。

百年未满先偿债，十口无归更累人。

是处青山可埋骨，他年夜雨独伤神。
与君世世为兄弟，更结来生未了因。

苏辙看后，不由得放声大哭，他也不知道大侄子办事不靠谱，还以为朝廷真要拿老哥开刀了。

哭了一场，苏辙迅速冷静了下来，他觉得事已至此，不如搏一搏，没准能收到奇效。

他火速托人，把这两首感人肺腑的诗交给神宗，椎心泣血地请求领导网开一面，毕竟哥哥真知道错了。

神宗本来也没想杀人，又被这两首感人肺腑的绝命诗感动，再加上王安石、高太后等人极力声援，苏轼终于平安出狱，被贬为黄州团练副使。

作为犯人的亲弟弟，苏辙也负了连带责任，被贬为筠州盐酒税监，五年内不得转岗。

出发之日，苏辙不由得长叹一声："做苏轼的弟弟，我太难了！"

二

人这一生之中一定会遇到某个人，他打破你的原则，改变你的习惯，成为你的例外。

苏轼，就是苏辙的例外。

在别人眼中，苏轼是当时的顶流文人，是几千年才出一个

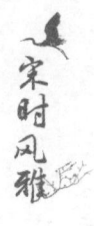

的超级偶像。可在苏辙眼中，苏轼只是自己不省心的哥哥，一个过于情绪化又特爱吹牛的哥哥。

苏轼这人，浑身上下都是关注点，从小到大都属于那种自带光环、故事最多、最容易引起话题的人物。苏辙，性情却完全相反，打小沉稳有度，不爱出风头，不太喜欢被人关注。

性情不同，哥俩的爱好也大相径庭，苏轼爱好书画、喜欢收藏，苏辙喜欢看书，尤爱钻研古代历史；苏轼喜欢游玩，苏辙却是个喜欢足不出户的宅男，很多时候，苏轼找不到朋友组团，苏辙就会极不情愿地被老哥薅着外出。

老爹苏洵还专门写过一篇《名二子说》的文章，详细解释了给两个儿子取名苏轼、苏辙的缘由。

"轼"是车上用来做扶手的横木；"辙"是车轮碾过的痕迹，俗称车轮印。

"轼"是车子不可或缺的一部分；"辙"却既无驾车之功，也无翻车之祸。

老爹觉得苏轼性格豪爽，锋芒毕露。

轼乎，吾惧汝之不外饰也。

孩儿啊！我担心你不懂得隐藏锋芒，容易招来无妄之灾。

之所以取字"子瞻"，正是希望苏轼做事能瞻前顾后，三思而后行。

苏辙性格成熟稳重，深藏不露，苏洵是放心的。

是辙者，善处乎祸福之间也。

车子能不能跑，跟车轮印没有半毛钱关系；车子会不会毁坏，一样跟车轮印无关。无福无祸，就是平安。

之所以取字"子由"，就是希望苏辙能稍微自由一些，让生活多些乐趣。

可实际上，苏家人"放荡不羁爱自由"的属性全在哥哥身上，作为弟弟的苏辙总是更稳重的那一个。

当初，兄弟俩去拜访益州知州张方平，张方平想试试他俩的水平，就出了张试卷，还故意制造了点套路。

试卷的前两题，属于名词解释，可这两个名词却没有任何出处，是张方平凭空捏造的。他既考文采，也考态度。

是不是书本的知识，哥俩一眼就能看出。提笔做第一题时，苏辙就看出了问题，悄悄指给苏轼看："哥，这题出错了吧？"苏轼点了点头。

跳着看到第二题，苏辙再问了句："这题应该也出错了。"苏轼又点了点头，然后用笔把前两题画掉，直接从第三题开始做。

苏辙想了想，觉得画掉有些不妥，便在第一题、第二题题目下附上详细的情况说明，然后才继续做其他题目。

论文采，苏辙是不及苏轼的；

论严谨程度，苏轼却远逊于弟弟。

后来，哥俩同时考中进士，同时进入组织。苏轼前往凤翔府担任签判，苏辙却推掉了朝廷授任的官职，留在开封侍奉苏洵，这样既能为父尽孝，又能让兄安心工作，切实践行了儒家推崇的孝悌之道。三年后，苏轼从陕西回到京城做官，苏辙才

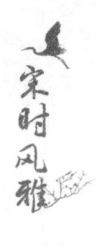

安心前往河北大名府担任推官。

数年间，苏辙的官运相当顺畅，对自己的事业，他从来不需要担心，可对作风高调又性情豪爽的哥哥，他实在很担心，时常温馨提醒苏轼："哥，别这么高调，迟早会出问题的。"

苏轼却毫不在意："吾上可陪玉皇大帝，下可以陪卑田院乞儿，眼前见天下无一个不好人。"

三

苏氏兄弟之间，说长兄如父是不恰当的。多数情况下，都是苏辙在照顾苏轼。

"乌台诗案"之所以发生，就是苏轼在记录从徐州调任湖州的《湖州谢表》里，说了些不合时宜的话，像"愚不适时，难以追陪新进""老不生事或能牧养小民"这种含沙射影的讥讽，直接被变法派抓了把柄，弹劾他讽刺朝廷，包藏祸心。

如果没有苏辙全力营救，苏轼大概一样不会死，但肯定要多受几天牢狱之苦。

出狱那天，原本心如死灰的苏轼，心情突然转好，从大雨滂沱到多云转晴，提笔赋诗《出狱次前韵二首》：

百日归期恰及春，残生乐事最关身。
出门便旋风吹面，走马联翩鹊啅人。

却对酒杯浑是梦，试拈诗笔已如神。
此灾何必深追咎，窃禄从来岂有因。

苏辙：做个"星弟"太难了

苏辙只得默默感慨一句："老哥，别写诗了成不？在牢里蹲四个月也堵不住你的嘴，低调点能死啊！"

摊上这么个不省心的哥哥，苏辙只好跟着担惊受怕，还赔上了自己的官职，说多了都是泪啊！

事实上，苏辙为哥哥做的事，远不止"乌台诗案"。

苏轼入狱后，一家老小都从湖州投奔到苏辙家，等苏轼被贬黄州，一家老小还要靠苏辙护送迁往，而且苏辙一家也得收拾行装，从应天府出发前往筠州。

两大家子几十张嘴、十几辆车，苏辙差点破产。

苏辙就像一头默默无言的老黄牛，吃的是草，挤的是奶。他先到筠州安顿好家人，又马不停蹄把哥哥一家安全护送至黄州。

这一趟下来，钱包直接掏空了。

苏辙没想到，这只是往后苦日子的开始。

此后数年间，苏轼到处颠沛流离，起起落落，可无论岗位好坏，待遇多少，苏轼的钱囊始终就没鼓过。

除了自身消费能力偏高（爱玩爱吃）之外，苏轼还经常自掏腰包干工程，为辖区百姓谋福利。由于他不贪不收，也不公款消费，这一来二去，工资再高也基本花完了。

被贬惠州时，苏轼居然连安家费都凑不够。于是，苏轼写了封信，找苏辙借钱。

苏辙一家，比哥哥家人口还多，负担相对更重，可他还是咬牙资助了哥哥，关键时刻又拉了苏轼一把。

然而，勉强帮哥哥在惠州安顿好，苏轼又在惠州搞起了民生工程，修桥铺路，造福百姓。但由于资金短缺，又众筹不到现金，苏轼一激动，带头搞起了捐款，连朝廷配发的通犀带都捐了出去。

这并不是重点，重点是干得热火朝天的苏轼写信给苏辙，动员弟弟捐些工资、弟媳捐点宫里的赏赐，助力惠州人民修桥铺路。

苏辙的账户余额早已不足，及时充值都费劲，根本没有闲钱无偿投资项目。他看着哥哥的信，眼泪都快下来了："哥呀！你真是一点都不见外啊！"

四

作为"唐宋八大家"中存在感第二低的选手，乍一看来，苏辙这辈子不是在担心哥哥闯祸，就是在给哥哥收拾烂摊子的路上。

其实，苏辙也曾有过一段激情燃烧的岁月。他曾公然在制科考试中批判仁宗：

沉湎于酒，荒耽于色，晚朝早罢，早寝晏起，大臣不得尽言，小臣不得极谏。左右前后惟妇人是侍，法度正直之言不留于心，而惟妇言是听。

从沉溺酒色到态度懒散，再到作风不正，意思很毒：陛下，您这水平，着实够呛！

不过，仁宗一向是个好脾气，拿着苏辙的骂人信，心里肯定是不爽的，面上却必然是欣慰的："朕就是想听直言，苏辙正是直言相告，朕为什么要处罚他？高兴还来不及呢！"

接着，仁宗又拿出苏轼写的一篇《御试制科策》，神气地说："朕今天替子孙培养了两个宰相，甚感欣慰！"

不帮哥哥收拾烂摊子时，苏辙把主要精力放在反对"熙宁变法"上。

注意，是反对"熙宁变法"，不是反对变法。

苏辙很支持变法，却不认可王安石那一套财政理论。

特别是针对"熙宁变法"的核心宗旨——富国，如何富国？王安石主张"开源"，善用理财之人，广开财源。

苏辙却坚信，天下的财富是恒定的，不在官府手里就在百姓手里。所谓理财，无非就是把百姓手里的钱弄到官府手里来，这叫与民争利！

苏辙倾向于"节流"，少花点，多攒点，少用点尸位素餐的滑头，钱自然就多了。

起初，王安石很希望谨慎务实的苏辙能为己所用，还把他调进制置三司条例司工作，没想到，苏辙在许多涉及变法的核心问题上，观点和王安石的规划完全相左。

比如加强盐禁，王安石认为私盐屡禁不止，是刑法不够严厉，苏辙却不赞同："如今律法规定，贩卖私盐者死，这还不严厉？你还想怎么严厉？"

王安石做了个对比："假设一村有一百户人家，这一百户都贩卖私盐，量刑时只杀了其中一两家，肯定止不住别家继续贩卖。如果一次能杀二三十家，那全村绝对就老实了。"

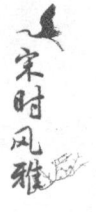

苏辙惊了:"你说得对,这样一来确实不敢贩了,只怕这二三十家因盐而诛,会引发别的变乱。再者说,圣哲先贤们是这么教导我们的吗?"

再比如铸钱问题,苏辙认为工作重心应该是反对大量铸钱。这一点,王安石赞同,却认为如今天下铜价很高,如果不铸钱而改铸铜器,那肯定能赚很多钱。

钱钱钱,你就知道个钱!苏辙彻底无语了。

苏辙深感与王安石之间毫无共同语言。所谓道不同不相为谋,我也不能让你这么瞎搞胡搞。苏辙写了封《制置三司条例司论事状》,全盘批评新法与国情不符。

结果,苏辙被放外任。

此后他的政治生涯,也随变法的起起伏伏,忽上忽下。变法派得势,苏辙就很惨,最惨时差点被贬到海南岛;保守派得势,苏辙就很舒服,最舒服时青云直上,一路做到尚书右丞[①],当上了副宰相。

无论仕途是升是贬,苏辙最放心不下的,还是自己的哥哥。毕竟自己旗帜鲜明,总能靠上一派。哥哥就比较惨,遭到两边排挤,也正因如此,苏辙选择默默替哥哥承担着世俗中太多的琐碎与惨淡,助他在豪迈和自出的精神世界里一马平川。

---

① 尚书右丞:元丰年间改官制,废除参知政事,以门下侍郎、中书侍郎、尚书左丞、尚书右丞代其任。

五

宋徽宗建中靖国元年（1101）秋，苏轼病逝于常州。没能见苏辙最后一面，是他临终最大的遗憾：

惟吾子由，自再贬及归，不及一见而诀，此痛难堪。

次年，降官夺俸的苏辙顶着生活的压力，将哥哥苏轼、嫂嫂王氏、儿媳黄氏葬于郏城小峨眉山，并变卖部分田产，换钱资助侄子读书。

退休后，苏辙在颍昌定居，除了汇编自己的作品集，就是教导儿孙侄孙辈读书。十年后，苏辙悄无声息地病逝在家中，临终遗言，便是要和哥哥葬在一起。

《宋史·苏辙传》评价苏氏兄弟：

辙与兄进退出处，无不相同，患难之中，友爱弥笃，无少怨尤，近古罕见。

这种亲情至上的兄弟情谊，超越了时间，战胜了苦难，留下一段温馨美好的千古佳话。

苏辙永远不会忘记，豪迈乐观的哥哥，只有在面对自己时，才会把那些隐藏在内心深处的惆怅情绪，毫无保留地倾泻出来。

其中最生动、最感人的场景，就是苏轼于密州知州任上，在中秋夜写下的那首千古绝唱《水调歌头》：

明月几时有？把酒问青天。不知天上宫阙，今夕是何年。我欲乘风归去，又恐琼楼玉宇，高处不胜寒。起舞弄清影，何似在人间？

转朱阁，低绮户，照无眠。不应有恨，何事长向别时圆？人有悲欢离合，月有阴晴圆缺，此事古难全。但愿人长久，千里共婵娟。

这首千古名词，所念的不只是佳人，更"兼怀"弟弟苏辙。

在人生一次次困境之中，苏辙那暖如春阳的援助，给了哥哥温暖、安慰和战胜一切苦难的勇气。

作家赵允芳说："苏轼与苏辙的关系就像箭与弓，箭之离弦，离不开弓的隐忍内敛。唯弓弩收得愈紧，箭方能弹射得愈远。某种意义上，正是苏辙的内向收敛、隐忍坚韧，成就了苏轼穿越时空的锋芒与伟才。"

苏辙大概很清楚，自己在圈子里的光芒，注定会被哥哥掩盖。

虽然苏辙这辈子很难，可作为一个顶流文人的弟弟，他已然做到了自己所能做的一切。

所以，当我们仰望如星辰般璀璨、如苍穹般高远的苏轼时，请不要忘记，在他身后，永远站着一个苏辙。

一个在哥哥风光无限时开启隐身模式，在哥哥失意潦倒时日常在线的弟弟，一个至情至真、肝胆相照的弟弟。

王安石：吃饭，从来不叫事

一

想陪"熙宁变法"总策划王安石吃上一顿有意思的饭，绝对是件非常困难的事，大概率会不欢而散。

首先，执着于变法图强的王安石很忙，平时极少有空参加饭局。

其次，即便你能将王安石请上饭桌，也不见得能吃出感情、吃出效果，更难以解决实际问题。

在饭局中，那套约定俗成的餐桌文化，成也饭局、败也饭局的规则，对王安石丝毫不起作用，他总是"百毒不侵"，自带抵御机制。

于是，那些陪王安石吃过饭的人，内心基本就俩字：没劲。

请客吃饭，首要原则是搞清客人爱吃啥，有没有忌口，这既是对客人最起码的尊重，也能让客人对着一大桌爱吃的菜，更容易地敞开心扉、交流感情。

这一点，王安石表示无所谓。

他的习惯是只管低头咀嚼,绝不抬头看菜。

既然都能填饱肚子,那吃啥不是吃呢!何必挑剔呢!

有一回,朋友请王安石吃饭,在饭桌上,发现老王似乎对鹿肉丝特别感兴趣,低着头一筷子一筷子地夹,几乎自己干掉了整盘鹿肉。

这人很好奇,老王是单纯喜欢吃鹿肉呢,还是需要补补身子呢?他找到王安石的夫人吴氏请教:"不请不知道,一请吓一跳。原来你家老王这么喜欢吃鹿肉丝啊!下次请客我得多点几盘,免得老王吃不尽兴。"

吴氏一听有些诧异:"什么情况?你确定吗?我跟他一起生活几十年,都不知道他究竟喜欢吃什么菜,你请次客就弄清楚了?"

朋友微微吃了一惊,眉头不由紧锁了起来:"昨天我们吃饭点了八荤八素十六个菜,他却只吃了鹿肉丝。"

吴氏立刻问道:"那盘鹿肉丝放在什么位置?"

"就放在他正前面。"

吴氏神色了然地点了点头:"那你下次请客时,随便把一道别的菜放在他前面,看看会怎么样吧。"

下一次,朋友遵照吴氏的建议,把鹿肉丝放在离王安石最远的位置,换了另外一盘菜放在王安石的面前。

令人讶然的情况出现了,这盘放在王安石面前的菜,很快被他风卷残云般地消灭了,鹿肉丝一点没碰。

吃完饭,朋友问他:"老王,这次你咋不吃鹿肉丝呀?上次你可是自己干掉了一盘!"

王安石却一脸蒙:"什么鹿肉丝,我咋没看到呢?"

原来，王安石脑子里只想着如何推进变法，根本不知道桌子上有鹿肉丝，更别提起身去夹了。

"那你并不喜欢吃鹿肉，我很费解你到底喜欢吃什么菜？"朋友终于把纠结多日的问题问了出来。

王安石歪着头想了想："这个嘛，一般我夫人做啥我就吃啥，没办法，工作太忙了，哪有心思关注这些呀！"

所以说，想用美食来俘虏王安石的胃，基本上是没戏的。

二

朋友请客请不出效果，皇帝请客也不例外。

在主持"熙宁变法"前的很长一段时间里，王安石都是话题量很大的焦点人物。科举高中全国第四，在地方政绩突出，却多次拒绝组织破格提拔，就是不愿来京就职。

他的解释是：地方上更能踏踏实实为百姓做点实事。

所以，有些人认为王安石是个务实又能干的人才，有些人就觉得他的虚荣心很强。

纠缠了好久，王安石才勉强来到开封，接下来又是新一轮提拔、拒绝、再提拔、再拒绝。时间一长，王安石的名气越来越大，立场也越来越坚定。

既然让我在京做官，那我就不能尸位素餐！

宋仁宗嘉祐三年（1058），在度支判官任上，王安石上了封万余字的《上仁宗皇帝言事书》，系统地提出了变法主张，建议仁宗革新制度，对建国以来的旧制度来一场轰轰烈烈的大变革，实现富国强兵，彻底扭转积贫积弱的局面。

宋仁宗虚心纳谏的态度很端正，挨批不生气的素养也够用，可真让他大破大立，改革老祖宗的制度，他觉得接受不了，更别提"庆历新政"失败的教训仍在心头萦绕。变法说着轻巧，真正推行起来保不齐又是一场毫无意义的瞎折腾。

因此，王安石只能继续在脑子里思考、模拟、衡量变法的条例、过程、利弊，耐心等待着变法的时机。

仁宗不主张变法，请客吃饭却很给力。

某日，他心情很好，退朝时决定举办一场与众不同的演戏——赏花钓鱼宴。

够级别的京官都被请到御花园中，王安石当时的职务是知制诰，负责草拟诏书，自然也在被邀之列。

既然是赏花钓鱼宴，那肯定既要赏花，又要钓鱼。

爱赏花的去赏花，爱钓鱼的去钓鱼，钓上鱼来当场烹饪。

王安石对赏花兴趣不大，他选的项目是钓鱼。当然，钓鱼是不可能钓鱼的（没那闲情），王安石真正参与的项目叫吃鱼饵。

钓鱼之前，内侍将事先备好的鱼饵盛在金盘中置于几案上，供钓鱼者自行取用。

在御花园钓鱼，自然得讲究一些，连鱼饵的配制都很复杂，各种稀奇古怪的香料掺在一起，香味十足。

王安石心不在焉，后来索性连样子都不装了，就坐在座位上思考变法条目。想着想着，肚子饿了。

这时，一阵香味飘来。

真香！

王安石见茶几上有盘圆圆的食物，闻着感觉很好吃的样子，就顺手抓起一粒放进嘴里细嚼慢咽起来。

这一尝不要紧，居然很合胃口，没多大会儿，王安石就把一盘鱼饵吃了个精光。

等大家钓完鱼，仁宗宣布开饭，王安石却面无表情地说："我已经吃饱了，你们吃吧，我就不吃了。"

大家都很吃惊，并没人临时给你开小灶啊，你是在哪儿吃饱的？

王安石指了指桌上的空盘子："喏，那不是吃的嘛。"

还有这种操作？

皇帝请吃饭，你居然吃盘鱼饵就完事了？没劲透了，明显是不给皇帝面子！

王安石不可思议的举动，让仁宗抓了正着，只是碍于现场氛围，没有点名批评。

次日，仁宗处理完政务，便与宰相们就此事展开议论。

仁宗皱着眉头连连感叹："王安石太搞怪了，旁人误食一粒鱼饵，感觉味道不对就会停止食用，可他生生吃下一整盘，实在有些不合常理。"

很显然，仁宗对王安石的表现不太满意，他认为王安石是个虚伪狡诈之徒，故意标新立异，突出自己与众不同，真没劲！

其实，没劲的情况还有很多。

三

仁宗请客都请不出效果,包拯包大人一样受挫。

有王安石的饭局,不但没劲,而且还很有可能冷场。

包大人一向不苟言笑,作风强硬,很少请下属吃饭。忽一日,群牧司①衙门外牡丹盛放,姹紫嫣红,不仅引来蝴蝶翩翩飞舞,连路人都不免驻足观赏,连连称赞。

包大人忙完一天的公务,难得心情愉悦了一回,命人在院内置办了一桌酒席,请下属们饮酒赏花,好好放松放松。

包大人的下属之中,有两人比较显眼,一是王安石,一是司马光。

这两位仁兄性格一样的固执,志向一样的远大,才华一样的横溢。

两人在群牧司同为判官,同为前途光明的青年才俊,同样很受包大人欣赏。当然,包大人还是更喜欢司马光一些。

王安石这小子,实在太刚强了。

群牧司全体官员在酒局间说说笑笑,添酒夹菜,气氛相当热闹。

只见包大人举起酒杯,热情洋溢地劝起了酒:"诸位与我同朝为官,请满饮一杯,好好为朝廷效力!"

包大人瞥了一圈,却看见王安石和司马光哥儿俩正襟危坐,一脸坦然,好像没听见一样,酒杯里也是空空如也。

---

① 群牧司:负责主管全国厩牧、马政事宜。

包大人打趣着问："今日难得一聚，两位小兄弟为何不饮呢？"

两人赶忙起身拱手回答："下官二人素不喜饮酒。"

"是不喜，还是不能喝？"包大人端着酒杯，走到二人面前，亲自给他俩斟满了酒，然后先给司马光端了一杯，"君实能饮否？要不我干了，你随意！"

说着，包大人一饮而尽，司马光面上挂不住，只好端过酒杯，艰难地一饮而尽，连连向包大人致谢。

接着，包大人又给王安石端起酒杯："介甫，君实都喝了，你呢？"

王安石恭恭敬敬地起身回道："属下平生从不饮酒，恕难从命。"

饭局上热闹的氛围突然就不一样了，包大人端着酒杯尴尬地站在原地，过了片刻，又改口问道："介甫，老夫也不强求，你就喝这一杯就行。"

饭局上所有人都听出来了，老包正在找面子，于是纷纷劝王安石："介甫，难得包大人有好兴致，你就喝了吧。"

王安石却像聋了一样，冷冷站着毫无反应，连司马光都在桌下踢他的脚，拼命给他使眼色，可王安石依然不为所动。

不端着架子了，我摊牌了！我就不喝，怎么着吧！

良久，包大人只好自己给自己找了个台阶："唉！介甫不饮酒，怎知饮酒之乐乎？"然后尴尬地重新落座。

被王安石这么一搞，饭局的氛围再也热闹不起来了。

饭局结束后，同僚们都吐槽王安石性情凉薄，不会处世，司马光却感慨着把这件事写进了日记：

"唉！我为何没能像介甫那样坚持不喝呢？自己不想做的事为何不能拒绝到底呢？看来我的心志还是不如介甫坚定，他比我强啊！"

四

请王安石吃饭很没劲，王安石请客吃饭更没劲。

一般情况下，王安石是不会主动请人吃饭的，但是却要偶尔被动接受亲戚们的拜访，顺便请人吃顿饭。

注意，王安石家的便饭，当真就是便饭，一点都不含糊。

据《独醒杂志》记载，王安石担任参知政事期间，儿媳家的亲戚萧氏之子（以下简称萧少爷）来京城旅游，顺道去拜见王安石。

当天，王安石档期太满没安排上，但远道而来的亲戚肯定要款待一下，王安石就派仆人通知萧少爷，明天中午来家里吃饭。

次日，萧少爷穿着华丽的衣服、大摇大摆来到王府，先跟王安石的儿媳简单寒暄几句，然后被请到客厅，等王安石处理完公务。

结果，萧少爷在客厅左等右等，喝茶都喝了个水饱，就是不见王安石露面。

原本美滋滋地以为王安石会摆上一桌丰盛的酒宴款待他，可等到饭点都过了，却一个人影都不见。

好你个大官，不把我当人！

王安石：吃饭，从来不叫事

他在心里骂骂咧咧，饿得前胸贴后背，却又不敢不告而别，毕竟人家是当朝副相，自己不能轻易失了礼数。

又过了不知多久，王安石才从后院晃到客厅，见萧少爷都快坐不住了，才想起还有这么一档子事，赶忙安排仆人上菜。

"王大人，您家饭点儿有点靠后啊！"萧少爷也只能略微打趣了一句。

开饭晚能忍，饭菜安排可口一些就好。可饭局一开场，萧大少就觉得很奇怪，这饭未免太简单了，您老人家太不走心了吧！

果品蔬菜没有，大鱼大肉也没有，桌上只有一壶酒、一盘带馅的胡饼、四盘切成小块的肉，还有一小盆菜汤。

萧少爷左等右等也没等来硬菜，差点气炸，这就是你说的家常便饭啊！太耿直了！

他觉得王安石怠慢了自己，有心想让王安石难堪，便拿起胡饼，只吃了胡饼中间的一小部分馅心，然后把胡饼重新丢回盘里，再也不动筷子了。

你就拿这点东西搪塞我，看你丢不丢人！

可是，过了好大一会儿，把萧少爷急得都快有点怀疑人生了，王安石仍然在低头吃饭。

拜托，我都这么表示了，你能有点反应吗？

终于，王安石有反应了。

他把自己碗里的菜汤喝光了，手里的胡饼吃完了，四小盘肉也差不多解决掉了，这才抬起了头，发现盘里还有萧少爷剩下的胡饼，他一句话都没说，直接拿起来把剩下的部分全吃了，渣都

159

没剩。

节约光荣,浪费可耻,参加饭局却被好好上了一课的萧少爷羞愧中夹杂着无奈,起身告辞。

你是真正的大神,我服!以后再也不来陪您老人家吃饭了!

五

对饭局不讲究的王安石,在其他各个方面一样不讲究。

吃喝之后是玩乐。先说玩,宋仁宗庆历五年(1045),王安石在扬州知府韩琦幕府做了幕僚。

扬州是个好地方,参照前辈杜牧、柳永的光荣事迹,就知道大部分风流才子工作之余都爱去哪里放松身心。

王安石是才子,却一点不风流。幕僚的工作很清闲,他却肯花大把时间通宵达旦读书学习,每天必然踩点打卡上班,还来不及洗漱打扮。

可惜,韩琦并不知道王安石在干吗,只是看他整天精神萎靡,不到点都不来,便语重心长地鼓励他说:"小伙子,不管你是通宵娱乐,还是熬夜干别的,我都不会干涉,只想提醒你一句,年轻人还是要多学习、多锻炼,不然怎么成才呢?"

呵呵!王安石并不辩解,只对同僚们说了句:"知我者,谓我心忧;不知我者,谓我何求。韩相公除了长得帅点,其他真是一无是处!"

后来,韩琦从旁人口中得知真相,不由得大发感慨:"王安石这小子,是我带过的下属里最奇葩的一个!"

再说乐。据《邵氏闻见录》记载，做知制诰那会儿，吴氏替王安石纳了个妾，还想给丈夫一个惊喜。

没想到新娶的妾梳妆打扮被送到书房后，惊喜倒没有，差点成了惊吓。

王安石像防贼一样警惕地问："你是谁？半夜跑到我书房干什么？"

女子回道："我是夫人给老爷新纳的妾，来书房侍候您。"

王安石先是一惊，然后摇着头说："夫人做事也太惊人了，我看你的仪表姿态，倒像是书香门第出身，怎么会被人卖了呢？"

女子一听这话，眼泪唰唰而下："不瞒老爷，奴家本是一个下级军官的妻子，因丈夫押送军用物资翻船，被上级判罪，要么赔钱，要么判刑。由于我爱夫心切，瞒着丈夫卖身还钱，这才被夫人买到家里。"

听完女子的哭诉，王安石平静地让女子回到客房，第二天一大早就把她送回夫家团圆。

最后顺便说一说穿。

王安石对于穿着打扮更不讲究。这种情况，说好听点叫不修边幅，说不好听点就叫邋里邋遢。

极少洗澡不说，王安石还当着一干文人雅士的面，重现了魏晋时代风靡一时的行为——扪虱而谈。

王安石这种心大的淡泊习性，可没少被素来注重仪表举止的同时代文人们口诛笔伐，特别是那些反对变法的政敌。同为唐宋八大家之一的苏洵，写了篇《辨奸论》，专门用来恶心王

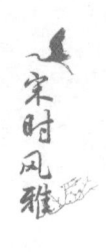

安石。

在《辨奸论》中，苏洵是这么说的：

夫面垢不忘洗，衣垢不忘浣，此人之至情也。今也不然，衣臣虏之衣，食犬彘之食，囚首丧面，而谈诗书，此岂其情也哉？凡事之不近人情者，鲜不为大奸慝，竖刁、易牙、开方是也。

也就是说，王安石沽名钓誉，穿着囚徒的衣服，吃着猪狗的食物，蓬头垢面，还不知羞耻地妄谈诗书，凡事不近人情，肯定是竖刁、易牙、开方（齐桓公三奸佞）之类的大奸大恶之人。

面对苏洵恶毒的抨击，王安石只有两个字回应：呵呵。

这就是王安石的日常状态，不爱官、不爱财、不爱吃喝、不爱娱乐，王安石唯一的爱好，就是主持变法。均输法、青苗法、农田水利法、方田均税法、保甲法、保马法……每一项变法政策都是王安石穷尽全部经历种下的梦想种子。

他的改革意志和担当精神贯穿其从政一生，这是作为"十一世纪最伟大改革家"的鲜亮本色。

从结果来看，富国强兵的成效是显著的，神宗年间国库积蓄可供朝廷二十年财政支出，还扭转了西北边防长期以来屡战屡败的被动局面。

至于因变法导致新旧两党互相挤对，乃至演变成有你没我的死斗，既彻底改变了众多文人的人生轨迹，又对国家的发展产生了强烈的负面影响，则是诸多因素共同作用的结果，并非王安石一人之过。

在变法之余，王安石还挤出时间搞原创，在诗、文、词等方面都有杰出的成就。比如这首最具代表性的诗《泊船瓜洲》：

> 京口瓜洲一水间，钟山只隔数重山。
> 春风又绿江南岸，明月何时照我还。

还有最具代表性的词《桂枝香·金陵怀古》：

> 登临送目。正故国晚秋，天气初肃。千里澄江似练，翠峰如簇。征帆去棹残阳里，背西风、酒旗斜矗。彩舟云淡，星河鹭起，画图难足。
> 念往昔、繁华竞逐。叹门外楼头，悲恨相续。千古凭高对此，谩嗟荣辱。六朝旧事随流水，但寒烟衰草凝绿。至今商女，时时犹唱，后庭遗曲。

王安石告诉世人：穿衣吃饭，从来就不是事儿。当一个人全身心投入比世俗享受更有意义、更有价值的宏伟事业中时，他的五官会迟钝、七情六欲会衰退，对一切不值得关注的俗物琐事，从来都不会浪费任何精力。

仅仅通过吃饭这一事例，就能充分体现出一代改革家的精神风貌和独特魅力。

王安石的生活是没劲的，他的人生却是辉煌的，他的历史

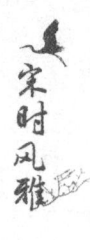

贡献也是有目共睹的。

有趣的是，和王安石一样没劲的文人就在他身边，那是他一生之友也是一生之敌，与他相爱相杀、互相伤害的老实人——司马光。

司马光：办老实事，做老实人

一

真宗年间，某次政府工作会议上，工部某大臣就国道整修事宜向真宗发问。

"领导，您看这里。"大臣把手指在地图的西南地区，"这里的山路十八弯，国道依照地势修得曲曲折折很正常，可您再看这里。"

说着，大臣指向位于山陕地区的蒲坂、窦津、大阳三条国道："这山陕一代地形平坦，道路却修得弯弯曲曲，不科学呀！"

"可以呀小伙子！你不说朕还真没意识到。可朕不明白，前人修路为什么修成这个鬼样子呢？"真宗歪着头问了一句。

"鬼知道前人到底怎么想的。可您知道吗，途经这三条国道的盐运车，弯弯绕绕运到开封，成本老高了。臣私下粗粗一算，如果重新开辟一条直达京城的国道，运送货物的成本，至少要降一半。"大臣说得两眼放光。

真宗一样心花怒放，当场拍板决定："要想富，先修路，拨款拨款，责成工部抓紧落实！"

朝廷拨款修路的消息传到陕州，各地百姓都很开心，毕竟国道重新规划，路程至少缩短了一半，无论是运货还是出行，干啥都很方便。

"方便吗？我觉得一点也不方便。"夏县一中年男子当众提出了质疑。

众人你看看我，我看看你，都觉得这人的质疑有些匪夷所思："利国利民的好事，你有啥可质疑的，莫不是觉得自家儿子会砸缸，就总要换个角度看问题？"

中年男子轻轻叹气："你们误会了，我只是觉得既然古人把路修成这样，一定是有原因的。古人难道看不出直路成本低，弯路成本高？时代发展了，我们就一定比古人聪明吗？在弄清原因之前，草率行事肯定是欠妥的。"

"那你说说是什么原因。"

中年男子摇头道："原因我也说不上来，总觉得拍脑袋决策是不妥的……"

很快，一条直线通往京城的国道就修好了。

过了些时日，真宗想起了这一码子事，欣然向大臣问道："国道修好了，想必盐运的成本应该降下来了吧？"

这时，提出修路建议的工部大臣却站在一旁瑟瑟发抖，户部侍郎只好站出来汇报："启奏陛下，成本非但没降下来，盐价还飙升了。"

"这怎么可能！"真宗很惊讶，"按理说路修直了，路程肯定变短了，成本必然会下降啊！"

户部侍郎沉默了，站在一旁的工部大臣知道下面该由自己解释了。

"陛下，按理说是会下降的，可咱修的那条直路，运输是畅通的，却不利于排水，前段时间正赶上雨季，把路给淹了。路不通了，盐就运不过来了，盐运不过来，京城食盐供不应求，盐价就上涨了。臣有罪啊！"

真宗这才恍然大悟："难怪这三条国道要修这么绕，管中窥豹，只关注了局部，忽视了全局，看来不是古人欠考虑，是我们太草率啊！"

二

那个提出质疑的中年男子，名叫司马池。他有个被视为神童的儿子，名叫司马光。

在陕州一带，司马光的事迹传得很响。

这小屁孩七岁就背熟了《左氏春秋》，还能像模像样地解释书中的要义。

快八岁时，"砸缸救友"的光荣事迹就在京洛一代流传。

十二岁时，司马光跟随老爹前往四川广元任职，却在栈道上遇到巨蟒拦路。司马光一点不慌，指挥老爹在前吸引蟒蛇的注意力，自己则悄悄绕到蛇后，猛地一剑刺穿蛇的尾巴，蟒蛇吃不住痛，滚下了深不可测的山崖。

尽管司马光年少成名，见识过人，可司马池仍然经常拿修路这事教育儿子："两点之间，直线最短。可世事变化无常，看问题要全面，直线思维要不得，盲目改变现状，可能会造成难以估量的损失。"

司马池希望儿子：做人，要老实；做事，要稳重，不能撒谎，更不要走捷径。

有一次，司马光和姐姐砸核桃吃，由于核桃仁上有层薄皮，吃着口感很涩，司马光能想到砸缸救人，却不知该怎么去掉这层薄皮。

就在他百思不得其解之际，家里的丫鬟端来一盆热水，用水一泡，核桃皮就自动剥离了。

"好神奇好神奇！"司马光比发现新大陆还兴奋，跑到老爹房里照样卖弄了一番。

司马池倒是一点也不讶异，只是问了他一句："这办法是你自己想到的吗？"

司马光点点头："那必须的，是我发明的！"

司马池把儿子支在一边，又叫来女儿询问，司马光的姐姐不知实情，直接说漏了嘴。

司马池暴怒："你小小年纪，竟敢当着大人的面撒谎，日后如何得了！"一顿猛批之后，司马池又罚儿子面壁了整整一天。

这件事在司马光的心里留下了深刻的印象，从此之后，他再也不敢撒谎了。这一辈子，他都努力做个老实人。

老实人司马光入仕以来，始终坚持对组织忠诚，做老实人、说老实话、干老实事，胸怀坦荡，公道正派，受到领导、同事和群众一致认可和好评。

司马光：办老实事，做老实人

宋仁宗嘉祐六年（1061），组织希望司马光在开封府推官任上，再兼职起居郎①。

记录皇帝的言行，肯定能经常见到皇帝；经常见到皇帝，就能把脸混熟；把脸混熟了，就不愁得不到提拔机会。

这么好的岗位，司马光却连上五封辞职信：领导，这活我干不了，我比较擅长干点实事。

磨来磨去，组织只好改任司马光为起居舍人。

起居舍人和起居郎虽然听起来很像，职务却完全不同，起居郎是搞文字记录的，起居舍人是当面给领导提意见的。

由于司马光工作认真，作风严谨，本职工作搞得风生水起，仁宗很满意，第二年，决定提拔司马光为知制诰，负责起草诏书。

这一回，司马光比上次还猛，连上九封辞职信，坚决表示干不了。

仁宗疑惑地问："小伙子，官职嘛，不干怎么知道干不了呢？你老是这样，让朕以后怎么提拔你呢？"

司马光郑重地对仁宗说："领导，不是我不乐意干，主要是我真不擅长起草诏书这种原创性较强的工作，您把我安排到我不擅长的职位上，肯定会影响工作质量的，所以我宁愿不干，也不能影响大局。"

最终，仁宗只好收回成命，让司马光继续在知谏院干谏官的活。

司马光很诚实，在五年的任期内，一共上了170多封奏折，

---

① 起居郎：负责修撰《起居注》，也就是记录皇帝的言行。

从财政、民生、军事一直提到领导私生活，还顺带建议领导尽快解决继承人问题。

三

如果没有意外，老实人司马光也许会朝着包大人的方向发展，按照他那股认真劲和老实精神，必然会成为不逊魏徵、包拯这类谏官界人才的又一标志性文人。

可惜，司马光遇到了一个年轻有为、渴望大破大立的领导——宋神宗；又遇到了一个整天只琢磨如何推行变法、如何实现富国强兵的偏执狂好友——王安石。

司马光和王安石，一个老实而偏执，一个偏执而老实，司马光坚决不干自己不擅长的工作，王安石总是想去地方实践自己的改革主张。

这俩方向坚定、品格高尚、才华横溢的政坛明星很早之前就结为挚友，虽然都立志为扭转国家积贫积弱的局面而勇敢奔跑，可发令枪响的那一刻，两人才发现，奔跑方向居然是相反的！

熙宁二年（1069），轰轰烈烈的变法在一片质疑声中开始了。

其中质疑声最大的，就是司马光。

司马光并不反对通过变法实现国家富强，却坚决反对王安石那一套"富国强兵"的理论。

什么"不加赋而国足用"，什么青苗法、均输法、市易法、免役法、保甲法，统统都是笑谈！国家的钱就那么多，财政占的钱财多，百姓得的钱财就少，多明显的道理，你王安石即便搞出再多新花样，那也是与民争利！

大概司马光又想起父亲当年那个修路的经典案例，老祖宗的做法，都是有道理的，难道就你王安石聪明，能想出这么多奇奇怪怪的法条？瞎折腾罢了，最后肯定会出问题的。

本着顾全大局、挽救挚友的初衷，司马光在新法快速推进期，连续给王安石写了三封信，每封信提出一个质疑：

一、乱建机构。朝廷本有三司使，你却另立制置三司条例司，客观上不就是在增加冗官数量吗？

二、与民争利。充实国库的出发点是好的，却不能利用各种手段与民争利。你看青苗法施行以来，百姓们有多少真正拥护的？有多少真正受益的？

三、不听意见。且不说变法派其他成员，你看看你介甫，大权独揽，党同伐异，动不动就将人夺职罢官，一点都不懂圣人的宽恕之道。

中心思想只有一个：介甫，道路千万条，稳定第一条。不要"用心太过，自信太厚"，多听听群众意见，变法的条例要适当修改，变法的进度要适当放缓，稳妥一些总没毛病。

结果，王安石的倔脾气被司马光刺激起来了，他写了封《答司马谏议书》，逐条驳斥司马光的观点，还在最后撂了句狠话：

"如果君实责备我是因我任职已久而无作为，那么我是诚心向你认罪的；如果说现在应该什么事都不去做，墨守前人的陈规旧法就可以了，那就不是我敢领教的了。"

也就是说，君实，我需要你指点，但不需要你指指点点！你就别质疑我了，哪儿凉快哪待着去吧！

我明明早已百无禁忌，偏偏你是我的一百零一。司马光无奈地想。

直到王安石公然放话："天变不足畏，祖宗不足法，人言不足恤。"彻底摆出一副"别跟我刚，容易受伤"的姿态时，一直苦劝无果的司马光，才终于决定与王安石绝交。

四

往日的情谊有多真挚，如今的绝交就有多坚决。

神宗原本想让司马光出任枢密副使，司马光却连上六道辞职信表明立场：新法一日不废除，我就一日不上任。

神宗问："爱卿，你难道没有梦想了吗？"

司马光咬着牙，情绪有些失控："别跟我谈梦想，戒了！"

抗议没怕过、辩论没赢过的司马光彻底失去了热情，主动申请去洛阳编纂《资治通鉴》。

这一去，就是整整十九年。

十九年间，司马光每天只干一件事，拿命去修书。

他的工作量很大，先不说查资料，就是每天写的手稿，都有一丈多长，而且上面全是工工整整的楷书，没有一个行书或草字。

在那个没空调、没风扇的年代，到了盛夏，司马光奋笔疾书时，连书稿都被汗浸湿了。

炎热倒不算什么，为了防止中暑，以免影响工作进程，司

司马光：办老实事，做老实人

马光让人在书房里挖了个很深的大坑，周围砌上砖，上下靠绳梯，天气过热的时候，司马光就在大坑里查资料、写书稿。

虽然这本三百多万字的鸿篇巨制并非完全出自司马光一人之手，可他却参与了整个过程，他编纂的部分，光是书稿就堆满了两间屋子。

为了修书，司马光几乎耗尽了全部精力，搞得自己骨瘦如柴，眼睛严重老花，牙齿基本脱落，还得了神经衰弱症，记忆力超级差。

这还不算，编书这种超级枯燥的工作，很考验人的耐力，有时候司马光也会心态崩溃，忍不住写下遗书，对着密密麻麻的书稿泪流满面。

当人员成色良莠不齐的革新派在舞台上"群魔乱舞"时，司马光会时常抬头凝望没有星辰的黑夜，他始终坚信，在云霭之上，依然有群星闪亮。

这部《资治通鉴》，几乎倾注了司马光一生的心血。

从春秋"三家分晋"开始，一直到北宋建国，一千三百多年的历史，十九年的光阴，让司马光在青史上留下浓墨重彩的一笔。

不过，《资治通鉴》并不是一部仅仅讲述历史事件的书，不在"正史"序列里，而是一部帝王教科书。在这部书中，满满的都是套路，处处隐藏着司马光对新法的批判。

随便举个例子，比如司马光在开篇就讲了一个"智氏覆灭"的故事。

智宣子想立智瑶为继承人，族人智果说："不如立智宵稳妥。智瑶有五好一劣，相貌好、武力好、文艺好、口才好、性格强毅果敢，可就是不仁德。若立智瑶，智族必灭。"

智宣子不听，立了智瑶，智氏果然在智瑶的率领下被韩、赵、魏三家瓜分。

紧接着，司马光有话说了：

才者，德之资也；德者，才之帅也。云梦之竹，天下之劲也，然而不矫揉，不羽括，则不能以入坚；棠溪之金，天下之利也，然而不熔范，不砥砺，则不能以击强。是故才德全尽谓之圣人，才德兼亡谓之愚人，德胜才谓之君子，才胜德谓之小人。凡取人之术，苟不得圣人、君子而与之，与其得小人，不若得愚人。何则？君子挟才以为善，小人挟才以为恶。挟才以为善者，善无不至矣；挟才以为恶者，恶亦无不至矣。愚者虽欲为不善，智不能周，力不能胜，譬之乳狗搏人，人得而制之。小人智足以遂其奸，勇足以决其暴，是虎而翼者也，其为害岂不多哉！

这段《资治通鉴》中最经典的名段，深刻体现出司马光的德才观：德才相较，以德为先，宁用德胜于才的君子，不用才胜于德的小人。

很明显，小人指的是革新派，君子指的是保守派。

五

原本，司马光并不期望能实现逆风翻盘，在编书和自我安慰的世界里沉浸了十九年后，元丰八年（1085），六十七岁的司马光终于迎来了粉碎新法的机会。

国家领导人神宗死了，政敌王安石下台了，九岁的哲宗赵煦继位，太皇太后高氏执政，她是个坚定的保守派。

她想起了司马光，把他召还朝廷。司马光自知时日无多，他拼了老命，决心在有生之年把"熙宁变法"全部废除。

很快，保甲法、方田均税法、市易法、保马法接连废除。这时，司马光已重病卧床，仍然无限伤感地对保守派二号人物吕公著说："免役法、青苗法不除，我死不瞑目啊！别的事我都不操心，希望你能继承我的意愿，尽快彻底废除新法！"

元祐元年（1086）九月，在青苗法、免役法成功废除不久后，司马光心满意足地离开了人世，既死在了一生之敌王安石的后面（王安石死于同年五月），又实现了政治理想，顺带完成了对王安石的复仇。

司马光有多老实，就有多坚决地废除新法。有人觉得司马光如此拼命地废除新法，是出于对王安石的打击报复。

其实不然。

作为挚友兼死敌，很难想象这种矛盾关系下的两个对手，自始至终仍然对彼此的才华和人品相互倾慕。

王安石评价司马光："司马君实，君子人也。"

司马光评价王安石："老王这人，别的都没的说，只有一个毛病，太犟了。"

王安石含恨去世后，司马光仍抱病给高太后写奏折："介甫这个人，有太多过人之处，一辈子为组织尽心竭力。他这一死,那些小人肯定会千方百计地诋毁他,希望组织能公正地处理他的后事。"

其实,司马光恨过王安石,却从未只凭意气废除新法。

在他的观念中,无论新法给朝廷带来多大的财政收入,无论军队的战斗力有多大的提升,都只是暂时的,新法的危害却是无穷的。他上台后甚至还把已收复的安疆、葭芦、浮图、米脂四寨返还给西夏,就是不愿承认新法给国家带来的实实在在的好处。

自始至终,他的主张都没有改变:君主要行正道,以仁义为本,以伦理纲常治国,祖宗之法不可变,改革要在不变中求变化,在继承中求发展。虽然过于保守,却也是老实人最固执的坚持。

司马光这辈子,除了和王安石"斗争",就是编纂《资治通鉴》。有关他的逸事,也都逃不脱"老实"二字。

据《轩渠录》记录:有一年,洛阳元宵节,他的妻子张氏想去赏灯。司马光感到很奇怪:"家里就有灯,你不能看吗?"

张氏说:"不只是看灯,也想看看外面的游人。"

司马光笑了:"你真奇怪,人有什么好看的,看我不就行了,难道我是鬼吗?"

张夫人也笑了:"你当然不是鬼,你只是有点直。"

还有一次,司马光手头有点紧,叫仆人去集市卖马。卖马前,他再三叮嘱仆人:"这马有肺病,不能长时间奔跑,卖的时候一定要跟买主讲清楚。"

仆人有点哭笑不得:"我是去卖马,不是去捐马,把实情告诉买主,还能有人买吗?"

司马光的回答很符合他的气质:"卖多少钱事小,若是因不诚信坏了名声,那才是大事。"

由于并非混迹于文艺圈的文人,司马光的诗词创作很少,知名度也不高。

比如这首《西江月》:

宝髻松松挽就,铅华淡淡妆成。青烟翠雾罩轻盈,飞絮游丝无定。

相见争如不见,有情何似无情。笙歌散后酒初醒,深院月斜人静。

还有这首《阮郎归》:

渔舟容易入春山,仙家日月闲。绮窗纱幌映朱颜,相逢醉梦间。

松露冷,海霜殷。匆匆整棹还。落花寂寂水潺潺,重寻此路难。

他也总是诚实地对他人说:"填词作赋,我真的水平一般、能力有限。"

后世关于司马光的故事流传下来很多,也包括他与夫人琴瑟和谐,坚决不肯纳妾的故事。看来,司马光这个老实人的"老实"真的是体现在方方面面。

司马光一生无后（不愿纳妾，只有张氏一妻），后来收了个养子司马康。

元祐元年（1086），司马光病逝，终年六十八岁。

临终前，他特意叮嘱司马康："死后不可着名贵的寿衣，不可铺张浪费，只需将灵柩运回老家薄葬即可。"

太皇太后高氏听闻噩耗，亲自带着黄帝祭奠，并追封司马光为太师、温国公，谥号"文正"。

顺便说一句，自唐朝以来，"文正"属于文官最高谥号，是所有文官梦寐以求的至高荣耀，五千年历史中，也仅有二十余人有幸得此殊荣，全是震古烁今的名臣：如范仲淹、耶律楚材、李东阳、曾国藩，由此可见，老实人无论身前还是身后，大概都会得到应有的尊重！

曾巩：我可没有拖后腿

一

各位文史爱好者，大家好，我叫曾巩，曾是曾子的曾，巩是巩固的巩。

古往今来，文艺圈无论如何更新换代，总归难以避开熠熠生辉的八个名字：韩愈、柳宗元、欧阳修、苏洵、苏轼、苏辙、王安石，还有我，曾巩。

我们八人，共用一个流传千古的美誉：唐宋八大家。

不过，当问及唐宋八大家都是哪八位时，韩愈、柳宗元、欧阳修、苏洵、苏轼、苏辙、王安石七人之名，大多数人都能脱口而出，而我曾巩，却经常被遗忘。更有甚者，有些人认为我没资格、没名气、没水平，是用来凑数的透明人，拖了八大家的后腿。

其实，是不是八大家之一，我觉得倒没什么所谓，况且我天生也不爱凑热闹，什么八大家、八小家的，难道从事文艺工作就是为了博眼球、刷存在感吗？

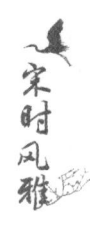

当然不是！

平心而论，我并不希望当主角，也不愿意自我标榜。

相较于名声、地位，我更乐意让那些长期误解或忽视我的人，能够近距离重新认识一下我，了解一些我的故事，听听我的独白，读读我的文章，也许，你们的看法就会由此改变，以后再回答"唐宋八大家"都是谁的问题，就不会忘记我的名字。

判断一个人知名与否，首先看其是否拥有脍炙人口的代表作。

韩愈有《师说》，柳宗元有《捕蛇者说》，欧阳修有《醉翁亭记》，苏洵有《六国论》，苏轼有《赤壁赋》，苏辙有《黄州快哉亭记》，王安石有《伤仲永》……每一篇都是精品中的精品，很多人都能滚瓜烂熟地背诵出来。

实际上，我也拥有许多代表作品，比如《墨池记》《醉心亭记》《唐论》等等，每一篇的质量都不输给其他七人。

问题在于，我的代表作在知名度上显然比其他七人差了很多，究其原因，其中有一点很值得注意：读者的阅读倾向。

其实，相较于研读文章，读者可能更喜欢阅读诗词，毕竟诗词篇幅较短，抒发情怀更直接，也更能引起共鸣，因而更能被读者追捧、夸赞，久而久之，作者的知名度就会快速提升。

在这一领域，韩愈有《早春呈水部张十八员外》，柳宗元有《江雪》，欧阳修有《生查子·元夕》，苏洵有《九日和韩魏公》，苏轼有《水调歌头（明月几时有）》，苏辙有《水调歌头·徐州中秋》，王安石有《梅花》……

坦白讲，我确实没有流传千古的名诗、名词，我也不太擅

曾巩：我可没有拖后腿

长写诗作词。

这一点，我的朋友秦观评价得很恰当：

人才各有分限，杜子美诗冠古今，而无韵者殆不可读；曾子固以文名天下，而有韵者辄不工。此未易以理推之也。

读者追求浪漫，我却很直白；
读者追求热血，我却很冷静；
读者追求缠绵悱恻，我却很质朴。
这是我的实际情况，我必须承认。

二

我写了四百多首诗，没有一首思维很跳跃，更不会天马行空。

比如这首《咏柳》：

乱条犹未变初黄，倚得东风势便狂。
解把飞花蒙日月，不知天地有清霜。

很朴素对吧！
还有我这首词作《赏南枝》：

暮冬天地闭，正柔木冻折，瑞雪飘飞。对景见南山？岭梅露、几点清雅容姿。丹染萼、玉缀枝。又岂是、一阳有私。大抵是、化工独许，使占却先时。

霜威莫苦凌持。此花根性，想群卉争知。贵用在和羹，三春里、不管绿是红非。攀赏处、宜酒卮。醉捻嗅、幽香更奇。倚阑干、仗何人去，嘱羌管休吹。

读着也没啥激情，对吧！

坦白讲，相比诗词，我真正擅长的是议论性、记述性散文写作，也许在众多读者眼中，想必属于偏冷门题材。

除了题材冷门，知名度不足的另外一个原因，就是我坚持自然淳朴、章法严谨的写作风格，这又导致我的文章不够新奇，难以抓人眼球，读起来没有太多趣味。

在此，我诚挚希望读者们能够静下心来，认认真真读读我那一篇篇恪守儒学正统和严谨、不浮夸不空谈、绝不沾染一点佛道色彩或搞笑段子性质的文章，感受一下那记事翔实而又温厚、论理切题而又典雅的文章，也许就会改变对我的看法和评价。

判断一个人知名与否，其次要看其是否拥有光辉灿烂、跌宕起伏的人生经历。

在这一层面，韩愈主持过"古文运动"，柳宗元参加过"永贞革新"，欧阳修培养了大批才俊，苏洵培养出两大重量级文人，苏轼不用说（故事太多），王安石主持过"熙宁变法"。

实话实说，我的人生经历，与其他七位相比毫不逊色，甚至更加励志、更加精彩感人。

在讲述个人经历之前，我先要列出一个小小的对比。

"八大家"中其他七位，无论家庭生活状况如何，最起码在青少年时期的主要任务就是读书和备考,科举入仕前,基本上没承担过家庭生活的重任。

而我呢?

我不行,我是穷人的孩子早当家。

八岁那年,我妈病逝了,十八岁那年,我爸被人陷害丢了官,全家唯一的收入来源就此中断。

我爸身体不好,我唯一的哥哥又不太靠谱,家里上有九十多岁的奶奶,中有六十多岁的老爸,下面还有四个弟弟,外加九个妹妹。

我也想安心读书,可条件不允许啊!你们这些城里的富家孩子,哪里懂得我们乡下农村娃的艰辛。

为了全家十几口人能吃上饭,我不得不暂时放下复习资料,兼职当起了农民工,四处打工赚钱。

三

那一年,我从江西老家出发,一路漂泊,河南、安徽、山东也去过,湖南、广东也闯过,当与我同龄的年轻人在认真备考时,我却在异乡吃苦受累。

后来,我专门写了首长长长长的《读书》(节选),来纪念这段愁楚惨怛的经历:

> 吾性虽嗜学,年少不自强。
> 所至未及门,安能望其堂。
> 荏苒岁云几,家事已独当。

经营食众口，四方走遑遑。
一身如飞云，遇风任飘扬。
山川浩无涯，险怪靡不尝。
落日号虎豹，吾未停车箱。
波涛动蛟龙，吾方进舟航。
所勤半天下，所济一毫芒。
最自忆往岁，病躯久羸尪。

在我拼命挣钱养家时，也曾短暂看到过希望。

宋仁宗庆历七年（1047），组织居然要召我爸进京，说是能给解决一下工作问题。

结果，我爸情绪没控制住，加上年纪大了，还生着病，我陪我爸从家乡南丰才走到应天府，他就撒手人寰了。

我记得，那是我人生的至暗时刻。如果是我一个人在外，怎么都能应付下来，可这次出门盘缠不多，要把我爸的棺椁送回老家，完全没有可能。

好在天无绝人之路。虽然我的自尊心很强，很少主动求人，可为了让我爸入土为安，我只好硬着头皮写信向已退休、时居应天府的宰相杜衍求助。

杜老前辈很给力，二话不说，给了我一大笔盘缠，我这才顺利护送我爸的灵柩回到家乡。

我永远不会忘记，杜老前辈借给我钱，还写信勉励我：年轻人，纵使生活再艰难，也不能停止追寻前方那一道光芒，它将指引你走向坦途。那道光芒，就是读书！

其实，我从未见过杜老前辈，只是曾向他写信请教过学问，那时我就深切感到：还是好人多啊！我绝不能辜负杜老前辈的期望！

安葬了老爸，我一直留在家里，边打零工边读书。因为家里困难，我到三十二岁才结婚，不是不想结，是真结不起。

那时我就想，且不说别人大都早早结了婚，最起码或多或少都有过爱情吧，而我呢？爱情鸟早就飞走了，或者说根本就没来过。

我们家有块荒地，我修修盖盖，建了个简易的书房。想到先贤刘禹锡安居陋室，一样怡然自得，我就给书房取名"金不换"。

在书房刻苦读书那阵，我一直致力于剖析自我。

这些年，我见识过波涛汹涌的大江大河，遇到过深山密林里的鸟兽虫鱼，不知克服了多少磨难。也许，这正是上天赐给我的宝贵财富，我将用所有经历过的磨难，铸成我人生屹立不倒的长城！

四

可说来惭愧，我是考了三次，才考中进士的。

这一点，我确实不如其他七位选手。

苏洵老爷子就不说了，人家是专门搞学术研究的，组织给官都不想做。

韩愈前辈二十五岁中进士，柳宗元前辈二十一岁中进士，欧阳修老师是二十三岁，王安石老弟是二十二岁，苏轼老弟是二十一岁，苏辙老弟更小，十九岁就中了。

我很惭愧，三十九岁才中。不过也没法子，我首次参考，就二十四岁了。

记得那一年，我心气很足，可惜却名落孙山。

我的老师欧阳修给我撑腰，甚至把矛头直指考试标准：曾巩这样的人才考不上，肯定不是他的问题，绝对是考试标准有问题！

当时我眼泪哗哗的，抹着泪水给老师写信："我没有被录取，是我的学问还欠火候。回去以后我一定要继续努力，不辜负您的期望！"

三十五岁那年，我和弟弟一起向人生目标发起又一次冲击，结果双双落榜。

比这更让人难堪的是，回到家后，失意无比的我俩又被同乡人嘲笑了一番，他们给我们编了一首歌谣：

三年一度举场开，落杀曾家两秀才。
有似檐间双燕子，一双飞去一双来。

我心里知道，他们巴不得我落榜呢，除了至亲和至交，谁会真心希望别人过得好呢！这是赤裸裸又令人无可奈何的嘲笑。

当时，我的兄弟姐妹们情绪都很低落，我就把弟弟妹妹全召集起来，热情鼓励他们："咱们家虽然穷，咱们虽然没有背景，只有背影，可志气却从未衰减。失败一次算什么，还有什么比贫穷更糟糕的吗？走自己的路，让别人说去吧！风雨过后，一定会有彩虹！"

天道酬勤。三十九岁那年，我终于考上了，而且我的弟弟曾牟、曾布，堂弟曾阜，妹夫王无咎、王彦深也同科考中，一门六人同科进士，虽然不能说是新的吉尼斯纪录，但也算是古今罕有的盛事。

那时的我，真的很自豪。黑暗之后，黎明终将到来！

考中进士，我的家境终于可以扭转了。

但我却不能只为养家糊口，我还有更大的抱负要去施展。

除了我的老师之外，我最佩服的大文人是范仲淹，也立志像他一样优秀，以天下为己任。

在我生活困难的时候，范仲淹曾经资助过我，这一点，我永远都不会忘记。

我给范仲淹写了一封信：

"您这么器重我，我却没什么好报答您的，我论学识不如您，论权位不如您，论能力不如您，我现在什么都没有。只有一样，我不势利。您对我这样一个贫贱之士如此礼贤下士，您的行为做派一定会激励天下的读书人扭转这日渐沦丧的社会风气，更会给天下读书人立起一座高大的丰碑！"

庆历新政失败后，范仲淹心情很糟，一度意志消沉，这时我又给他写了封信：

"我写信不是要安慰您，您这种百折不挠的人根本不需要安慰。我只想说，当一个人做事时，别人都说错了，可你却认为对，那就去做！不要以天下人的议论为标准，只要遵从自己的内心想法就好！虽然新政失败了，您退下来后，千万别灰心，不能觉得艰难就轻言放弃！奋斗是什么？奋斗就是那股只求耕耘不问收获的气魄和您那'不以物喜，不以己悲'的情操！"

我不止终生感激范仲淹的资助，更立志做个范仲淹一样的人，先天下之忧而忧，后天下之乐而乐。

五

我的政治生涯基本都是在地方上度过的，取得了不俗的成绩。

在越州通判任上，正巧碰上饥荒，我考虑到常平仓①的粮食不够用，百姓又不方便都来城里买粮，我就发布政令，要求各地富户以比常平仓粮价略高一点的价格向百姓出售。我又筹集了五万钱的资金，借给无钱的农户购买种子，帮助他们平稳地度过了灾荒。

在齐州知州任上，我重拳出击，扫黑除恶。当时有一周姓富户，其子周高为富不仁，横行乡里，我以此为突破口，搜集证据，迅速将周高法办。章丘一带有一伙叫作"霸王社"的黑恶势力，杀人越货，无恶不作，我派兵将他们悉数抓获，一举端掉了这个犯罪团伙，齐州的治安顿时好了许多。

在洪州知州任上，江西一带出现瘟疫。我赶紧调配救灾物资，迅速命令各县、镇储备防疫药物，又腾出州衙门官舍作为

---

① 常平仓：古代一种调节粮价的方法，建造仓库储备米粮，粮价低时就从外面高价买来，粮价高时就把仓库中的减价出售。

临时收容所，还免费提供饮食和衣被，很快控制住疫情。

我的政治生涯足够漫长，六十岁后还历任明州、亳州、沧州等地知州。

我这人不爱自夸，只重实干，一心只想为百姓做实事、做好事。

也许很少有人关注过我的政绩，就政绩来说，不是自夸，我可以说是同时代除了王安石之外最高的一位，不同的是他在朝堂，我在地方，我是"熙宁变法"最坚定的践行者。

判断一个人知名与否，最后要看其是否拥有众多知名人物的肯定和称赞。

远的不说，同时代其他几位文豪，对我全是高度评价。

首先是我的老师欧阳修：

过吾门者百千人，独于得生为喜。

我带了那么多届学生，曾巩是我最得意的弟子！

其次是顶流文人苏轼，他给我写了首《送曾子固倅越得燕字》（节选）：

醉翁门下士，杂遝难为贤。
曾子独超轶，孤芳陋群妍。

再次是著名改革家王安石：

> 曾子文章众无有，水之江汉星之斗。

曾巩的文章像大江大河、像天上星辰！

最后还有苏辙：

> 儒术远追齐稷下，文词近比汉京西。

曾巩儒学修养堪比战国孟子、荀子，文章水平可比肩两汉弘文。

无论是比拼作品质量，还是人生经历，我都丝毫不输其他七人，"唐宋八大家"之一，我自然当之无愧！

在我看来，唐宋八大家，各有各的风格。

韩愈很悠远，柳宗元很热血，欧阳修很唯美，苏洵很励志，苏轼很豪放，苏辙很重情，王安石很纯粹，而我曾巩，是踏实奋进的典范。我的初心，我的恒心，我的诚心，我那勤奋务实的秉性，我那严谨敦厚的文风，我那百折不挠的经历，我那历尽艰难凝聚而成的满腔正能量，都化作人生最耀眼的光彩！

请记住我吧！

我叫曾巩！

我没有拖后腿，更不是凑数的透明人！

我就是我，从不羡慕天才，因为他们翱翔在遥不可及的浩瀚天空；也不鄙视庸才，因为他们匍匐在阒寂无人的荒野。而我，只是处于两者之间的普通人，在拼搏中成长，在奋斗中追梦，在战胜艰难险阻中勇敢前行！

章惇：刚强的人生不需要解释

一

那些性格刚强的文人，在古代绝对属于独一档的存在。

比如魏徵，喜欢当庭切谏，每每搞得李世民心态失衡，却又只能强忍怒火，某次实在忍无可忍，退朝后跑去后宫找长孙皇后诉苦，还丢了句狠话："我迟早要杀了这个乡巴佬！"

比如包拯，一言不合就犯颜直谏，口水喷了仁宗一脸，可怜仁宗只能一边用龙袍擦脸，一边认真听包拯讲话。

再比如本篇主人翁章惇，北宋政坛至刚至阳之人，他的故事，比起魏徵、包拯更加传奇动人。

青年时代，章惇读书很玩命。时间观念超强的他，总会在临睡前把次日需要完成的任务密密麻麻记在小本本上，任务完不成就不吃饭、不说话、不休息，作风比学霸还要学霸。

宋仁宗嘉祐二年（1057），章惇带着族侄章衡参加科考。

进京路上，信心十足的章惇还时常拍拍章衡的肩膀，鼓励心情有些紧张的侄子："小衡，叔叔带你体验体验科考究竟是怎么回事，就算这次你考不上，回去复读两年肯定能考上的。"

放榜时，章惇不出意外被录取，可一看侄子的成绩，这小子居然中了状元！

同是天涯科考人，原来你才是大神！以后还能不能一起愉快地玩耍了！

章惇面子上有点挂不住，侄子比叔叔优秀，传出去自己哪还有脸混？于是他心一狠，果断放弃填报志愿，回家复读去了。

下一届科考，章惇重振旗鼓，再次进士及第，这回冲得比较猛，名列二甲第五名，开封府试第一名，授任商洛县令。

长相英俊，性情豪爽，文采出众，见识过人，更特别的是，章惇打小喜欢服气辟谷，举止投足间隐约有一番仙风道骨之气。

嘉祐七年（1062），时任凤翔府节度判官的苏轼与章惇一见如故，倾心相交。

正值青春年少，章惇与苏轼私下里推心置腹，说话也口无遮拦。

据《道山清话》记载，某日，章惇坦腹躺在床上纳凉，碰巧苏轼从外面进来，章惇摸着肚子打趣道："你猜猜这里面装的是啥东西？"

苏轼机智回道："都是谋反底家事！"

章惇哈哈大笑。

除了互开玩笑,两人还经常结伴游山玩水,驴友情深。

据《高斋漫录》记载,一天,章惇和苏轼骑马上南山,到了仙游潭,苏轼不敢走了,因为潭上只有一根横木连接对岸,下面就是万丈深渊。

世上无难事,只要肯放弃。苏轼恐高,又热爱生命,不想冒险。无论景色再美,都不值得送命啊!

"你真是个胆小鬼!"章惇一边嘲笑着苏轼,一边下马找了根树藤捆在腰间,然后像人猿泰山一样荡了过去。

荡到对岸,章惇继续在死亡的边缘疯狂试探,他冒着手滑失足的风险,徒手攀岩,在峭壁上留下一行字:章惇苏轼到此一游。

题字后,章惇按照荡来的操作又荡了回去,整个过程面不改色手不抖,把苏轼看得目瞪口呆,不禁说道:"子厚,你将来必能杀人。"

章惇很吃惊:"你从哪看出来的?"

苏轼笑道:"像你这么玩命的人,自然能杀人。"

章惇大笑不止。

《耆旧续闻》中同样记载了一件趣事,很能体现章惇刚强无畏的性格。

某次,两人在山寺跟老和尚谈禅论佛,听说山里近期有大虫出没,章惇好奇心很强,就拉着苏轼去近距离观察大虫。

苏轼在无意义冒险这种事上可没章惇洒脱,他远远望见大虫朝这边走来,吓得上马就跑。

章惇暗笑:这人好怂。

只见章惇不慌不忙地下马,拿了面铜锣在石头上使劲敲,老虎不知什么动静，吓得扭头就跑。

事后，苏轼只能再次竖起大拇指，向章惇致以最崇高的敬意。

二

无忧无虑的日子总是过得飞快。

治平三年（1066），得益于欧阳修的赏识和举荐，章惇得以入朝为官。毕竟是匹高质量的千里马，不愁遇不到伯乐。

三年后，章惇结识参知政事王安石，由于王安石主持变法急需人手，就把章惇作为第二梯队青年干部迅速提拔了上来。

由于其性格强硬、办事雷厉风行，章惇深得王安石器重，被任命为编修三司条例官，属于草拟和制定新法的核心骨干。

随后，王安石令旗一挥："小伙子，我业务太忙没时间，你替我下去调研吧！"

指哪打哪的章惇先后被调往陕西、湖北等地，考察变法实效，并在理财方面展现出极高的天赋。

时间一长，宋神宗和王安石都认为章惇搞财政是把好手，提拔他做了三司使。

只可惜，随着王安石倒台、宋神宗病逝，年幼的哲宗赵煦即位，太皇太后高氏垂帘听政，迅速起用保守派领袖司马光废除新法。

身为革新派领袖之一，章惇不像身边某些墙头草忘恩负义、倒戈变节，他接连上奏，坚决反对司马光全盘推翻新法。

司马光在边关问题上推行保守政策，甚至想把一些领土割让给西夏，以求息事宁人。

章惇气得痛骂："司马村夫，无能为也！"

司马光病重之际，担心病逝时新法难以全盘废除，要求各州县五日内将免役法废除。

章惇上疏争论："说青苗法弊大于利，我认了，可保甲法、保马法确实有利无弊，免役法也一直利大于弊，如今司马村夫居然限期五日将免役法废除，地方如何权衡利弊，真不知如此草率行径，将会对百姓造成多大的危害！"

一人之力难以与组织废除变法的决心抗衡，可章惇仍然不肯妥协，当着太皇太后高氏的面驳斥司马光对新法的攻击。

保守派另一领袖吕公著上前抨击："章惇意气用事，目的只为求胜，并非为社稷考虑。"

人不狠，站不稳。章惇怒了，指着吕公著开骂，嘴里有点不干不净。

"都是饱读圣贤书的文人，你这算什么？"高太后也怒了，在帘后冷冷批评道："章惇，这是朝堂，不是你家后院，你不要脸面，朝廷还要呢！"

"我倒要看看，到底最后谁没脸面！"章惇撂下狠话，甩手而去。

被章惇恶心得不行，司马光不会宽恕了，他不但会砸缸，砸饭碗一样在行，加上保守派刘蒙、苏辙、王岩叟等人接连弹劾，章惇被贬为汝州知州。

此后八年间，章惇多次被言官弹劾，又多次被贬。

八年后，哲宗熬死了奶奶，朝廷也变了天。被奶奶强行压了八年，亲政后的哲宗很叛逆，奶奶支持的，他就反对；奶奶批判的,他就褒奖。

绍圣元年（1094），章惇被重新起用为尚书左仆射兼门下侍郎,宰相范纯仁、吕大防、苏辙等旧党一律罢黜。

出来混,迟早要还的。在地方上忍辱负重了八年,新晋拜相的章惇将元祐年间被废除的一切法令基本恢复,然后学着曾经保守派对付自己的方式,将政敌一股脑儿贬往外地。

三

当然,不要误解章惇的行为全是出于打击报复。

章惇被起用为相的返京路上,通判陈瓘与众多拥护变法的官员前来迎接。章惇听闻陈瓘人品才学出众,特意邀请他上车,虚心咨询当前政务。

陈瓘率先发问:"天子待公为政,敢问何先？"

章惇恨恨地回:"必先尽除保守派一党,重塑新法荣光！"

章惇本以为陈瓘会举双手赞成,没想到他却强烈表示反对:"您错了,如果这么做,您将失去天下所望。当务之急是全力消除党争对朝政的恶劣影响,坚持公平正义,如此方可救弊治国。"

与陈瓘意见一致者,还有章惇的妻子张氏,张氏临终前曾再三嘱咐:"相公担任宰相,千万不可恃权报复。"

丧事办完后,悲痛不已的章惇再次向陈瓘诉说亡妻之伤,陈瓘继续劝说:"与其徒增悲伤,不如牢牢记住夫人的临终之言。"

章惇无言以对。

章惇对待曾经的挚友、如今的政敌苏轼的态度，特别能说明问题。

据《闻见近录》记载，苏轼深陷"乌台诗案"期间，王珪以"此心惟有蛰龙知"之句上奏神宗，请求以大不敬之罪严惩苏轼。

对此，守旧派一言不发，章惇却愿意站出来替苏轼求情："龙非独人君，人臣皆可言龙也，根本不值得大惊小怪！"

神宗一想，还真是这么回事："人家诸葛亮还是卧龙呢，没必要上纲上线。"

散朝后，章惇觉得气不过，拽着王珪质问道："我看你是想把人家往死里整吧？"

王珪不想过于纠缠，直接推卸责任："这话是舒亶说的，我只是转述而已。"

章惇冷笑一声："你非要这么说，那舒亶的唾沫你也吃吗！"

朋友落难时出手相救，登堂拜相后章惇却没有放过苏轼及其亲友，他开动脑筋，创新了流放程序：流放地与流放人员名号挂钩。

苏轼字子瞻，流放儋州；苏辙字子由，流放雷州（"雷"的下半部分和"由"类似）；黄庭坚字鲁直，流放宜州（"宜"和"直"长得差不多）。

其实，章惇何尝希望将朋友往死里整，只不过愈演愈烈的党争，根本不支持他选择宽恕。

这无关个人恩怨，全看政治立场。

绍圣元年（1094），章惇着手恢复新法，并根据实际情况加以改进完善。

比如争议最大的"青苗法"，章惇规定借青苗的钱完全自愿，禁止官府向百姓摊派；

比如"市易法"，章惇规定商人向市易务[①]购买货物一律用现钱交易，收息不超过二分，不许赊账。

元符元年（1098），"熙宁新法"基本恢复，诸多弊端得以修正、缺陷得以弥补，收到了良好的成效。

除恢复"熙宁新法"各项条例外，章惇一改朝廷用钱买和平的屈辱外交政策，着手扩充军备，广储粮食，积极备战。

这实在很符合他刚硬的性格。

西夏攻陷金明寨，主帅张兴战死。章惇大怒，打算严惩全军，以儆效尤。

同事李清臣强烈反对："打仗打的就是万众一心。如果主将战败就惩罚全军将士，以后再遇到类似情况，不就是逼着全军降敌吗？"

章惇挑不出毛病，可还是杀了张兴的亲兵十六人，然后继续在西夏国境线上搞摩擦。西夏人忍无可忍，联系辽国斡旋。

辽国调集大军驻扎在宋辽边境，并遣使到开封，希望宋朝归还攻占西夏的领土，保持睦邻友好关系。

哲宗觉得靠谱，章惇却不屑一顾："西夏贪得无厌，这次妥协了，下次怎么办？我们不要卖辽国人面子，他们算老几

[①] 市易务：官署名，职能为平价收购市面上滞销的货物，并允许商人贷款或赊货，按规定收取息金。

呀！依我之见，必须迫使西夏主动认罪求和！"

章惇不仅派兵阻挠西夏人在边关一带耕作，还单方面宣布停止向西夏输纳岁币，命边境各地驻军与西夏不停地搞摩擦。

摩来摩去，宋军死伤惨重，西夏更是难以为继。最终，国力不支的西夏还是主动向宋朝认罪，表示臣服。

西夏搞不定章惇，辽国一样占不到便宜。在宋辽边境，辽人仗着军备强盛，经常越界取水。

章惇一听，猛拍桌子："这帮恶劣的蛮夷，简直一点脸面都不要！"他直接给河东驻军下达军令："辽人若敢过界，直接斩杀，我看谁还敢乱动！"

后来，辽人果然不敢轻易在边界乱搞事情了。

四

元符三年（1100），哲宗去世。由于哲宗无子，下一任继位者只能继续从神宗的儿子里挑。

神宗共有十四个儿子，老大到老五、老七、老八、老十全过世了，哲宗是老六。有资格竞选者分别是老九申王赵佖、老十三简王赵似（哲宗同母弟），还有老十一端王赵佶。

向太后（神宗皇后，无子，非哲宗生母）主持立帝大局，章惇作为宰相，自然要第一个发言。

他是这么说的："所谓母以子贵，应立先帝同母弟简王赵似。"

向太后一听就不乐意了，这么说是打我脸啊！笑我生不出儿子？

太后唇角紧抿，眸色渐渐冷峻起来："宰相你这叫什么话？什么叫同母弟？什么叫母以子贵？先帝其余六子难道不都是哀家的儿子吗？"

"对不起，我错了。"章惇吃了一惊，慌忙垂首给太后道歉，又改口道，"如果不分嫡庶，那就按长幼顺序，立申王赵佖，没毛病吧？"

太后还没表态，枢密使曾布有话要说了："老章，你的智商余额不足了吗？"

章惇冷冷地瞟了他一眼："我的提议有什么问题吗？"

曾布目光炯炯地望着章惇："不是说你的提议有问题，是申王有问题。谁不知道申王眼神不好，都零下好几十度了，平时连奏章都看不了，你难道不知道吗？我看你就是成心捣乱！"

向太后赞许地望向曾布，舒展着微笑道："如此看来，就只剩端王赵佶了。"

章惇一听，面上不禁浮现出惊诧忧虑之色，然后急忙说道："端王轻佻，不可以君临天下！"

太后立时又陷入了沉默，曾布心领神会，他已然看到扳倒章惇的绝佳机会："老章不得无礼，立谁为君岂容你挑三拣四，且听太后决断！"

说罢，太后开始做最终总结："先帝曾言，端王有福寿，又仁孝，不同于其他皇子，如今正可立为嗣君！草诏，即刻令端王入宫，继承大统。"

章惇，只好带着几分不服，几分忧惧，蹙眉缄口了。

多年后，主修《宋史》的元脱脱写到这段，特别替宋朝感到惋惜，假如当时听了章惇的话不立赵佶为帝，日后哪还有什么靖康之耻呢！

可历史没有假如，得罪继位之君的章惇也终将为此付出代价。

说人家轻佻，当不了皇帝，人家肯定会报复的。

这一点，章惇自然很清楚。

赵佶即位后，章惇自知再留下去迟早会自取其辱，于是一再上奏辞职外放。

文艺范很足的赵佶，也够心机。任凭章惇怎么上奏，就是搁置不议，然后找了个由头让章惇担任山陵使，护送哲宗的灵柩下葬。

章惇也实在是运气不好，送葬途中连降暴雨，哲宗的灵车陷在泥坑中一夜才走了出来。

理由找到了！

安葬先帝这么隆重的事，你竟敢滞留一夜，明显是对先帝有意见。

终于，赵佶出手了。

"爱卿，既然你想去地方，那朕就满足你吧！"

章惇被贬为越州知州。

这时候，章惇的仇家们开始行动了。陈师锡、陈瑾等人弹劾章惇当年滥用职权、打击无辜，章惇再被贬为武昌军节度副使，于潭州安置。

折腾了一辈子，章惇终于有点闲情整理自己多年来写的诗词了。

他的诗词，其实写得一样出彩。比如这首《清明日赴玉津

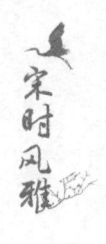

园宴》：

> 南园高宴宠师臣，盛事仍随节物新。
> 劝饯满倾仙室酒，赐花分得汉宫春。
> 三朝主眷优元弼，五福天教萃一身。
> 自惜云龙如此少，因公重感涕沾巾。

还有这首《和蒲宗孟游虎丘因书钱塘旧游》：

> 传闻城角舣行舟，自拥笙歌选胜游。
> 偶为寒江阻潮汐，再容清赏属林丘。
> 燕回吴苑风和雪，梦断钱塘月满楼。
> 尽把苏杭好烟景，醉吟将去诧东州。

没过多久，谏官任伯雨学习前辈包拯，先后八次弹劾章惇，章惇又被贬为雷州司户参军，最终病逝在湖州团练副使任上，时年七十岁。

五

比结局的惨淡更悲催的是，元人脱脱修著《宋史》时，居然把个性鲜明、政绩出色（特别是开疆拓土、巩固边防方面）的章惇列入了《奸臣传》。

章惇奸吗？

其实并不算。

章惇是睚眦必报的小人吗？

当然不是，这其中存在极大的误解。

章惇性格极度刚强，打击政敌从不手软，必欲除之而后快，甚至破天荒地大兴告密之风，提倡互相检举揭发，有敢私下诋毁朝政者严惩不贷。

这些都是他政治生涯抹不去的黑点。

不过，《宋史》中并非只有章惇名列《奸臣传》，一大批主持变法、致力于富国强兵的革新派如吕惠卿、蔡确等人都被列为奸臣，甚至南宋以来对王安石的评价也相对负面，宋理宗甚至评价其为"千古罪人"。

站在历史贡献的角度衡量，王安石、章惇等人绝对算不上奸臣，他们只是很不幸地为倾尽毕生精力主持的变法买了单，当时之人既认识不到变法的正面意义，还要为北宋亡国寻找一个合理的解释。

那便是，革新派胡搞乱搞，打击政敌，挟私报复，搞乱了国家，搞乱了祖宗之法，这才导致国家灭亡。

抛开那些政治斗争的成见，章惇绝对属于北宋后期不可多得的国士。

他胸怀革新政治的理想抱负，为变法大业奋斗终生；

他态度强硬，敢于动武，迫使西夏俯首称臣，攻下吐蕃大量领土，开拓西南疆域，降服"峒蛮"正式归顺，为国家开疆拓土，建立赫赫功勋；

他为官清正，独相七年，从未利用宰相的职权为亲友输送利益或拜官授爵；

他不懂妥协，即便是皇帝也敢于直言，神宗年间，朝廷在陕西用兵失利，神宗下令处死一个漕官。第二天，宰相蔡确上奏反对："自太祖以来，从来没有杀过文官，陛下最好不要开这个先例。"

神宗沉默很久，缓缓说道："那就将他刺面发配到偏远险恶的地方。"

时任门下侍郎的章惇表示反对："与其这么做，不如杀了他。"

神宗不解。

章惇说："士可杀，不可辱。"

"你让杀，蔡确不让杀，到底谁是皇帝！"神宗怒道，"一件快意的事都不能让朕做吗？"

向来玩命的章惇根本不虚，立马回击："这样快意的事，不做也好。"

针对章惇的功过是非，明末大儒王夫之在"宋论"中曾给出中肯评价：

夫章惇之立心，逢君生事以邀功，诚不足以及此。而既成乎事，因有其功；既有其功，终不能以为罪。迄于今日，其所建之州县，存者犹在目也。其沿之以设，若城步、天柱诸邑之棋布者，抑在目也。而其未获平定，为苗夷之穴，以侵陵我郡邑者，亦可睹也。孰安孰危，孰治孰乱，孰得孰失；征诸心，问诸心，奚容掩哉？概之以小人，而功亦罪，是亦非，自怙为清议，弗能夺也。虽然，固有不信于心者存矣。

王夫之还特意用一句话概括总结，那就是："其功溥，其德正，其仁大矣！"

　　内心强大的章惇，立场坚定的章惇，快意恩仇的章惇，是北宋后期一道靓丽的风景线，即便留下恶名，却依然坚持本色，我行我素，不惧一切流言蜚语、恶意中伤。

　　没有人能预测未来，却总有人后悔当初。

　　章惇无怨无悔，他像疾风骤雨般呼啸而过，留下一段激情澎湃的岁月，也为大宋王朝留下一个至刚至阳的大文人。

秦观：伤心的泪，伤心的人

一

宋神宗熙宁十年（1077），在文艺圈正红得发紫的苏轼收到了一份简历。

简历上，除必要的个人信息外，只有一首拜谒诗：

> 人生异趣各有求，系风捕影只怀忧。
> 我独不愿万户侯，唯愿一识苏徐州[①]。

苏轼一看，嗯，不错不错，小伙子很有想法嘛，来面试吧！

面试刚一开始，年轻人就开门见山地表达自己的意愿："苏老师，您做我的人生导师可以吗？"

苏轼一边翻着年轻人的作品集，一边笑着说道："小伙子，你的文采很好，可问题在于，我瞅着你的文风比较偏婉约

[①] 苏徐州：苏轼，此时苏轼自密州移任徐州知州。

呀,不怕我教不好你吗?"

年轻人朗然一笑:"创作诗词讲究一个'情'字,我只希望用温婉的文字抒发内心真实的情感,至于门派之分,其实也就那么回事吧。"

毕竟是个天分极高的可造之才,苏轼思忖再三,决定收下这个学生。

"你愿意选我做导师,真让我有些受宠若惊。可我真不晓得怎么带学生,你先跟着我在徐州感受感受,咱俩之间也磨合磨合。"

很快,苏轼就带着他登上黄楼,又给他出了个题目。

"好楼需配好文,滕王阁有王勃,鹳雀楼有王之涣,岳阳楼有范仲淹,黄楼虽然名气不大,却是为纪念此前抗击洪灾而修建的城楼,意义非同一般。此前我的老弟苏辙已为黄楼写过一篇赋,希望你也能搞篇原创,继续为黄楼增光添彩!"

年轻人站在城楼之上,望着壮美的锦绣山河,畅想着老师带领徐州百姓抗洪救灾的光荣事迹,很快就完成了又一篇气势恢宏的《黄楼赋》:

惟黄楼之瑰玮兮,冠雉堞之左方。挟光晷以横出兮,千云气而上征。既要眇以有度兮,又洞达而无旁。斥丹雘而不御兮,爱取法乎中央……

苏轼看后,彻底被年轻人的才情打动,拍着他的肩膀感慨道:"小伙子,你的文笔,不输于古时屈原、宋玉,能做你的

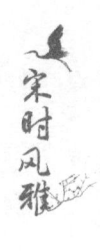

导师，真是我的荣幸！"

这个年轻人，名叫秦观。

尽管秦观属于带艺投师，尽管秦观创作的路子和导师大相径庭，这对师徒之间的情谊却出奇的好，苏轼经常带着他四处畅游，饱览山河之美，并切磋诗文。

作为导师，苏轼相当尽责，经常勉励秦观："你比我小十二岁，我俩亦师亦友，实属难得，可欢乐的时光总会过去，你也不能一直跟在我身边。听我一言，不管你此前的人生追求如何，今后还是应该去参加一下科考，争取早日入仕，毕竟你都三十多了，再放浪下去，这辈子就随波逐流了。我呢，也会尽力在圈子里推荐你的。"

秦观听从了导师的建议，积极复习备考。苏轼也说到做到，不但遇人就夸秦观的文章，某次路过江宁，还特地跑去拜访下野的前任宰相王安石。

"介甫，跟你推荐个人，我的学生，秦观，希望你能帮我个忙，用你的资源推荐推荐秦观，好让他在圈子里积攒点名气。"

王安石仔细看了秦观的作品，不由得两眼冒光："子瞻，你的学生好优秀啊！放心吧，你把信息发我，我这就帮他写推荐信。"

苏轼夸他文章俊逸可比屈、宋，王安石赞他诗词清新可比鲍、谢[①]。得到当代两大顶流文人的强烈推荐，秦观很快就在

[①] 鲍、谢：鲍照、谢灵运。

文艺圈一举成名，晋升为当红小生。

更难得的是，秦观顺利科举入仕，成功实现文坛政坛两开花。

二

宋哲宗元祐七年（1092），苏轼被召还京城，任翰林学士、礼部尚书。

回京后，苏轼第一时间想到了在徐州任上收的弟子，便找人询问："自徐州一别，多年未曾与小秦谋面，想必他在仕途上已经有所建树了吧？"

"苏相公，您想多了，秦观只做了个小小的秘书省正字，近期又被人陷害，诬陷他行为不检点，连正字都给免职了，目前正赋闲在家呢！"

苏轼一听，感到有些费解："在我印象中，小秦不是个行为不检的人呀，到底是怎么回事？"

那人告诉苏轼："秦观入仕后，先后被任命为定海主簿、蔡州教授，政绩马马虎虎，好不容易调回京城任秘书省正字，还没干几天，就被您的政敌揭发了。"

苏轼挂在脸上的笑容渐渐散去，声调平平地问："那他到底犯了什么罪？"

"怎么说呢，其实罪名很扯。听说是秦观在地方任职期间，写过一首《水龙吟》，其中有句'名缰利锁，天还知道，和天

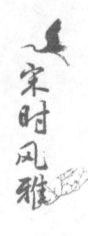

也瘦。花下重门，柳边深巷，不堪回首'。结果，洛党①主将贾易以此为由指斥秦观心怀怨恨，亵渎上苍，秦观就以行为不检的罪名被免职了。"

说着，这人悄悄附耳："苏相公，就凭这两句词，哪里够得上治罪呢？贾易这么做，无非是因为秦观是您的学生。"

苏轼听罢，不禁愤怒，指甲已掐进掌心的肉中。政敌这种卑劣的行为，着实令人不齿！

苏轼正郁闷着，只听这人又补充了一句："对了，忘了告诉您，秦观已经把字由'太虚'改为'少游'了，还听说他因接二连三的不如意，准备就此归隐山林呢，您见了他，可得好好劝劝啊！"

"放心，秦观是我的学生，我不会让他就此沉沦的！"

安顿好家小，交接好工作，苏轼第一时间就来到秦观在京城的住所。

尽管多年不见，师徒间的情谊却无丝毫淡漠。老师还是那么豪放洒脱，学生还是那么温润如玉。

简单寒暄过后，苏轼直截了当表明想法："年轻人还是需要多加磨炼，千万不能因一时之挫折就意志消沉。总而言之，你的事，为师一定替你做主。"

秦观很幸运，在困难时恰好遇到老师回归，更幸运的是，

---

① 洛党：与蜀党、朔党同为反对王安石变法的三朋党之一。司马光死后，旧党内部一分为三——洛党以程颐为领袖，朱光庭、贾易为羽翼；蜀党以苏轼为领袖，吕陶等为羽翼；朔党以刘挚为领袖，梁焘等为羽翼。三党之间势同水火，互不买账。

秦观：伤心的泪，伤心的人

目前执政的高太后也是老师的忠实粉丝，"乌台诗案"那阵，高太后就曾为搭救老师出过大力。

所以，当苏轼去找高太后求情时，几乎毫不费力，就免了秦观的罪责，还帮他谋个了国史院编修官，参与编纂《神宗实录》。

最令秦观感到开心的是，老师这些年另外收的三个学生黄庭坚、晁补之、张耒也齐聚京城，"苏门四学士"顺利集结完毕。

这一时期，是秦观一生中最得意的时光。

身边有老师和志同道合的三位朋友，身心彻底放松的秦观开始大量创作诗词，比如这首知名佳作《满庭芳》：

山抹微云，天连衰草，画角声断谯门。暂停征棹，聊共引离尊。多少蓬莱旧事，空回首、烟霭纷纷。斜阳外，寒鸦万点，流水绕孤村。

消魂当此际，香囊暗解，罗带轻分。谩赢得、青楼薄幸名存。此去何时见也？襟袖上、空惹啼痕。伤情处，高城望断，灯火已黄昏。

然而，当苏轼看到这首作品后，却叫来秦观一顿猛批："在创作这块，你有你的风格，我不想强迫你非要改学豪放，你喜欢婉约没问题。可没想到几年不见，你居然学起了柳永！那个至今仍不被词坛接纳的柳永！"

秦观很无辜："弟子哪里学他了？虽然我喜欢婉约、喜欢慢词，可总不至于雅俗不分吧？"

宋时风雅

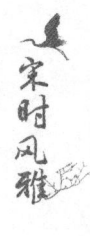

苏轼叹了口气，语调有些无奈："喏，这句'销魂当此际'，你不觉得比柳永的词还要俗气？再说入门这么多年来，你咋就没尝试写过一首豪放点的作品呢？"

秦观沉默了。毕竟门派之别，确实不是一两句话就能解释得清的。

于是，秦观决定给老师讲个故事，属于他自己的悲伤故事。

三

"老师，相识这么多年，我还没同您说过我认识您之前，人生是怎么样的吧，如果您了解了我的人生经历，或许就能真正理解我了。"

说着，秦观百感交集地讲述了起来：

"坦白说，我的家庭状况还是很优越的，家里不愁吃喝，也能无忧无虑地博览群书。只有一点，在蜜罐里泡大的我，所有选择都不能自己做主。

"老师您知道吗？打小我就是个脑回路惊人的娃，其他孩子被大人问到将来想干什么，一般都是说要科举入仕，光宗耀祖。当然，别管考不考得上，最起码要有目标。

"我呢？父母问我的志向，我直接告诉他们：投身沙场，报效国家[①]！

"我的父亲上来就是两嘴巴，做什么不好，偏要做武夫，

[①] 秦观年轻时曾认真钻研过兵法，军事理论修养很高，曾写过如《郭子仪单骑见房赋》等军事题材文章。

你脑子坏了吧!

"从此,我再也不敢当着大人的面说出自己的理想了。

"十五岁那年,父亲去世了,母亲独自一人撑起了这个家。我心里很明白,父亲生前总希望我能早日步入仕途,可我却总是没这个兴趣。

"憋了很久,我终于把压抑已久的心里话告诉了母亲:'娘,我还是不想入仕,能不能让我练练骑射,过几年去参军呢?'

"结果母亲气得目瞪口呆:'你这个孩子怎么如此不懂事,你爹当年的教训都忘了吗?别再胡思乱想了,我不会同意的!'

"那一次,我真的很伤心。过了不久,我就叛逆地离开家乡,纵游江南。

"必须承认,我实在抵挡不住江南温婉多情的诱惑,一边饱览着江南的美景,邂逅着江南的美女,一边开始琢磨怎么把词写得温婉动人,我觉得这样的词,才符合江南的气质,才符合我的气质。

"很多年来,我的志向一直没变,直到在徐州遇到您,您的才情和风度彻底征服了我。之所以听您的话参加科考,是因为我认为入仕后,还会遇到很多像您这样的风雅文人。

"结果呢!连续两次落榜,我很伤心;入仕后多年不得志,我很伤心;无缘无故被人陷害,我很伤心。当然,最令我伤心的,还是一直遇不到像您这样的前辈、知己,所以我只能沉浸在自己的伤感中,填着我喜欢的词。

"我知道,当年您收我的时候,就有人提出过疑惑:你是豪放派的,你那些作品,须关西大汉,执铜琵琶、铁绰板,唱

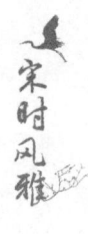

'大江东去浪淘尽'，为什么要收个唱温柔情歌的学生？"

"当然也有人问过我：'你个学婉约的怎么拜了个豪放派的师父？投错了门派，以后怎么混？'

"所以，我很能理解您的良苦用心。可惜，这么多年来，我的性格确实不支持我投向豪放，诸事不顺的我特别爱伤心，伤心时写着伤心的词，唱着伤心的歌，我认为这才是我真实的样子：悲观、忧郁、多愁善感。"

秦观的故事讲完，苏轼终于释然了，门派之别算什么呢？豪放、婉约又何妨呢？在自己的故事里填自己的词、唱喜欢的歌，这本身就是一种理性的选择。

"可是少游，你什么时候能真正乐观起来呢？"苏轼并没有得到答案。

其实，从秦观决定入仕并无奈卷入党争旋涡中的那一刻起，他就注定会不可逆转地走向深渊。

四

元祐九年（1094），哲宗亲政，新党重返朝廷，旧党再次倒台。

苏轼被贬，黄庭坚被贬，秦观一样被贬。秦观先是外放为杭州通判，途中又贬往处州任酒税监，之后又辗转于郴州、横州，最远被贬往雷州。

路过湖南衡阳时，太守孔毅甫留他小住几日。时值春末，阳光灿烂，在湘江边上徘徊彳亍的秦观，望着春日胜景，想着韶光流逝，他的心，也如流水落花般悲情：

秦观：伤心的泪，伤心的人

水边沙外，城郭春寒退。花影乱，莺声碎。飘零疏酒盏，离别宽衣带。人不见，碧云暮合空相对。

忆昔西池会，鹓鹭同飞盖。携手处，今谁在？日边清梦断，镜里朱颜改。春去也，飞红万点愁如海。

读了秦观这首《千秋岁》，孔毅甫很诧异："少游，你这是怎么了？得看开一点啊！纵然仕途失意，可你还有诗和远方。"

秦观的自我感觉，却像是一只趴在黑色荧幕上的飞虫，既看不到光明，也找不到出路。

人生没有彩排，每天都是直播，不仅收视率低，而且工资不高。

秦观的伤心事，似乎永远不会终结。

被贬往郴州时，他写下《踏莎行·郴州旅舍》：

雾失楼台，月迷津渡，桃源望断无寻处。可堪孤馆闭春寒，杜鹃声里斜阳暮。

驿寄梅花，鱼传尺素，砌成此恨无重数。郴江幸自绕郴山，为谁流下潇湘去？

被贬往雷州时，他写下《江城子》：

西城杨柳弄春柔，动离忧，泪难收。犹记多情，曾为系归舟。碧野朱桥当日事，人不见，水空流。

韶华不为少年留,恨悠悠,几时休。飞絮落花时候,一登楼。便做春江都是泪,流不尽,许多愁。

很多人都觉得,作为苏轼的学生,秦观的表现显然不够水平。

他的老师,在无数次的贬谪中愈挫愈勇,用洒脱和不羁笑傲苦难;他的同门黄庭坚,遭遇比秦观还要糟糕,却依然纵酒放歌,引吭高唱"戏马台南追两谢,驰射,风流犹拍古人肩"。

只有秦观,一直伤心,一直落魄,一直找不到出路,甚至提前给自己写好了悼词。

元符三年(1100),秦观被召还,行至藤州,在游览华光寺途中,秦观口渴想要喝水,等人送来了水,秦观却面含微笑,静静地看着这一杯清水,始终没有饮下。

当晚,秦观逝于驿所,终年五十二岁。

苏轼得知秦观的死讯,悲伤得两日吃不下饭,还把秦观那首《踏莎行·郴州旅舍》书于扇上,并写下这样的题词:

少游已矣,虽万人何赎!

五

自始至终,人们都搞不清楚,苏轼这么豪迈的一个人,怎么就不能帮助秦观走出人生的阴霾?人们更奇怪的是,秦观这位满脸络腮胡须的七尺大汉,情感怎么比女子还要细腻?

甚至元朝写下"问世间情为何物?直教人生死相许"的元

好问,都说秦观写的是"女郎诗"。

他的温婉细腻,一般的糙汉子确实比不了。比如这首最著名的《鹊桥仙》:

纤云弄巧,飞星传恨,银汉迢迢暗度。金风玉露一相逢,便胜却人间无数。

柔情似水,佳期如梦,忍顾鹊桥归路。两情若是久长时,又岂在朝朝暮暮。

他就像是个忧郁的王子,以清丽之笔、清新之意抒柔婉之情,赞美天长地久的纯洁爱情,也在字里行间融进仕途的失意和人生的伤感。

也正是这句"两情若是久长时,又岂在朝朝暮暮",古往今来,鼓舞了无数相隔两地的情侣,战胜一切异地恋带来的困难,最终修得爱情的正果。

只可惜,秦观并没能修成正果。他只能在黄昏、在黑夜、在穷途,将自己的伤心往事独自叙说。

万事开头难,然后中间难,最后结尾难。这就是秦观的人生状态。

秦观的人生,无论是人生理想、政治理想、生活质量、心情状况,似乎从来没有达到过高潮。他的所有想法,也几乎从来没能实现。

连他自己都说:"不称人心,十事常居八九;得开口笑,一月亦无二三。"

秦观的伤心往事，传递着古往今来广大迁客骚人屡遭贬谪、前途渺茫、孤独寂寞的共同愤懑，也几乎是众多文人墨客悲剧命运的缩影。

毕竟苏轼的豪迈，反映不出党争的残酷；司马光的隐忍，反映不出党争的激烈。

只有秦观和他的伤心往事，才真正写尽了边缘人物在党争的旋涡中无法自拔，生活和命运都被他人无情碾压的悲剧。这也恰恰印证着白居易那句："行路难，不在水，不在山，只在人情反覆间。"

黄庭坚：风流犹拍古人肩

一

当七岁的黄庭坚把自己的处女作《牧童》拿给老爸黄庶看时，黄庶的反应简直比偶遇外星人还要惊讶。

人家骆宾王就是七岁写诗，你也七岁写诗，这么优秀的吗？

等黄庶看完诗，心里却有些诧异。

骑牛远远过前村，短笛横吹隔陇闻。
多少长安名利客，机关用尽不如君。

七岁的小屁孩，应该像骆宾王那样，写《咏鹅》那种天真烂漫、活泼有趣的童诗，可儿子这诗写得也忒早熟、忒老练了吧？诗中那股子看淡名利、看破世俗的劲儿，他是咋体会到的呢？

没想到一年后，八岁的黄庭坚送邻居赶考时又写了一首。

万里云程着祖鞭，送君归去玉阶前。

若问旧时黄庭坚,谪在人间今八年。

邻居打趣道:"小伙子,口气不小啊!难道你也和李白一样,是谪居人间的神仙?"

凭借这两首作品,在老家双井村举办的第一届诗词大会上,黄庭坚轻松斩获桂冠,被节目组评为"双井神童"。

当然,影响力仅限于本村。

黄庭坚的优秀,源于家族强大的基因。

作为江西境内赫赫有名的官宦家族,黄庶的父辈共有同族兄弟十三人,个个饱读诗书,一肚子学问。

这十三人中,共有十人先后考中进士,人送美誉"十龙及第"。

上一代的强大基因,传到黄庭坚这一代依然坚挺,黄庭坚不仅七岁能写诗,知识储备量也是大得惊人。

某次,他的舅舅、圈里知名学者李常到黄家做客,见黄庭坚在书房读书,便想试一试外甥的才学。

进书房时,李常见门旁有棵桑树,随口吟出一句上联:"桑养蚕,蚕结茧,茧抽丝,丝织锦绣。"

黄庭坚一听,舅舅这对联完全没有挑战性,随即对出下联:"草藏兔,兔生毫,毫扎笔,笔写文章。"

李常很满意,又在书架上随意抽出几本古籍,饶有兴致地出题提问。

结果,李常翻问题的速度,还没有黄庭坚对答的速度快,李常当场就惊呆了,然后欣喜地对黄庶说:"鲁直这孩子,一日千里，日后必大有为！"

二

二十二岁时，黄庭坚进士及第，授任叶县县尉，后又经吏部遴选，轻轻松松拿了个优等，转任国子监教授。

仕途上顺风顺水，在文艺圈，黄庭坚的老舅李常和岳父孙觉，利用自身积攒的人脉和影响力，不遗余力地为他鼓造声势。

宋神宗熙宁四年（1071），苏轼调任杭州通判。

某日，苏轼去湖州拜访前御史中丞、现湖州知州孙觉，孙觉得知苏大文人要来，立马觉察到女婿起飞的机遇终于要来了！

他对女婿的作品，是一百个放心。

果不其然，苏轼看过这些作品，忍不住发问："老孙，如此酣畅淋漓的文章，都是出自黄庭坚这个古人的手笔吗？我咋从没听说过这个人呢？"

孙觉摇了摇头："黄庭坚可不是古人，他是我的女婿。"说着，孙觉眼角现出一丝狡黠："子瞻老弟，你也觉得这些作品很出彩对吧？老哥想请你帮他一把，让他能尽快在圈子里崭露头角。"

苏轼笑着答道："如精金美玉的文章，其实根本不需要别人推荐的，不过你孙老哥既然开口了，小弟自然尽力相助。"

得益于苏轼的推荐，黄庭坚一下就出名了。没过多久，黄庭坚给苏轼送上一封简历，也是一首拜谒诗。

青松出涧壑，十里闻风声。
上有百尺丝，下有千岁苓。
自性得久要，为人制颓龄。
小草有远志，相依在平生。
医和不并世，深根且固蒂。
人言可医国，可用太早计。
小大材则殊，气味固相似。

顶流文人苏子瞻，我想拜您为师，请收下我吧！

苏轼收到简历时，秦观也在现场，他认真读了黄庭坚的作品，又联想起自己那首拜谒诗，不觉有些惭愧。

"每次览读，总觉渺然深远，浑如两汉风骨，正所谓'珠玉在侧，觉我形秽'。老师，您一定得收下他啊！"

然而没过多久，"乌台诗案"就发生了。朝廷下令彻查近期与苏轼有过诗词唱和、信件往来的人，有些旧交怕受连累，纷纷加入揭发队伍，并宣布与苏轼绝交。

黄庭坚虽未正式入门，甚至与苏轼一面未见，却主动站出来帮苏轼说话。

"凭一些含沙射影的论断就能定人罪过？苏轼在朝忠君爱国，在地方造福百姓，你们怎么不说？光拿那一点文字说事，不嫌丢人吗？"

结果，苏轼出狱后被贬黄州，黄庭坚也因这番过激言论被处罚。直到哲宗亲政，苏轼重返京城后，黄庭坚才算正式拜入苏轼门下，与秦观、晁补之、张耒并称"苏门四学士"。

与性格忧郁的秦观不同，黄庭坚年龄与苏轼更接近（小苏轼九岁），性格也跟苏轼极搭，这俩人是真正的亦师亦友，互开玩笑，倾吐衷肠。

苏轼吐槽学生："鲁直的诗词奇崛拗峭，爽点多，读着很过瘾，可看时间长了容易动气，对身体不好。"

黄庭坚对老师的评价，居然更加不留情面：

"老师的文章确实精妙绝佳，可惜与我小时候读的那些古人的美文相比，还有很大的进步空间。"

文章要相互评价，书法自然也要互相点评。

苏轼点评学生的书法："笔势太瘦，如枯树挂死蛇。"

黄庭坚整个人都不好了，说老师的字也可以用一种很形象的画面来形容。

苏轼大笑道："那我真得请你赐教喽！"

黄庭坚清了清嗓子，像模像样地学着苏轼的语调，信口说道："笔势褊浅，如乱石压蛤蟆。"

这就叫长江后浪推前浪，一代更比一代强。

三

虽然师徒俩相聚时光中的欢乐故事很多，可苏轼对这位性格豪爽、不拘小节的学生，始终怀着深深的担忧。

尽管黄庭坚才华横溢，能力超强，可性格过于刚直，自己认定的事丝毫不会妥协，这种性格在激烈的党争中几乎很难自保，基本也难以受到重用。

事实也正是如此，黄庭坚这辈子没做过大官，基本都在

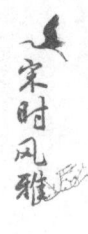

州、县一级兜兜转转。

比如任泰和知县时,朝廷颁布征收盐税的新政,将地方收缴的盐税跟官员的政绩直接挂钩。

政策一出,其他县城的县令都拼着业绩,黄庭坚却在县衙悠闲地喝着茶、听着歌,等上级来督促收缴税银时,懒洋洋地回上一句:"泰和县是个国家贫困县,粮食勉强够吃,盐是万万不足的,所以也没办法从百姓手中征收盐税,就是这样。"

年年考核,泰和县年年倒数,虽然百姓们都很拥护不折腾、不唯上的黄县长,泰和的官吏们却很反感(没税收,福利待遇差),再说百姓们说话不好使,考核年年不及格的黄庭坚就被降职到了山东德平镇。

当时,黄庭坚的顶头上司德州通判赵挺之,是个狂热的革新派,他遵照上级指示,强力推行"市易法"①。

黄镇长却坚持德平"镇小民贫,折腾个什么",他以政府不能在百姓和商人中间赚差价为由,拒不执行朝廷的政策,把赵挺之气得咬牙切齿。

绍圣元年(1094),章惇、蔡卞等革新派重新执政,旧党人员一概遭贬。

为了给黄庭坚这种性格比较刚正的政敌定罪,新党还颇费了一番功夫。

他们拿出黄庭坚等人主编的《神宗实录》,从中摘取千余

---

① 市易法:朝廷于开封设市易司,边境和重要城市设市易司或市易务,平价收购市上滞销的货物,并允许商贾贷款或赊货,按规定收取息金。

条疑似诋毁先帝的内容,让黄庭坚等人逐条答询。

结果很尴尬,这些内容基本都有事实根据,真正有争议的只剩其中三十二条。

三十二条里,因黄庭坚写有"用铁龙爪①治河,有同儿戏",被新党找到了打击的理由。

新党们当庭抨击黄庭坚诽谤先帝。

黄庭坚据理力争:"铁龙爪治河,是我亲眼所见,如实记录,你们不知道这物件有多水,挖掘泥沙毫无成效,劳民伤财,简直如同儿戏!"

事实争不过,新党开始抠字眼:"龙是何物?龙是天子;爪是何物?是天子之手。你讥讽先帝的双手是儿戏!行为比抨击新法更恶劣!"

黄庭坚哈哈大笑,原来在这儿等着我呢,他双手一摊,随你们怎么说,老子懒得辩解了!

其实,《神宗实录》只是一个借口,黄庭坚被陷害,只因他是苏轼的学生。

最终,新党给黄庭坚扣上一顶"诽谤先皇"的帽子,直接将其贬往涪江别驾、黔州安置。

四

万般皆苦,唯有伤心,说的是秦观。

万般皆苦,唯有自渡,说的是黄庭坚。

---

① 铁龙爪:熙宁变法期间,一种挖掘淤泥、疏浚河道的工具。

黄庭坚的处分，显然比秦观更惨，可他的表现，却着实令人钦服。

贬谪诏书下发时，亲友都不免失声痛哭，黄庭坚却跟没事人一样，该吃吃该睡睡，只等出发前往黔州。

亲友们认为黄庭坚的地理学得不好，搞不清黔州是何等去处，于是提前给他打预防针："黔州乃蛮荒之地，少有人烟，凡遭贬此地者，皆水土不服，不病即亡。老黄，组织可不是让你去黔州享受生活的，是让你去受苦受难的！"

黄庭坚却说了这么一句话："凡有日月星辰明耀之地，无处不可寄此一生，黔州虽僻，又有何忧？"

在黔州，黄庭坚留下了人生中最著名的一首词《定风波·次高左藏使君韵》：

万里黔中一漏天，屋居终日似乘船。及至重阳天也霁，催醉，鬼门关外蜀江前。

莫笑老翁犹气岸，君看，几人黄菊上华颠。戏马台南追两谢，驰射，风流犹拍古人肩。

住所漏雨又何妨？身陷鬼门关又何妨？我一样能像谢朓、谢灵运那样纵马骑射，风流绝对不输古人！

新党听说黄庭坚在黔州活得依然潇洒，都觉得很糟心，看来这小子去的地方条件还不够恶劣，不然哪能玩得这么痛快？

很快，黄庭坚被贬往更艰苦的戎州。

没想到在戎州，黄庭坚又找到了新的娱乐项目——饮酒，还是王羲之"曲水流觞"那一种。

这可倒好，老师苏轼在岭南吃着美味的荔枝，学生黄庭坚在戎州喝着甘甜的美酒，似乎任凭如何打压折腾，这对师徒都不会难过，新党也只好暂时不折腾了。

元符三年（1100），随着哲宗去世，旧党成员被相继放还。

曾经的老上级赵挺之并不打算放过黄庭坚，他学着"乌台诗案"的套路，找了篇《荆南承天院记》，诬陷黄庭坚在文中庆幸灾祸，唯恐天下不乱。

处罚意见很快下发，五十七岁的黄庭坚以"幸灾谤国罪"被取消编制，永久开除出公务员队伍，然后被羁押到广西宜州。

身陷囹圄的黄庭坚只笑着说了一句："宜州者，所以宜人也。"

对组织、对功名，黄庭坚已经不会再爱了，他还强行地替那个当时鸟不拉屎的瘴疫之地，免费做了一个最宜居的广告：

天涯也有江南信，梅破知春近。夜阑风细得香迟，不道晓来开遍、向南枝。

玉台弄粉花应妒，飘到眉心住。平生个里愿杯深，去国十年老尽、少年心。

在宜州，黄庭坚居住在一处废弃的戍楼里，房屋破烂，冬冷夏热，而且隔壁就是个又脏又乱又吵又闹的屠宰场，黄庭坚却给这鬼地方起了个雅致的名字——喧寂斋。

无论外界有多喧嚣，内心安宁的黄庭坚依然可以静气凝神，神与物游。

五

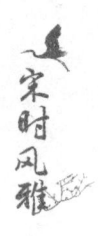

崇宁四年（1105），六十岁的黄庭坚预感时日无多，某日突然早起，应朋友先前之请，书写《后汉书·范滂[①]传》。

其实，东汉的党争，与如今的党争，有什么不同呢？历朝历代的党争，名士们总会受到戕害，范滂是个典型，黄庭坚更是典型。

只要我走得快，苦难就追不上我。写完《范滂传》，黄庭坚安然逝世。这时，朝廷将其移送永州看押的诏书才刚刚下达，黄庭坚潇洒地离去，再也不必遭受政敌的打击和尘世的苦难。

黄庭坚的人生，有太多的亮点。

他至孝。母亲病重，他日夜在床边侍奉，衣不解带。母亲病死，他哀伤成疾几乎丧命。

他至情。人在贬途的黄庭坚，听闻苏轼去世的消息，放声痛哭。他在屋里悬挂苏轼的画像，每天穿戴整齐，恭恭敬敬向画像焚香行礼。友人觉得既然师徒俩并称"苏黄"，没必要如此恭敬，黄庭坚赶紧打住："我是东坡先生的弟子，岂敢因所谓的并称就不尊师道！"

他至性。宜州潮湿闷热，连月不雨，某日突然下了一场小雨，黄庭坚高兴得手舞足蹈。他坐在椅子上脱掉鞋子，伸出双脚去淋雨，当双脚沾到清凉的雨点时，他舒畅极了，也顾不上散乱的华发，连连对友人说："我这辈子就没这么痛快过，真爽！"

[①] 范滂：东汉名士，在党锢之祸中舍生取义，以死明志。

黄庭坚：风流犹拍古人肩

他至真。身屈于万夫之下，而心享于江湖之上。黄庭坚还经常给飘零四方的朋友写信，比如这首《寄黄几复》：

> 我居北海君南海，寄雁传书谢不能。
> 桃李春风一杯酒，江湖夜雨十年灯。
> 持家但有四立壁，治病不蕲三折肱。
> 想见读书头已白，隔溪猿哭瘴溪藤。

他因诗词上的造诣与苏轼并称"苏黄"。

他的书法跻身"苏黄米蔡"宋四家①。

特别需要强调，黄庭坚对宋诗的影响力，甚至超越苏轼。虽然苏轼以气运笔、纵横驰骋、变化莫测的诗风已臻化境，却无迹可寻，很难模仿，因此也未能形成流派。

黄庭坚不同，他那拗峭生新、说理细密、善用奇字僻典、喜押险韵的风格，最具宋诗别开生面的特色和韵味，受黄庭坚影响而形成的江西诗派②，更是引领了南宋百余年的诗风。

在黄庭坚死后170年，南宋官员陈纬上奏朝廷，为黄庭坚请求"文节"的谥号，并在奏折中为黄庭坚的一生做出了最恰当的评价：

公之文名，愈久愈著，如暾日之行天，终古不灭，非道德

---

① 宋四家：苏轼、黄庭坚、米芾、蔡襄（一作蔡京）。
② 江西诗派：以效法杜甫为祖，黄庭坚、陈师道、陈与义为宗的诗歌流派，黄庭坚被公认为开派宗师，该流派崇尚黄庭坚"点石成金""夺胎换骨"的创作理念和写作纲领。

博闻不及此；公之气节，愈挫愈劲，如精金之在冶，百炼不磨，非能固守不及此。

旅途失意之人，都应该学一学风流豪客黄庭坚。

别低头，双下巴会露；别流泪，眼妆花了会丑。漂漂亮亮地活着，才是人生最美的姿态！

晏几道：人生自是有情痴

一

这是慢词最好的时代，也是小令很糟的时代；

这是顶流文人苏轼红透半边天的时代，也是曾经的富贵之家晏氏走向没落的时代。

历史总是惊人的相似。

多年前，小令与慢词两大代表人物晏殊、柳永首次会面便不欢而散；

多年后，小令与慢词两大代表人物晏几道、苏轼首次会面，同样不欢而散。

不同之处在于，当年小令派如日中天，晏殊贵为当朝宰相，更是文坛领袖；慢词派柳永屡屡落榜，还被业界各种鄙视。

如今却是三十年河东、三十年河西，莫欺少年穷。苏轼正受太皇太后赏识，身边还有黄秦晁张四大弟子，阵容强到逆天，晏几道却家道中落，繁华一去不复返。

当年柳永拜见晏殊,如今苏轼拜访晏几道;

当年晏殊语重心长地劝说柳永改行创作小令,如今苏轼也想劝说晏几道改行创作慢词。

两位被劝说者,反应大致相同。

柳永与晏殊话不投机,直接起身告辞;

晏几道则是连门都没让苏轼进,只是在门口冷冷说了句:"如今朝廷上这些大官,一半都是我晏家的门生故吏,我都没空见他们!哪里有空见你!"

说罢,扭头回屋。

苏轼这辈子人缘是极好的,无论走到哪里都能交到朋友,没承想却在晏几道这儿碰了钉子。

晏几道狂是狂了些,却实在不算吹牛。

先说他的家族,他有两个姐夫,一个是参知政事富弼,一个是礼部尚书杨察;还有三个比较知名的哥哥,二哥晏承裕是尚书屯田员外郎,三哥晏宜礼是赞善大夫,四哥晏崇让是著作佐郎。

再说他的父亲晏殊,一辈子从容雅致,仕途顺畅,门下还收了很多学生,比如范仲淹、韩琦、宋祁、欧阳修等,文坛辈分极高。

如果纯按辈分来算,欧阳修是老爹的学生,苏轼又是欧阳修的学生,那年纪比苏轼还小一岁的晏几道,应该算是苏轼的师叔。

师叔看不上师侄,完全说得过去,毕竟辈分上差了一截。

最后再说晏几道本人,生于豪门、长于富贵,晏几道似乎从来就没什么烦恼,作为晏殊较小的儿子,一出生方方面面都是顶级配置。

晏几道的六个哥哥先后步入仕途,却无一人具备过人的才华,只有晏几道完美继承了晏殊的文学基因:

金鞭美少年,去跃青骢马。牵系玉楼人,绣被春寒夜。
消息未归来,寒食梨花谢。无处说相思,背面秋千下。

在创作方面极具天赋,特别是作品中那股子淡淡的忧伤、温婉的词风,简直就跟老爸一个模子刻出来的一样。

在小令派日渐衰微,慢词派蒸蒸日上的局面下,晏殊特别希望小儿子能继承自己的衣钵,继续撑起小令派的一片天。

二

理想很丰满,现实却很骨感。

毕竟晏几道出生时,晏殊已年近半百了。

仁宗至和二年(1055),晏殊病故,晏几道锦衣玉食的生活戛然而止。

比生活质量下降更让人难过的,是现实社会的风刀霜剑。晏殊在世时,晏府整日车马填门,拜访者络绎不绝,晏殊刚去世,晏府立时变得门前冷落鞍马稀。

世态炎凉,翻脸比翻书还快,晏几道的好友黄庭坚曾评价称:"诸公虽称爱之,而又以小谨望之,遂陆沉于下位。"

也就是说,即便众人仍然夸奖着晏几道,却再也不把他放

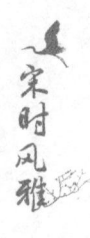

在眼里，不想再与其有过多交往。

由于晏几道和六哥、八弟还有后面几个妹妹都未成年，便被分配到几位成年的哥哥们家中生活。

晏几道被分配到二哥晏承裕家，由二嫂张氏照料。

虽然二哥二嫂对晏几道很好，却不会像晏殊那样对其听之任之。

二哥一家能做的，只是帮晏几道娶妻成家，毕竟赖在哥哥家不是长久之计，还是得尽快实现经济独立。

凭借老爹的恩荫，晏几道不需要参加科举，便直接被授予太常寺太祝一职。

家道中落，仕途马马虎虎，娶的妻子也不能与晏几道琴瑟和鸣。

据北宋张邦基《墨庄漫录》记载，由于家境困顿，晏几道不得已经常搬家，由于晏殊给儿子留下了许多珍贵的古籍，每次搬家都相当麻烦。

他的妻子对此相当厌烦，常常免不了一顿数落："你把这些书当成宝贝，在我看来就像乞丐的破碗，有什么值得保留的！"

确认过眼神，是不想理的人。

晏几道并不想跟妻子过多争论，他写了首很含蓄的长诗《戏作示内》，大意是：这些书是我人生的一部分，希望你像爱护自己的头发那样爱护它们！

可惜，妻子看不懂，继续发牢骚："你写的是什么鬼诗？和我说的话题有关系吗？"

晏几道长叹一声，只得作罢。

晏几道：人生自是有情痴

所谓福无双至，祸不单行。三十七岁那年，晏几道摊上了一场官司。他的好友郑侠因反对变法，画了幅《流民图》，赤裸裸地刻画出在青苗法推行不当的情况下，哀鸿遍野、四处流离的惨状。

结果，革新派一致把火力对准郑侠，将其拘押。办案人员还在郑侠家中搜出一首晏几道写给郑侠的诗《与郑介夫》：

小白长红又满枝，筑球场外独支颐。
春风自是人间客，主张繁华得几时？

于是，在新旧两党玩命死磕的残酷斗争中，晏几道也不幸成了牺牲品。

这句"主张繁华得几时"，就被新党抓了辫子，他们根本懒得调查，直接以郑侠同党的罪名，将晏几道逮捕下狱。晏家亲友们赶紧四处找关系展开营救，所幸最终案卷交到了神宗手里。

一向酷爱诗词的神宗看到这首诗，非但没有上纲上线，反而夸奖晏几道文采出众，这才把晏几道放了出来。

无辜入狱，辱没家风，出狱后晏几道的心理阴影面积很大。更可悲的是，晏几道家原本就没多少积蓄，每月除去晏几道的日常开销，俸禄基本不剩什么。

此次营救，几乎掏空了晏几道的所有财产，让晏几道的生活变得相当落魄，甚至有些穷困潦倒。

三

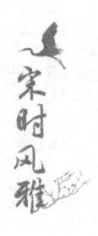

没钱的生活很现实，也很苦涩，挨了一段时日，晏几道撑不住了。这一次，他不得不放下所剩不多的面子和自尊，向晏殊当年的学生们求助。

经过一番筛选，晏几道选择了颖昌知府韩维，原因是老爸以前总夸他待人厚道、真诚。

晏几道给韩维写了封求职信，并附上自己的个人简历和原创作品。

他原本以为，韩维接到自己的信件，肯定会盛情邀请自己去家中做客，然后尽心尽力帮他谋个好差事。

结果，等了好久，才等来韩维的一封回信，晏几道看后，内心深感凄楚。

韩维是这么说的：

"老弟，你的来信我看了，作品也认真读了。怎么说呢，写得蛮好，可惜才情有余，德行不足，希望你能把满腹的才情修炼为高尚的德行，如此才能有利于日后的发展。总之，千万不要辜负你父亲和我这个'门下老吏'对你的殷切期望！"

不肯提供必要的援助，甚至不愿过多理会他这个失意之人，晏几道并不感到十分诧异，也没有过于埋怨父亲晏殊曾培养、提拔过的学生。他以为每个人都有自己的生活，也有自己的认知，不帮就不帮，没必要强迫，更没必要进行道德谴责。

虽然心态上没有失衡，可这一次，晏几道还是真真切切感受到了人情冷暖和世态炎凉，感受到了这种从庙堂跌落民间的落差。家境的落魄，仕途的坎坷，成了晏几道心中永远无法逾越的鸿沟。

饱受家境衰落、仕途坎坷困扰的晏几道,没有选择一蹶不振。即便人生什么都可能失去,傲人的风骨和才华却不会消失,反而会在苦难的生活中愈发熠熠生辉。

没了家世,没了富贵的生活,可晏几道还有充斥在胸中如波涛般四下奔涌的情感,比黄金更珍贵,虽历久而弥新。

晏几道有两个好友沈廉叔、陈君宠,沈、陈两家有小莲、小鸿、小苹、小云四位歌女,时常陪伴三人喝酒助兴,晏几道饮酒必赋新词,交给四人当场演唱,歌酒相和,其乐融融。

这些相聚的日子是晏几道一生最珍贵的时光,他把全部的失意和忧愁融进歌酒,也融进一首首用情至深的词曲之中。

他写给四位歌女的词,首首都是真情流露。

比如,写给小莲的《木兰花》:

小莲未解论心素。狂似钿筝弦底柱。脸边霞散酒初醒,眉上月残人欲去。

旧时家近章台住。尽日东风吹柳絮。生憎繁杏绿阴时,正碍粉墙偷眼觑。

小莲很调皮,明知酒量不行,还非强装,喝一点就醉了,借着醉意弹奏古筝。晏几道回忆着初次邂逅小莲的情景,他在杏树的绿荫下看小莲,小莲也在墙内偷看自己,四目相对,尽是温柔。

再比如写给小苹的《临江仙》:

梦后楼台高锁,酒醒帘幕低垂。去年春恨却来时。落花人独立,微雨燕双飞。

记得小苹初见,两重心字罗衣。琵琶弦上说相思。当时明月在,曾照彩云归。

小苹很羞涩,是个性格绵软的妹子,娉娉婀娜的她怀抱琵琶,薄衫上还绣着双重的"心"字。晏几道记得,那晚的心情很好,月亮是那么皎洁,云彩是那么美丽。

那是一段多么快乐的日子啊!

四

可惜,沈廉叔早早过世,陈君龙也因病卧床不起,小莲、小苹、小鸿、小云也都风吹云散,流落天涯。

晏几道无法忘记她们,为她们喝醉,为她们填词:

手捻香笺忆小莲,欲将遗恨倩谁传。归来独卧逍遥夜,梦里相逢酩酊天。

小莲,你还好吗?我想给你写信,可谁知道你在哪里呀!

年年衣袖年年泪,总为今朝意。问谁同是忆花人?赚得小鸿眉黛、也低颦。

小鸿,你会想我吗?我会因思念你而哭泣,可你会为我而

晏几道：人生自是有情痴

哭吗？

多年以后，晏几道遇到了其中的一位，感慨万千：

彩袖殷勤捧玉钟，当年拼却醉颜红。舞低杨柳楼心月，歌尽桃花扇底风。

从别后，忆相逢，几回魂梦与君同。今宵剩把银釭照，犹恐相逢是梦中。

人在悲伤的时候，无论听多么欢乐的曲子，还是会止不住流泪。人生最苦是别离。相逢又能如何？还不是下一段离别的开始？

这首《鹧鸪天》，算得上晏几道最著名的作品，写尽了晏几道一生的思念和执着。

晏几道真正爱过的女子，可能都是身份地位低下的歌女，然而他从未表现出对她们一丝一毫的轻视，他的感情真挚、深沉，毫无杂质。即便萍水相逢，也会付出真心。

正因如此，晏几道的词作才会那么动人心魄、令人慨叹。

据史仲文先生《中国词史》记载：

《小山词》今存258首，其中有55首共出现了59个梦字，平均每5首词就有一首词写梦。其数量之多、频率之繁，在古今词集中极为罕见。

可以说，晏几道的"梦"是一种难以名状的"怀旧"情结，其中夹杂着对家世由盛转衰的感慨、仕途惨淡的哀伤，以及对那些欢乐时光的追忆。

梦是联结着情的，情深、情长、情真、情痴。晏几道的情，不是激扬外露的，而是温婉悠长的；不能惊涛拍岸、裂石穿金，却经得起时间的考验，且愈发回味无穷。

五

世事太无常，人情太虚伪，妻子太庸俗，晏几道的生命，大概只绚烂于真情存在的地方，以及与有情人相聚的岁月里。

郁郁挨到晚年，晏几道的作品集《小山词》修撰完成，他特意请好友黄庭坚作序。

黄庭坚则在序中这样总结晏几道的一生：

仕宦连蹇，而不能一傍贵人之门，是一痴也；论文自有体，不肯作一新进士语，此又一痴也；费资千百万，家人寒饥，而面有孺子之色，此又一痴也；人百负之而不恨，己信人，终不疑其欺己，此又一痴也。

小晏这个人啊，放着家里那么深厚的政治资源，他都不知道利用，搞得自己在仕途上连连受挫，这是第一痴；诗词文章写得那么好，却不肯参加科举，也不肯给当权者写文拜谒，这是第二痴；挥金如土花费千万，家里人却饥寒交迫穷困潦倒，这是第三痴；有些人骗他一百次他都不记恨，自以为信人者，终不会受骗于人，这是第四痴。

总之一句话，这就是个超级痴货，晚期不治的那种。

可就是这么个痴人，却又具备了落魄贵公子所有的高尚品行：不慕荣利，不屑权贵，不求于人，敢爱敢恨，宁愿把感情和才情免费送给无名无姓的歌女，也不愿为谋求私利改变为人处世的初心。

有至情之人，才能有至情之文。在填词这块，文艺圈给了晏几道极高的评价：

北宋晏小山工于言情，出元献（晏殊）、文忠（欧阳修）之右……而措辞婉妙，则一时独步。

他的词作，被公认为"宋词小令第一"。

他仍然固执地坚守晏殊时代的观念，视父亲和自己的小令为"阳春白雪"，视柳永、张先一派的慢词为"下里巴人"。他只愿意沉浸在小令创作的热情里，写那些柔情似水、温婉细腻的文字，抒发那些悲欢离合、困顿潦倒的深愁遗恨。

这实在很符合他的贵族气质。

可惜，他的家族没落了，小令也在晏几道笔下迎来最后的辉煌后，不可避免地走向了衰微。

如今，早已是慢词的天下。

一如晏几道，孤傲而痴情，疏狂而执拗，早年享尽人世间的快乐，晚年在世态炎凉中饱尝冷暖，在无限追忆中走完一生。

情，使晏几道的灵魂得到真正的自由。

情，也使晏几道的人生历经磨难却光彩照人。

小莲、小苹、小鸿、小云，还有晏几道词中那些无名无姓的女子，都曾陪在晏几道身边。她们的盛开，就是晏几道的盛开；她们的枯萎，就是晏几道的枯萎。

她们带走了晏几道的心，带走了晏几道的情，也带走了温婉旖旎的小令最后的光辉岁月。

米芾：你不是真正的快乐

一

古代洁癖症患者很多，而且个个都是举止荒诞的奇葩。

比如南朝人王思微，仆人服侍他穿衣，必须先把手洗得一尘不染，然后自然晾干，再用白纸仔细裹上手指，绝对不能让仆人的手指与王思微的皮肤直接接触。

某日清晨，一只野狗在他家门柱上撒了泡尿，王思微直接抓了狂，赶忙让仆人疯狂冲刷门柱，刷了半天，王思微仍然觉得过不去，又吩咐仆人用刀刮了半天。因为此事，王思微辗转难眠，最终仍是心里不爽，次日一大早就把门柱砍掉了事。

再比如钱塘人汪积山，才华横溢，八股文写得很出彩，可他每次科考总是名落孙山，究其原因，大概全是洁癖惹的祸。

对于汪积山来说，考桌上有灰尘，墙壁很破旧，屁股下只让坐稻草，在这种脏乱差的环境下考试简直比踩了狗屎还恶心。

虽然发卷前他忍不住默念：环境不重要，功名最重要。可惜还是无法排除干扰，考了一半就主动放弃了。后来，他自带桌椅坐垫被没收，要求考务人员清洁考场被当成神经病，无法战胜自我的汪积山索性舍弃功名，再也不去考试了。

然而，以上人员和洁癖症晚期患者米芾相比，根本不足一提。

米芾那些奇怪的洁癖症一旦犯起来，绝对是最恐怖、最无解的存在。

在洁癖这块，米芾一直拿捏得死死的。

据说米芾一日三餐，饭前必须洗手，可他这种"好习惯"却不能简单用讲卫生来解释，因为他每次洗手，至少洗上七八遍，生生把手洗得惨白才算罢休。

更过分的是，无论走到哪里，米芾都会带上一个仆人，拎着水壶专门方便自己随时洗手。

"有灰尘，快上水！"

"有人碰到我的手了，快上水！"

……

洗完手，米芾也不用毛巾擦，他觉得毛巾很脏，选择让手自然晾干。

对双手过分保护的米芾，对其他私人物品更是不准任何人触碰。

有次上班，同事不小心踩到了他的鞋子，回到家，米芾越想越不舒服，回家后疯狂搓洗，直到把鞋子搓烂、鞋底洗穿才罢休。

鞋是干净了，却也没法再穿了。

洁癖症一犯，不仅行为奇葩，官职丢得也奇葩。

米芾曾任太常博士，某次大型祭祀活动开始前，米芾发现之前那套祭服居然被别人穿过了，这不能忍！于是米芾把祭服带回家洗了又洗，结果很悲剧，祭服被洗变色了。

米芾穿着掉色的祭服往活动现场一站，立马被抓了现形，还被领导当众猛批：心术不正，官僚作风！

米芾不服："这祭服都脏成那个样子了，我回家洗洗不行？"

"别跟我说衣服一洗就掉色，我看你就是成心捣乱！不洗穿着会死吗？"

"那倒不会，只不过心里接受不了。"

"那你就回家慢慢接受吧！"

结果，米芾就被停职，回家反省了。

二

有米芾这么个洁癖朋友，绝对是一些心机男孩的福利，可以免费又轻松地从米芾手里搞到些好东西。

有一回，米芾得到一方珍贵的砚台，对好友周仁熟疯狂吹嘘。周仁熟不动声色："说得天花乱坠，有本事拿出来让我见识见识呀！"

米芾全然不知周仁熟的心思，欣然将宝贝从竹箱里取出，郑重地问了句："你洗手了吗？"

周仁熟便在一旁仔细洗了好几遍手，米芾这才同意把砚台摆在书桌上让好友观摩。

观摩了好一阵，周仁熟赞叹："果然是块好料子，却不知发墨如何?"

"你就瞧好吧!"米芾让仆人取水,准备研墨。

"不用那么麻烦了……"话音未落,周仁熟直接在里面吐了口唾沫,悠然研起墨来。

米芾见状,心态直接崩了:"我走过最远的路,就是你的套路!你怎么能这样有辱斯文,赶紧把砚台拿走,送你了送你了!"

周仁熟心中暗喜,道了句:"惭愧!"然后拿着砚台满心欢喜地走了,留下痛苦的米芾捶胸顿足。

过后不久,周仁熟有点良心不安,又带着砚台拜访米芾。

"元章兄,别来无恙啊!"

"你别来,我就无恙。"

周仁熟有点尴尬,就把砚台放在桌上,意思很明白,东西物归原主了,你也别生气了。

没想到米芾连看都不看,头摇得比见到人参果的唐僧还剧烈:"拿走拿走,赶紧拿走……"

以上故事,其实还不算终极洁癖。在嫁女儿这种人生大事上,米芾又做了令人瞠目结舌的选择。

一般选女婿,要么看出身,要么看长相,要么看才华。这些米芾都不看,他看的是名字!

张三、李四、王五这些闲杂人等,连门都不让进。当时有个书生名叫段拂,字去尘,有心想做米芾的乘龙快婿。

米芾一见此名,当场拍板决定嫁女。

朋友们都不理解:"选女婿,可是你女儿的终身大事啊!你既不见人,也不打听,有看中长相的,有看中才华的,你可倒好，看中了个名字，太奇葩了吧？"

米芾眯了眯眼睛，言笑晏晏地说："你们不懂，其实我根本不用见人，你听人家这名，'段拂'，字'去尘'，听着多干净啊！名字干净，相貌和品行肯定都不会差的！"

朋友们虽然没有接受过马列主义伟大思想的熏陶，却不像米芾是个典型的"主观唯心主义者"，他们只能颇为无奈地回上一句："老米，算你狠！"

三

讲到这里，也许你会认定米芾是个无可救药的洁癖症患者。然而，事情远不止这么简单。

米芾不喜欢别人碰他的东西，可对于别人手里的好东西，他很喜欢碰，甚至不惜大费心思，而且一点也不嫌脏。

某次，书法大佬宋徽宗赵佶找米芾切磋技艺，米芾自然当仁不让，笔走龙蛇。字成之后，体势骏迈，飘逸飞扬，令徽宗赞不绝口。

再一回头，赵佶却发现米芾胸前的衣襟不断有墨汁渗出，还有半截砚台露在外面。徽宗瞥了眼书桌，发现砚台不见了，这才明白米芾是想顺走这方砚台。

"陛下，这方砚台臣用过了，您就赐予我吧！"

赵佶很好说话，又爱惜米芾的书法，不觉哈哈大笑："爱卿，听说你洗手要洗十几遍，朝廷的祭服都能洗掉色，今天怎么不嫌脏了呢？"

米芾脸一红，一句话也说不上来。

不过，赵佶还是大方地把砚台送给了米芾。

此事一出，同僚们开始怀疑米芾是"假洁癖"、装清高。为此，华源郡王赵仲御特意做了个实验。

他家里豢养了很多歌伎，就找了个休假日大宴宾客，邀请米芾等许多圈内大文人来别墅狂欢。

米芾来得较晚，发现座位基本没了，感觉受到了轻视，站在门口不入席。

赵仲御赶忙起身相迎，把米芾请了进来，然后笑着指了指房间最远处，那里有一套独立的桌椅板凳，桌上酒菜早已备齐。

"知道米兄生性洁癖，怕招待不周，冒犯了你，所以就单为你设了一桌。放心，侍从都洗好了手，桌椅都擦拭得很干净，希望能让你满意。"赵仲御真诚地解释道。

米芾很感动，觉得赵仲御是个讲究人，便欣然落座，自斟自酌了起来。

喝了一会儿，米芾突然觉得很奇怪，为什么别的客人身边安排的都是面容姣好的女子，给自己安排的却是几个书童？太无趣了！

于是，米芾悄悄起身，悄悄混进众宾客之中，推杯换盏，直吃得杯盘狼藉、七荤八素。

赵仲御远远旁观，一直看到结束，从而得出结论：米芾的洁癖，其实是相对的。遇到他讨厌的、不想做的、不想接近的，洁癖症就无时无刻不在保护着他；遇到他喜欢的、很想得到的，洁癖症就自然而然消失了。

四

类似事件，还有很多。

据范公偁《过庭录》记载，米芾在京做官那阵，经常往蔡京府上跑，发现好的字画就往怀里塞。一次两次可以，次数一多，蔡京觉得肉疼，不让他拿了，他就绕着屋子乱跑乱叫，非得把字画搞到手不可。

有一次，米芾和蔡京的长子蔡攸一起乘船，见他收藏的一幅名帖很是珍贵，就想用自己的某件藏品交换。

蔡攸觉得亏，一点也不想换，米芾就威胁说："你要是不换，我现在就跳河！"吓得蔡攸赶紧拉住，只好把字帖送给了他。

据蔡绦《铁围山丛谈》记载，米芾有次路过湖南，在一处寺庙游玩，见庙中有块石碑，居然刻着唐代大书法家沈传师的作品。米芾大喜，趁庙里僧人不注意，偷偷派人把石碑扛了出来，连夜跑路了。

据周煇《清波杂志》记载，米芾酷爱字画，又擅长作假，经常到别人家借来真迹，然后进行临摹，等人家来要时，就把摹品还去，把真迹留下。人家后来发现有假再来索要，米芾才笑嘻嘻地把真迹奉还，一点都不觉得尴尬。

据吴坰《五总志》记载，米芾和蔡京关系很铁，蔡京当宰相那阵，米芾赶紧回京拜望，蔡京问他跑来干什么，米芾讨好道："老眼来看太平世界。"

米芾的人生很另类，行为很怪异，经常被言官弹劾。这一切根源，还要从米芾的家庭情况说起。

作为宋初名将米信（敢带三百人进攻数千辽军的狠人）的后代，老米家一直很坚挺，家境一直很殷实，特别是米芾的老妈阎氏，宫里一顶一的红人，既侍奉英宗的皇后高氏，又抚养未来的神宗赵顼，等于一边干着皇后贴身侍女，一边兼着太子的奶妈。

神宗刚继位，就想起了抚育自己成长的奶妈，他特意问阎氏，需不需要给米芾提供绿色通道。

阎氏没那么高尚，积极地点了点头。

神宗心领神会："哦，那就先在秘书省给他安排个校字郎的职位锻炼锻炼吧！"

当同龄人还在玩命备考、屡败屡战时，米芾却不费吹灰之力，就得到了他们梦寐以求的荣誉。

这就叫"恩荫"。

在秘书省仅仅挂职了半年，米芾就被派往广西临桂担任公安局长。

五年后，米芾带着出色的业绩，从临桂、含光两县公安局长晋升为长沙市委办公室主任。

就在办公室主任任上，米芾的官运到了头，原因很简单，神宗病逝了，关系没有了。

毕竟没有经过科举，不是真正的进士，毕竟是靠老妈的背景走上仕途的，朝中那些当年通过玩命复习备考、失利再复读、复读再参考的同龄人，也终于有幸进入组织，在某个科室辛勤工作，畅想在苦中作乐中寻找希望的未来。

当组织提拔米芾的意见下发后，这些知道实情的官员联合言官，给新领导哲宗疯狂提意见："陛下，米芾这小子是靠先帝的背景上台的,连科举都没参加过,继续让他坐着火箭提拔,天下学子怎么看?影响多不好啊!"

是我爹的奶妈,又不是我的奶妈,哲宗可不管老爹的关系,米芾就这么被拖着,再也没了往日的辉煌。

五

一个二十多岁顺风顺水的青年才俊,三十岁后却步履维艰,还经常遭人非议:"这家伙是靠关系进来的,咱都别跟他玩!"

在他们眼里,米芾做什么,都感觉是错的。

米芾喜欢砚台,在徽州做官时,濡须河边有一块奇形怪石,米芾听说后立刻将石头搬了回来。

米芾把石头郑重地摆好,呈上贡品,甚至向怪石下拜,嘴里念念有词:"与石兄相见恨晚,万勿见怪!"

"作为朝廷命官,却向怪石下拜,实在有失体统!"言官们以此弹劾米芾,搞得米芾又丢了官。

米芾担任安县知县时,离职时坚决不拿群众一针一线。他发现自己常用的毛笔上沾有公家的墨汁,便让人把砚台、毛笔洗了又洗,差点把毛笔洗秃了毛,才离开县衙。

"作秀!这就是赤裸裸的作秀!"言官们依然能从各个角度找到突破点,给米芾穿小鞋。

米芾擅长书法,徽宗一向很欣赏,经常向他询问练字心得,米芾却总是回答:"臣自幼便学颜行。"也就是说,我从小字就写得好,这是天分,后天是练习不来的。

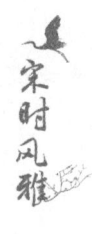

"陛下,我们经常见米芾在池边洗墨,可见这货没少偷偷苦练,他自诩天分极高,其实是在诓您呢!"

徽宗的笑容,逐渐凝固了。

言官们一而再再而三地抨击,目的只有一个:米芾是个奇葩,根本不适合当官,他还得了个绰号:米颠(米疯子),气得米芾必须站出来自我辩解:

在官十五任,荐者四五十人,此岂颠者之所能?

兄弟我前后做了十五任官,共有四五十位领导举荐过我,这岂是疯子所能做到的?

但从个人成就来看,他又在书法、绘画、收藏、鉴赏领域独树一帜。

其实,在仕途上不受待见,新党旧党基本都不带他玩,他的洁癖、他的奇葩行为,大概不属于天性,而是一种无奈的伪装。

伪装得好,才能不受伤害。毕竟他这辈子,可没少被弹劾罢官。

米芾这辈子,除了书法、绘画,诗词也写得很赞,比如这首《水调歌头》:

砧声送风急,蟠蟀思高秋。我来对景,不学宋玉解悲愁。收拾凄凉兴况,分付尊中醽醁,倍觉不胜幽。自有多情处,明月挂南楼。

怅襟怀,横玉笛,韵悠悠。清时良夜,借我此地倒金瓯。

可爱一天风物，遍倚阑干十二，宇宙若萍浮。醉困不知醒，欹枕卧江流。

其中，最能体现米芾内心情感的，是一首自叙诗：

> 庖丁解牛刀，无厚入有间。
> 以此交世故，了不见后患。

活着，就要像庖丁解牛那样，以无入有，毫无障碍地出入，才不会有后顾之忧。

他的一生，也许追求的就是没有后顾之忧，从而快快乐乐地活着。

可惜，米芾却不能真正地快乐，经常性犯洁癖，只是他不得已为自己涂上的一层保护色。

毕竟字写得再好，画画得再妙，洁癖的米芾，也不过是一个长期遭受不公正对待而终生郁郁不得志的可怜人。

赵佶：王朝终结者

一

151年前，意气风发的宋太宗赵光义看着低眉顺目的亡国奴李煜跪在自己脚下，内心是极度愉悦的。那时的他不会想到，老哥赵匡胤奋力打拼和自己苦心经营的大宋王朝，居然那么快就被后世子孙玩丢了。

他更不会想到，靖康二年（1127）北宋灭亡后，自己这些倒霉子孙的命运，竟然比当年被牵机药毒死的李煜还要惨上一百倍。

那是宋高宗绍兴五年（1135）四月的一天，五国城①的气候依然严寒，被囚禁长达八年的"重昏侯"宋钦宗赵桓，像往常一样起得很早，洗漱完毕去给老爹"昏德公"宋徽宗赵佶

---

① 五国城：辽代居住在松花江和黑龙江沿岸的女真人，建立了"剖阿里""盆奴里""奥里米""越里笃"和"越里吉"五大部落，通称五国部、五国城，位于今黑龙江省依兰县。

请安。

赵佶就住在赵桓的隔壁，那是一间破破烂烂的小土屋，终日不见阳光，空气质量很差，父子俩的居住条件比旁边地窖里腌的酸菜好不到哪儿去。

之所以苟延残喘地活着，是因为父子俩心中还存有一丝希望，赵佶的儿子、赵桓的九弟，也就是南渡后建立朝廷的宋高宗赵构，肯定会派人救他们的！

可是，这一天，当赵桓前来拜见老爹时，却发现老爹直挺挺地躺在土炕上，浑身僵硬，瞳孔扩散，已经彻底凉透了。

赵桓并不知道父亲是自杀，还是自然死亡，欲哭无泪的他只想请求金人给副棺椁，好让老爹入土为安。

负责看守这俩亡国奴的金人却蛮横地把赵佶的尸首抬了出去，一天之后，给赵桓送来了消息："我们这边不兴土葬，人死了就火化。你老子既然曾经是宋朝的皇帝，肯定有点油水，俺们就用他的尸体炼了点灯油，尸体扔到城外炼油坑里了，你还要吗？"

"奇耻大辱！奇耻大辱啊！我要强烈抗议！"悲痛欲绝的赵桓，找到五国城的负责人，把老爹尸身受辱的情况上报了金国朝廷。

很快，朝廷下发红头文件：《关于妥善处理昏德公尸身有关问题的若干意见》。

文件指出，昏德公意外身亡，是五国城看押人员工作松懈、职责不明而导致的悲剧，全体看押人员必须以此为戒，认真履职尽责。

文件强调，昏德公的尸身本应考虑土葬，五国城的守军却不经请示，擅自按照当地习俗随意处置，犯了教条主义错误，必须严厉批评，同时务必尽快找到昏德公的尸身，妥善保管。

悲催的是，赵佶的尸身，先被烧得残缺不全，又丢在炼油坑里自然腐烂，找出来时已经面目全非了。

这么一具比鬼还惨的尸体，居然还被金人扣押了下来，直到七年后，宋金"绍兴和议"①达成时，才被送归临安。

二

赵佶这辈子，和南唐后主李煜的经历极为相似。

作为宋神宗第十一个儿子，赵佶自出生之日起，就跟李煜产生了奇妙的联系。

据说赵佶的老妈怀孕期间，神宗曾到秘书省看过李煜的画像，还感慨地评价了句："多么俨雅的人物啊！真的好可惜！"

没过几天，赵佶就出生了。

更神奇的是，生赵佶前一天晚上，老妈居然梦到了李煜，李煜对她说："此子风神秀彻，将来注定是个风流倜傥、艺术造诣极高的文人。"

虽说托梦这种迷信行为极不靠谱，可赵佶确实拥有一身的艺术细胞，笔墨、丹青、填词、写诗、蹴鞠、骑马、古玩、奇

---

① 绍兴和议：南宋与金朝在绍兴十一年（1141）签订。和议规定：宋向金称臣；两国划定疆界，东以淮河中流为界，西以大散关为界，以南属宋，以北属金；宋每年向金纳贡银二十五万两、绢二十五万匹。

石样样精通。

当时的文艺圈,能够集这么多种才艺于一身的,也只有赵佶一人。

如果自己的老哥宋哲宗赵煦不是英年早逝,如果立嗣时没权力斗争,最有资格继位的应是哲宗同母弟简王赵似,或是赵煦的弟弟申王赵佖。

立帝大会上,眼睛很毒的章惇当场就宣称赵佶"轻佻不可以君天下",向太后却对章惇怀有深深的恶意——章惇赞成的,她就反对;章惇反对的,她就支持。

于是,全能型文艺界大佬奇迹般地被立为皇位继承人。

据说继位的诏书送到端王府时,赵佶正在和一干小厮踢球。

结果只踢到半场,裁判就叫停了比赛:"队长,这场球踢不完了,宫里让你去继位呢!"

十八岁的少年,就这么神奇地继了位。

一开始,兴奋又惶恐的赵佶还是蛮认真的,在姿态上,真有些虚心纳谏的味道。

他在宫里养了许多珍禽异鸟,用来画画写生,谏官们批评养鸟的行为玩物丧志,赵佶不但虚心听取,还让宦官把这些名贵的禽鸟全放归自然。

某次,赵佶想翻修寝宫,又怕谏官们抓住话柄,再来一通劝谏,于是悄悄给包工头下指示:"施工时一定要低调,动静一定要小,让大臣们知道了不好……"

最初那段时间,赵佶做事很有章法,表现相当不错,得到后世史学界高度肯定:"徽宗之初政,粲然可观。"(王夫

之语）

眼看着锦鲤少年正向有为青年的宽广大道上迈进时，赵佶突然没征兆地转了向。

毕竟体内蕴藏着无限的艺术天分需要施展，天马行空的浪漫个性需要解放，才坚持了两年，赵佶就觉得枯燥得不行。

做个皇帝，条条框框多如牛毛，还有一大帮谏官管着，太被束缚了，太不自由了！和朕的艺术家气质太不匹配了！还不如放下贵族的架子做回畅意洒脱、衷情于文艺创作的文人来得舒坦。

就在赵佶为才华无处施展独自苦恼时，蔡京出现了，他凭借高超的书法绘画技能，迅速得到赵佶的赏识。

蔡京告诉赵佶："官家，您就是天，谁敢对您说个不字，您可以灭了他呀！何必整天闷闷不乐呢？要我说，艺术天分不施展，对您来说才是最可惜的！"

赵佶一拍大腿："知我者，蔡京也。"

从此以后，赵佶逐渐把皇帝该干的工作、该拍板的决策都让蔡京等亲信去执行，自己则以有限的精力，投入到无限的艺术事业之中。

三

实话实说，赵佶会的技能，实在有点多。

书法。

在书法界，赵佶的造诣巨高。众所周知，他创造了一种独树一帜的字体——瘦金体,其形瘦硬,线条爽利,侧锋如兰竹。

"神功初成"的赵佶很自信,先是给全国各地的知名寺观题写匾额,接着又在官府、官学的石碑上题字,甚至"丧心病狂"地把书法用在新铸造的钱币上。

总之,只要是能展示一番才艺的机会,赵佶都不会放过。

此外,赵佶还经常把得意之作赐给下属,还自恋地认为这是和下属拉近关系的机智做法。

只不过能得到赵佶真迹的,清一色全是奸佞,蔡京、王黼、童贯等人都收藏了赵佶大量的书法作品,甚至专门修建阁楼来存放。

可以说,书法界公认的宋四大家"苏黄米蔡",谁也不敢拍着胸脯说自己的书法造诣超过赵佶,只不过赵佶是皇帝,不能与臣子并称而已。

绘画。

作为那个时代工笔画技艺登峰造极的人,赵佶的绘画,尤其是花鸟画①,放眼江湖,无人能出其右。

某次,他从全国各地招募画师为新修的宫观绘制壁画。

结果大跌眼镜:"这也能叫画:朕信手涂鸦都比这强!"于是赵佶决定大力发展宫廷绘画事业。

---

① 赵佶用笔挺秀灵活,注重写生,强调形神并举,相传他用生漆给鸟雀点睛,以精细逼真著称。

崇宁三年（1104），赵佶设立画学[①]，正式纳入科举考试之中，用以招揽天下有潜力的画师。

在宫里，赵佶又成立了宣和画院，兼任院长，不但亲自制定教学大纲，还会亲身给通过选拔入院的画师传道授业。

比如画出《千里江山图》的王希孟，就是赵佶手把手教出来的高徒。

王希孟刚入院时，绘画很刻苦，态度很端正，还经常向赵佶献画，可惜质量不高，意境也不高雅。

赵佶觉得王希孟是个苗子，特意把他叫到身边，亲自指点他："小伙子，画画不是小学生写作业，不能以画完为标准，你应该停下画笔，好好思考一下究竟想画什么。朕以为，上乘的画作有三个标准：构思巧妙、形神并举、体物入微，你回去好好想想吧，朕看好你哦！"

王希孟很争气，回家憋了整整半年，画出一幅长达十二米、气势磅礴的《千里江山图》。

除了王希孟，赵佶的画院还培养出《清明上河图》的作者张择端、《万壑松风图》的作者李唐等绘画界知名人物。

收藏。

一般在某个领域有所建树的艺术家们，都热衷于收藏，赵佶并不例外。

[①] 《宋史·选举志》记载，画学分为佛道、人物、山水、鸟兽、花竹、屋木六科，摘古人诗句作为考题。考入后按身份分为"士流"和"杂流"，分类培养，并不断考核。

作为一国之君,他可以任性地收藏,喜欢的,就搞来,谁也拦不住。

由于收藏品的数量巨大,赵佶不得不修建大量宫殿用以存放,比如宣和殿、保和殿,稽古阁、博古阁、尚古阁,纷纷收藏有古玉玺印、上古铜鼎、书法图画。

他还为藏品专门编纂目录,比如书画类的《宣和书谱》《宣和画谱》,古器类的《宣和博古图》。

在《宣和博古图》的编纂中,赵佶下了很大的功夫。先是将归入《宣和博古图》中的840件藏品分门别类,接着命画师为每一件古物配一幅摹绘图,最后还在图下附上古物的年代、尺寸、铭文、拓片等信息,并讨论了具备何种用途。其著录之完备,至今仍有参考价值。

同时,赵佶还经常派遣特使到全国为其搜寻精品,特别是古画,遇到满意的,直接买回来,有钱就是任性!

四

蹴鞠。

说到踢球,就不得不提在《水浒传》中被万人痛骂的高俅高太尉。

既然赵佶喜欢踢球、喜欢看球,那高俅就充分调动主观能动性,在宫里成立了一支皇家足球队,由朝廷拨款专门训练。每当赵佶生辰,这支足球队就会分成两队,由高俅亲自指挥,大秀球技。

高俅规定:比赛获胜的一方重重有赏,输球的一方队长要拿鞭子抽，并用黄白粉涂脸，以示惩罚。

每逢大赛，双方都玩命往对方球门里踢，只为博赵佶一笑。禁军多数士卒都想靠球技挤进这支球队，那股子积极劲，估计若是放到现在，捧几次大力神杯应该都不在话下。

升任太尉执掌禁军后，高俅为了迎合领导好名贪功的心理，在军队训练项目上推陈出新，费了不少心思。

据《东京梦华录》记载：高俅主持的军队争标竞赛开始是"横列四彩舟，上有诸军百戏，如大旗、狮豹、棹刀、蛮牌、神鬼、杂剧之类。又列两船，皆乐部"，先是吹吹打打，大造声势，后面的争标竞赛，又搞出"旋罗""海眼""交头"等各种花样，远远望去很是热闹。

当然，高俅这种野路子出身，根本不能指望他能提升禁军战斗力。

建园林。

赵佶听从道士的建议，要在皇城东北处造一座园林，既能提供日常绘画的场所，在风水学上又能为其增添福祉。

既然一举两得，何乐而不为呢？安排！

这处园林，就是大名鼎鼎的艮岳，原名万寿山。

提到艮岳，就不得不提"花石纲"。

最初，赵佶只是想从民间征集一些奇花异石，作为绘画的参照。

上有所好，下必甚焉。地方官员见皇帝酷爱奇石，争先恐后在民间疯狂搜刮，前后持续将近二十年。

宣和四年（1122），太湖中发现一块巨石，高达十五米，需要近百人手牵手才能将其环绕。赵佶一听，顿时心花怒放，还等什么，必须拥有呀！

为了搬来这块巨石，一路上背纤者就有数千人。运送途中，凡是遇到水闸、桥梁等挡路的障碍全部拆除，千辛万苦运到开封，又毁掉了百姓许多房屋，才最终把石头运进了艮岳。

艮岳之中，除了奇石，还有古树。

赵佶觉得这么大一块奇石，没点衬托一点都不美，就在奇石旁边移植两棵桧树。一棵高耸，名曰"朝日升龙"；另一棵横卧，名曰"卧云伏龙"。

赵佶并不知道，无论是征集奇石还是古树，各地官员是如何盘剥百姓的，百姓的生活又是何等艰辛，直至闹出了震惊东南的方腊起义，赵佶的行为才有所收敛。

五

可惜，十项全能的文人却偏偏是个皇帝。面对国家危亡，徽宗直接乱了分寸。

宣和七年（1125），金兵大举侵宋，赵佶心态炸裂，把皇位丢给长子赵桓，退位自称"太上皇"，然后带着一干奸佞南逃。

被坑的钦宗赵桓收拾残局，勉强与金军讲了和。

赵佶收到风声，又于次年回朝。然而，这一年十一月底，金军再次南下。十二月十五日，开封城破，赵佶和赵桓一起做了亡国奴。

靖康二年（1127）三月，金人将徽、钦二帝，连同后妃、

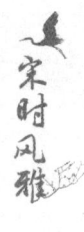

宗室、百官数千人，以及乐工、工匠、仪仗、礼器、珍宝、藏书等押送北上，开封城被洗劫一空，北宋就此灭亡。

赵光义的后人，也一样即将感受到亡国奴的屈辱。

他们的耻辱，比李煜的来得更加惨痛、更加刻骨铭心。

四月的北方依然严寒，徽、钦二帝和郑氏、朱氏二后衣着单薄，晚上经常冻得睡不着觉，只能找些茅草、柴枝燃烧取暖。

做了亡国奴，别的技能都没法施展了，赵佶只能开始填词。

他的词，和李煜一样怀念故国，一样凄惨悲戚。

比如《燕山亭·北行见杏花》：

裁剪冰绡，轻叠数重，冷淡燕脂匀注。新样靓妆，艳溢香融，羞杀蕊珠宫女。易得凋零，更多少、无情风雨。愁苦。问院落凄凉，几番春暮。

凭寄离恨重重，这双燕，何曾会人言语。天遥地远，万水千山，知他故宫何处。怎不思量，除梦里、有时曾去。无据。和梦也、有时不做。

比如《眼儿媚》：

玉京曾忆昔繁华，万里帝王家。琼林玉殿，朝喧弦管，暮列笙琶。

花城人去今萧索，春梦绕胡沙。家山何处，忍听羌笛，吹彻梅花。

被掳人员到达金朝都城会宁府时，金人举行了隆重的献俘仪式，命令二帝及后妃、宗室、诸王、驸马、公主头缠帕头，身披羊裘，袒露上体，到完颜阿骨打庙去行"牵羊礼"。

祭祀完宗庙，徽、钦二帝又被派去给完颜阿骨打谒陵。

这一次，更加野蛮。

两个皇帝的衣服被剥光后，金人现场宰杀两只羊，把血淋淋、热乎乎的羊皮扒下来，披在他们身上，让他们绕着完颜阿骨打的陵寝，一步一磕头趴拜。

然后，赵佶被封为"昏德公"，赵桓被封为"重昏侯"。

礼毕，徽、钦二帝被押送五国城，随行而来的俘虏中，包括徽、钦二帝的后宫妃子、宗室女子，她们被金人随意凌辱，一些性子烈的选择自杀，一时心软没赴死的或做官妓，或做奴婢，总归免不了继续受辱，高宗赵构的母亲韦氏甚至还在金国生下了两个孩子！

到了五国城，条件更加艰苦，还要处处受金人责骂。有一天，赵佶将衣服剪成条、结成绳准备悬梁自尽，被赵桓救下来，父子俩抱头痛哭。

赵佶，还是在一个屈辱的日子里，无声无息地死了，连尸身都难以保全。

被他坑了的赵桓，又在金国苟延残喘了二十多年，然后在一场马球赛上，不幸落马被金人踩死。

赵佶的悔恨只限于"社稷山河都为大臣所误"，这倒不假，他重用的六个大臣，被称为"六贼"[①]。可他却从未意识到，自打十八岁被推上皇位时算起，他就不能像文人一样生活

[①] 六贼：蔡京、童贯、朱勔、王黼、梁师成、李彦。

了。作为皇帝,那些所谓的十项全能才艺,与治国理政相比根本不值一提。皇帝有皇帝的掣肘,皇帝也有皇帝的责任。

作为王朝政权的终结者,历史饶不过李煜,也饶不过赵佶,这就叫天道有轮回,苍天饶过谁。

陆游：世间美好与你环环相扣

一

有人说，世界上最能疗伤的妙药：一是美食，二是旅游，三是养猫。世间的一切美好不过如此。

掌勺是厨师的活，旅游是"驴友"的活，养猫是"铲屎官"的活，能将此三种看似不沾边的活动用诗的形式合为一身，下得去厨房，看得好景色，做得惯"猫奴"，南宋初年恐怕仅有一人——文人陆游。

不只是南宋，就是放眼整个历史，陆游都算得上超级优秀的诗人，他的专著《剑南诗稿》存诗9300多首，《放翁词》存词130多首，如果不算那位写诗水平一般但却异常高调的老干部乾隆，陆游的诗作产量应该公认为历史第一人。

不仅产量高，陆游的诗的题材覆盖面极广，除了那些脍炙人口的爱国诗篇，还囊括烹饪、旅游、养猫等各个层面。

时而发发菜谱，讲讲烹饪技巧；时而旅旅游，走一走比较大的城市；时而养养猫，温暖一下受伤的心灵——这样的生活

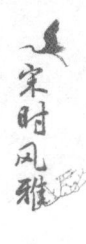

简直不要太美妙。

陆游的生活，就是这么丰富多彩。

陆游，是个喜欢掌勺的诗人。

他的烹饪技艺很高，经常亲自下厨掌勺。他做出的菜，色香味俱全，还很有创意。

比如他就地取材，用竹笋、蕨菜和野鸡等食材，烹制出一桌丰盛的佳宴，吃得宾客们"扪腹便便"，赞美不已。

宴席将罢，陆游做菜的兴致依然不减，他突发奇想，用白菜、萝卜、山芋、芋艿等家常菜蔬调制出一道甜羹，一经推出，广受好评。

与其他诗人不同，陆游不但以诗录事，还在诗中免费奉送菜谱和制作方法。

在《山居食每不肉戏作》的序文中，陆游就介绍了这道"甜羹"的做法："以菘菜、山药、芋、莱菔杂为之，不施醯酱，山庖珍烹也。"

介绍完菜谱，陆游才开始讲述做菜的过程：

溪友留鱼不忍烹，直将蔬粝送余生。
二升畲粟香炊饭，一把畦菘淡煮羹。
莫笑开单成净供，也能扪腹作徐行。
秋来更有堪夸处，日傍东篱拾落英。

用菜谱入诗，足见诗人的厨艺水平。

即兴发挥很出色，还原经典名菜一样厉害。比如他就严格按照流传下来的菜谱，还原了一道当年被隋炀帝誉为"东南佳味"的"金齑玉脍"。

"脍"是指切成薄片的鱼；"齑"是指切碎了的腌菜或酱菜。

"金齑玉脍"就是以鲈鱼为主料，以切细的色泽金黄的花叶菜为辅料，两种食材经过巧妙的搭配和滋味的融合，成就一道色香味俱全的佳肴。

二

陆游会做菜，也擅长烹调。他有首《饭罢戏作》：

东门买彘骨，醢酱点橙薤。
蒸鸡最知名，美不数鱼蟹。

"彘骨"就是猪排骨。上好的排骨加以橙薤等香料烹制的酸酱，酸甜鲜香，美味至极。

由于陆游长期在四川为官，对川菜兴味浓厚。川菜不仅征服了陆游的胃，四川更是陆大厨培养厨艺的温室。

他品尝过新津的韭黄，彭山的烧鳖，成都的蒸鸡，新都的蔬菜……还尝试烹饪过很多川菜，比如"棕笋木鱼""绛罗饼""金齑丙穴鱼""红糟并炁粥""橙醋洗手蟹"。

特别是这道"棕笋木鱼"，大有考究。

不要误会，木鱼可不是和尚用来敲击念经的物件。木鱼，其实是棕苞，又称棕笋。棕笋的花未开放时，外面裹着笋衣，里面是层层叠叠的小花苞,形状如鱼,因而古代称之为木鱼。

据说棕笋的味道和竹笋类似,可以炖汤、炒腊肉,吃起来非常爽口,而且加工后可以长期保存。

陆游之所以能成为史上写诗最多的诗人(排除乾隆),除了旺盛的创作力之外,还有一个关键因素:活得久。

陆游活得时间很长,八十五岁,即便放到现在,也绝对算得上高寿。

在缺医少药的古代,陆游能活到八十五岁,绝对离不开他健康的生活习惯。

还是一个字:吃。

毕竟吃得好才能身体好,吃不好一切都不好。

年轻时陆游酷爱川菜的浓郁、浙菜的清鲜。到了晚年,肠胃不比从前,陆游搞起了养生,埋头钻研起了养生菜品。

陆大厨的养生之道说起来很简单,只有四大要义:多食五谷杂粮、首选当季食材、多吃素少吃肉、经常食粥。

这四大要义又可以概括为两大养生哲学:吃素和喝粥。

陆游对饮食讲求"粗足",多吃蔬菜,力求清淡。

他喜爱的素菜有白菜、芥菜、芹菜、香蕈、竹笋、枸杞叶、菰、豆腐、茄子、荠菜等,其中最爱荠菜,他对自己烹饪荠菜的技能无比自信:

荠糁芳甘妙绝伦,啜来恍若在峨岷。

莼羹下豉知难敌,牛乳抨酥亦未珍。

异味颇思修净供,秘方常惜授厨人。

午窗自抚膨脖腹，好住烟村莫厌贫。

陆大厨主张采来便煮，确保食材的新鲜，不加盐酪，突出食材的真味。这一锅清煮荠菜，简直是人间极品。

除了多吃蔬菜，陆大厨还认为吃粥可以强身益气、延年益寿。他在《食粥》中写道：

世人个个学长年，不悟长年在目前。
我得宛丘平易法，只将食粥致神仙。

爱吃美食、会做美食，又懂养生，用诗记录美食，馋馋远方的朋友，这就是陆大厨的日常状态。

三

陆大厨厨艺精湛，摘下围裙、放下大勺，四处兜风的兴致一样高涨。

在南宋旅游圈，陆游绝对是专家，对于旅游，他很有心得。

与哪里人多爱去哪里的游客不同，陆游从不跟团旅行，也从不关注旁人随便推荐的所谓绝美又不容错过的景点。

他喜欢乡村"自驾"游，喜欢亲身探索，用心感受。

每到一处为官，陆游都会细心留意当地那些自然风景，哪些还未被开发，哪些人迹罕至，哪些还保持原生态。

然后，陆游就会挑个天气好的日子，约上三五好友或单独出发，专门钻山头，涉险溪，探寻隐世小众秘境。

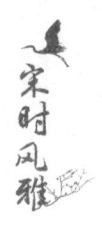

陆游坚信：凡归自然，皆成风景。比如他这首很出名的《游山西村》：

> 莫笑农家腊酒浑，丰年留客足鸡豚。
> 山重水复疑无路，柳暗花明又一村。
> 箫鼓追随春社近，衣冠简朴古风存。
> 从今若许闲乘月，拄杖无时夜叩门。

众人看来，在山上转来转去实在索然无味，找了半天，只找到了一处古朴的村落。

村落有什么好看的呢？朋友们要走，陆游却要留。不光要留，还要去村民家蹭上一顿便饭。

其实，相比景色的优美、独特，陆游更看重心灵的舒展，只有未被世俗染指的天然景象，才是大自然最纯粹的美，最能令自己喜爱。

旅游一时爽，一直旅游一直爽。在陆游长达六十年的旅游生涯中，大概只有一次悲伤的经历。

那是他携全家去沈园游玩时，遇到了初恋兼前妻，也是一生的挚爱——唐琬。

唐琬是陆游的表妹，颜值与才华齐飞，综合评分高达99分，只可惜不能生育，缺了这个1，在婆婆眼中就成了0，然后逼迫陆游把唐琬休了。

如今与旧爱再度相遇，尘封已久的感情与甜蜜的回忆涌上心头，陆游久久无法平复心情，便挥笔在沈园墙壁上写下了一首《钗头凤》：

红酥手，黄縢酒，满城春色宫墙柳。东风恶，欢情薄。一怀愁绪，几年离索。错、错、错！

春如旧，人空瘦，泪痕红浥鲛绡透。桃花落，闲池阁。山盟虽在，锦书难托。莫、莫、莫！

此后很多年，陆游对唐琬依然念念不忘。

七十五岁那年，陆游故地重游，想着已病逝多年的挚爱，忍不住又写下《沈园二首》：

城上斜阳画角哀，沈园非复旧池台。
伤心桥下春波绿，曾是惊鸿照影来。

梦断香消四十年，沈园柳老不吹绵。
此身行作稽山土，犹吊遗踪一泫然。

四

养猫爱猫，在南宋并不稀奇。

据《老学庵笔记》记载，大奸贼秦桧的孙女崇国夫人心爱的狮猫丢了，整个临安府大动干戈帮她找猫，闹得满城风雨。

陆游既是个百分百爱猫人士，也是个相当合格的"铲屎官"。在他那浩如烟海的诗词集里，以猫为题材的作品有近二十首。

他给自己养过的猫起了各种小名，比如"粉鼻""雪儿""小於菟"，听着很现代。

陆游最初养猫，纯粹是为了消灭老鼠。

由于陆游爱书，家里藏书很多，可老鼠却时常来捣乱，偷吃粮食不说，还把他收藏的珍贵古籍咬得七零八碎。

因此，陆游托人要了只很擅长捕鼠的小猫，还给它取了个霸气的名字——小於菟，也就是小老虎。

小於菟抓老鼠很给力，性格也很傲娇，小鱼干备好，暖和的毡垫铺好，本喵就给你安排一场"温酒斩华雄"。

陆游很尴尬，他家里资金有限，鱼干和毡垫都安排不上，只能靠写诗赔罪：

裹盐迎得小狸奴，尽护山房万卷书。
惭愧家贫策勋薄，寒无毡坐食无鱼。

当然，对猫谈诗那是没用的，小於菟吃不到小鱼干、睡不上暖和的毡垫，就开始消极怠工。

陆游不得已，又养了一只小猫，起名"雪儿"。

雪儿的职业操守就比小於菟高得多，主人养猫就是为了抓老鼠的，给点吃的就行，要什么小鱼干！

雪儿很勇猛，整夜整夜与群鼠厮杀，既保护书籍，也保护粮食。

雪儿的忠诚让陆游很感慨，他一样为雪儿写了首《得猫于近村以雪儿名之戏为作诗》：

> 似虎能缘木，如驹不伏辕。
> 但知空鼠穴，无意为鱼餐。
> 薄荷时时醉，氍毹夜夜温。
> 前生旧童子，伴我老山村。

雪儿，你就是我前世的小书童吧？来这山村里伴我终老啊！

除了小於菟和雪儿，陆游还有一只"粉鼻"最得宠爱。

陆游一生矢志报国，却屡遭打击，人生的最后二十年，他归隐绍兴老家，一边孤独地抚慰着内心的伤痕，一边靠撸猫缓和着郁闷的心情。

陆游有个习惯，喜欢在深夜一人饮酒醉，然后一个人坐着思考人生。

当一个人喝完酒，坐着听雨时，陆游还会跟自己说："勿生孤寂念，道伴大狸奴。"

不要觉得自己孤单寂寞冷啊，你不是还有大狸猫吗？

陆游有首名诗《十一月四日风雨大作》：

> 僵卧孤村不自哀，尚思为国戍轮台。
> 夜阑卧听风吹雨，铁马冰河入梦来。

其实，这首《十一月四日风雨大作》是其二，还有其一：

> 风卷江湖雨暗村，四山声作海涛翻。
> 溪柴火软蛮毡暖，我与狸奴不出门。

想象一下，陆游在一个寒冷凄楚的冬夜，在乡村的一间寒室中，听着外面风雨呼啸。在"入梦"之前，陆游一边渴望为国建功立业，一边还有爱猫陪伴，寒风吹雨、铁马冰河的感觉瞬间就温暖了许多。

五

烹饪、旅游、养猫，这些都只是陆游报国无门、壮志难酬下的消遣，他身上最鲜亮的名片不是"厨子""驴友""猫奴"，而是爱国诗人。

刚进组织那阵，陆游就表现出鲜明的本色：劝谏。

组织想给功臣封王。陆游劝谏："非皇亲国戚，即便有功，也不应随意加封王爵，毕竟封王是国家神圣的行为，别搞成了白菜价，一卖一大筐。"

高宗晚年酷爱珍稀古玩。陆游劝谏："君主应该严以修身、严以律己，陛下您这辈子都保持得很好，晚年应该继续努力。"

杨存中执掌禁军多年，在军中势力根深蒂固。陆游劝谏："最好能给杨存中调动一下岗位，别把皇家的禁军搞成了他的私人产业。"

对于此类建议，组织都能很认真地考虑，并择善采纳。可是当陆游提及麾师北伐，分分钟就被黄牌警告。

多年来，陆游吃了很多黄牌，还时常被红牌直接罚下。

比如宋孝宗隆兴二年（1164），"隆兴和议"[①]达成后，陆游建议孝宗迁都至离前线更近的建康，不要躲在临安，结果被组织黄牌警告："迁都这种朝廷大事，没事不要瞎提建议。"

一年后，在隆兴府通判任上的陆游因力请主战派领袖张浚整军备战，并劝说朝中谏官提前给孝宗打好北伐的预防针，结果又被主和派一通乱搞，给了陆游一张红牌：直接免官，回家反省。

由于陆游的主战思维过于激进，还时不时写诗嘲讽主和派苟且偷安，导致主和派一有机会，就要给陆游亮牌。

就连陆游在四川与著名诗人范成大纵酒饮乐，也要被人诬告成不拘礼法、对朝廷不满。

此后很多年间，陆游都在各地兜兜转转，要么做些郁郁不得志的小官，要么就赋闲在家，鼓捣厨艺、创作诗词。

人生的后半段，陆游写下了众多爱国诗篇。

比如《书愤》：

> 早岁那知世事艰，中原北望气如山。
> 楼船夜雪瓜洲渡，铁马秋风大散关。
> 塞上长城空自许，镜中衰鬓已先斑。
> 出师一表真名世，千载谁堪伯仲间。

[①] 隆兴和议：绍兴和议后南宋与金朝订立的第二个屈辱合约。和议规定：宋金两国皇帝以叔侄相称；改"岁贡"为"岁币"，每年向金进贡银二十万两、绢二十万匹；割让唐州、邓州、海州、泗州、商州、秦州六州与金。

比如《诉衷情》：

当年万里觅封侯，匹马戍梁州。关河梦断何处？尘暗旧貂裘。胡未灭，鬓先秋，泪空流。此生谁料，心在天山，身老沧洲。

强烈的爱国主义精神贯穿了陆游的一生，对挥师北伐的执念，对苟且偷安的声讨，对屈膝求和的悲愤，对一统河山的期望，都被陆游化为一篇篇慷慨激昂、雄浑豪健的诗章。

梦想有多强烈，现实就有多残酷。宋宁宗嘉定二年（1209）冬，陆游病倒了，临终之际，他留下一首《示儿》：

死去元知万事空，但悲不见九州同。
王师北定中原日，家祭无忘告乃翁。

含恨而逝前，陆游依然保存着收复河山的希冀，这是作为爱国诗人最无可奈何的执着。

当我们欣赏陆游具备"吃货""驴友""猫奴"等一切爱玩标签和多姿多彩的消遣形式时，其实那并不是真实的陆游，因为在那些娱乐欢快的消遣氛围下，他始终隐藏着一颗忧国忧民、壮志难酬的赤子之心。

所幸，北伐理想屡屡受挫，并没有让陆游自怨自艾、丧失自我。

他从未放弃努力，也从未放弃热爱生活。纵然前方千难万险，也总有美好可以期待，总有兴致可以消遣，总有爱好可以追求，世间的美好也总能与他环环相扣。

辛弃疾：人中之杰，词中之龙

一

缺月，断鸿。

惨淡的月光映照着两张同样惨淡的脸，在枯草丛生的断崖边，神色疲惫的和尚终于停下了脚步，转身盯着同样疲惫不堪的长衫少年。

"真想不到，你竟追了我整整三天三夜。"

"你应该想得到，叛国投敌之人，从来都没什么好下场。"

和尚脸上的表情顿时有些发僵，不自觉地稍稍垂下了头，不敢再直视少年利剑般冰冷的目光。

片刻后，和尚定了定神，心中杀意顿起："你我也曾同在军营，驰骋杀敌，所谓人各有志，到如今何必对我苦苦相逼呢？你真有把握杀得了我？"

少年面无表情，冷哼一声："废话少说，拔刀吧！"

和尚的右手稳稳地按着腰间的刀柄，显然是对自己的武艺很自信："你可要想清楚，我的大刀一旦抽出，就不好收回去了。放我北去，看在往日情分上，我且饶你一命。"

少年却毫不在意和尚的挑衅。少年缓缓拔出了刀，眉梢轻轻上挑："惜命之人，未必敢以命相搏。杀你，只需一招。"

话音未落，和尚猛然出刀，少年一声长啸，以刀相迎。几乎在一刹那，刀光闪烁着耀眼的光芒，呼啸着压过层层薄雾，就在这一招内，和尚人头落地。

少年算得很准，和尚一心想着投奔金人后的荣华富贵，出刀不够狠，也不够快，少年故意卖了个破绽，在对方的刀锋刺入自己胸膛前，就把和尚的人头一刀斩下。

只见少年平静地收刀入鞘，将和尚的人头娴熟地挂在马鞍下，然后掉转马头，向南而去。

空谷绝壁间，只剩一声坚毅的回响："投靠金贼者，杀无赦！"

辛弃疾，一向与金人势不两立。

宋高宗绍兴十年（1140），辛弃疾在山东历城出生了。

家人给他取名"弃疾"，类似历史上霍去病、刘病已、曹无伤、韩愈等，属于一种美好的祝福。

辛弃疾出生时，家乡已沦陷在金人手中。

祖父辛赞在沦陷区一度做到开封府尹，内心却和金人不共戴天。

像辛赞这种深入敌后、"心系故土"的官员，北方各地还有很多。他们默默忍受着国破家亡的耻辱，苦苦寻觅着揭竿而起、收复河山的机会。

从小，祖父就教育辛弃疾"勿忘国耻，收复中原"，还经常带着他登高远望，一览大宋失去的半壁江山。

印象中，祖父不止一次拍着辛弃疾的肩膀，愤恨地对他说："小辛，这是咱大宋的万里江山，多壮美啊！可惜却落入金贼之手！这帮蛮夷践蹋我们的国家，奴役我们的百姓。祖父也许看不到收复失地的那一天了，可你永远不要忘记，你是大宋的好儿郎，哪怕穷尽一生，也要把金人赶出中原，重振我大宋王朝！"

在祖父坚毅的目光中，辛弃疾仿佛看到了一股熊熊燃烧的烈火，一条奔腾不息的激流。

从那时起，辛弃疾就有了个梦想：纵横沙场，收复中原！

他也从来不是一个病恹恹的萎靡青年，很小就有意识地努力打磨筋骨、舞刀弄枪，不但没沾染上一丁点儿书生气，还特鄙视手无缚鸡之力的读书人。

收复中原，用笔能成吗？

肯定不成，必须练就一身好武艺，然后投军杀敌。

他的偶像，不是晏殊、欧阳修、苏轼，而是狄青、岳飞、韩世忠。

后来，辛赞去世时，遗言还是那八个字：勿忘国耻，收复中原！辛弃疾便怀揣祖父的遗志，在齐鲁大地上磨炼着、潜伏着、等待着。

二

绍兴三十一年（1161），辛弃疾终于等到了机会。

金主完颜亮亲率大军南下，准备一举灭亡南宋。

然而，不识水性的金军，在采石矶被名将虞允文打了个抱头鼠窜，完颜亮也在不久后被反战厌战的部下弑杀，金军集合残部全体北撤。

就在金军主力和宋军对敌之时，燕赵齐鲁各地有心反金的爱国志士，纷纷在各自地界揭竿而起。

辛弃疾，就是最早响应的那一批。

在金军南下前，他就秘密在家乡招集人马，迅速拉起一支两千人的队伍。

这支部队的机动性很强，作战目标很明确：消灭金人有生力量，不占城池，不扰百姓，打完就走，迂回作战。

最初，辛弃疾的战果很显著，人少好指挥，行动迅速，碰到金人就砍，砍完就撤，轻松写意。

时间一长，金人反应过来了，辛弃疾这支队伍既不攻城，也不掠地，甚至连个大本营都没有，说好听点叫机动作战，说难听点就是流寇逃窜。那些攻下城池便龟缩不出的义军，似乎远远不如从不进城的辛军威胁大。然而，不经营后方一味游走的部队，虽然常常在运动中发挥作用，但也容易在运动中被围剿。

于是，金军开始部分收缩兵力，准备合围辛弃疾的部队。

辛弃疾察觉到金人的动向，带着队伍边打边撤，无奈实力过于悬殊，为了保存有生力量，辛弃疾就近投奔到了另外一支声势浩大的起义军领袖耿京麾下。

耿京家大业大,兵强马壮,经常接纳小支人马投奔,对辛弃疾没太注意,只让他在军中当了个掌书记,兼职保管义军大印。

在投奔耿京的路上,辛弃疾遇到了一个和尚,法号义端。义端会武艺,又懂兵法,辛弃疾便带着义端一起来到耿京帐前。

想不到义端心怀叵测,一天晚上趁辛弃疾不备,偷了军印逃奔金军。

大印丢失事小,可义端这贼秃熟悉军情,万一将义军虚实泄露给金人,后果不堪设想。

耿京很生气,准备让辛弃疾负连带责任:"人是你带来的,你说咋办吧!"

辛弃疾抽出腰刀,单膝跪地立下军令状:"三日之内,我定把这秃驴的脑袋带回来,如若不能,愿受军法处置!"

说罢,辛弃疾跳上战马,朝义端跑路的方向极速追赶而去。

义端错误地预估了辛弃疾追赶的速度,他正常投宿休息,辛弃疾则连夜赶路,终于在第三日夜间追上了义端,一刀砍下其人头带回军营。

耿京不由对这位说到做到的青年才俊刮目相看,逐渐对他器重了起来。

三

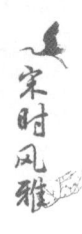

由于流散在北方各地的义军队伍各自为战、互不联系，加上军事实力参差不齐，当金人从前线撤回北方，集中兵力扫灭义军时，义军被打得毫无办法，连战连溃。

耿京和辛弃疾商量，为今之计，只有率众南下投奔朝廷，才能保住这支有生力量，以图东山再起。

南下联系朝廷的重任，自然还是交给了已经晋升为耿京心腹的辛弃疾。

万万没想到，当辛弃疾完成使命，并与朝廷约定好南下日期返回军中时，原本军容严整的营寨，一片狼藉，人也少了一大半。

辛弃疾赶紧找到军令官询问："为何一月之间遭此变故？耿帅去了哪里？"

军令官抹了把眼泪，愤恨地说："耿帅被张安国这狗贼杀害了，他还带着咱数万人马投靠金贼去了！"

"此仇不报，我辛弃疾誓不为人！"满腔怒火的辛弃疾率领亲兵五十余人，神不知鬼不觉地悄悄接近张安国的营寨，在数里之外潜伏了两天，趁张安国不备，深夜冲进营中，张安国毫无察觉，正带着一群人饮酒作乐。

辛弃疾也不废话，一刀砍死张安国的亲将，然后将喝得七荤八素的张安国捆绑起来，拉出营寨。

大家都在一个军营里混过，辛弃疾的霸气和武艺谁都清楚，尽管张安国带走了数万人，可这些人以前都是自家兄弟，而且谁也没胆量跟辛弃疾叫板。

辛弃疾环视一圈,大声喝道:"耿帅在时,已与我商定南下归顺朝廷,尔等都是我大宋的热血儿郎,焉能屈膝投靠金人!我把话撂这儿,愿意继续杀贼报国的就跟我走,不愿去的就地解散,各自谋生去吧!"

义军们本就只是受张安国逼迫,不得已跟随同行,如今有辛弃疾带头,他们自然乐意南下。

辛弃疾随即整顿部众,不愿走的发放银钱,然后带上一支三万余人的队伍千里疾走,归顺了朝廷。

顺便提一句,张安国也被押送临安,被朝廷就地正法。

五十余人奔袭数万人,这一英雄事迹在南宋朝野引起巨大反响,在岳飞被杀之后,很少有这种热血的新闻了,就连高宗也不禁连声赞叹:"辛弃疾,是个狠人!"

四

来到"山外青山楼外楼,西湖歌舞几时休"的陪都临安,辛弃疾却没想到,这种杀敌报国、快意恩仇的日子,自他踏入朝堂那一刻起,就一去不复返了。

高宗心里很清楚:辛弃疾这种狠人,必须解除兵权。这个时代,绝不能出现第二个岳飞了。

可辛弃疾的梦想,恰恰是想做第二个岳飞。

来临安之前,辛弃疾心气很高,他想着若是朝廷有心挥师北伐,没准自己真能成为岳飞一般的民族英雄。

壮志饥餐胡虏肉,笑谈渴饮匈奴血,那感觉简直不要太爽!

可惜，现实与理想之间的差距太大了，这种巨大的心理落差，让辛弃疾的后半生，沉浸在报国无门的悲愤与壮志难酬的落寞之中难以自拔。

挥师北伐不但完全没了动静，居然连军营都不让辛弃疾进了。毕竟高宗处理这种卸去武将军权的问题，一向都很得心应手。

第一步，解除兵权，把辛弃疾带回来的队伍编入正规军中；

第二步，授予文官，很快辛弃疾被授予江阴签判；

第三步，搁置不理，任凭你怎么上书，我就是不理会。

北伐的事渐渐没人再提，苦等无果的辛弃疾开始评估现状：莫非组织觉得我出身行伍，嫌我水平不够？又或者是担心武将专权，影响组织稳定？

既然如此，那就只好化刀为笔，以文报国了。

这是辛弃疾的另一个梦：用一支如椽的笔，唤醒朝廷的复国热情。

虽然是被迫弃武从文，虽然曾经无限鄙视过手无缚鸡之力的文人（儒冠多误身），可为了壮志得以伸展，辛弃疾不得不转变身份，开始不停地写作。

他洋洋洒洒地写下《九议》《美芹十论》，却始终叫不醒那群装睡的人；

他写下"众里寻他千百度，蓦然回首，那人却在灯火阑珊处"的不朽词句，却始终无人能与之感同身受。

偏安一隅的南宋朝廷，早已在苟且偷安中，泄掉了所有的精气神和进取心。

二十五岁南下，苦苦煎熬四十年，辗转多地任职的辛弃疾始终看不到一丝北伐的希望。

四十年里，他还有二十年的时间赋闲在家，靠文字消磨时光。

这四十年，他既有"可惜流年，忧愁风雨，树犹如此！倩何人唤取，红巾翠袖，揾英雄泪""闲愁最苦。休去倚危栏，斜阳正在、烟柳断肠处"的落寞；也有"我见青山多妩媚，料青山、见我应如是""茅檐低小，溪上青青草。醉里吴音相媚好，白发谁家翁媪"的恬淡。

除了无奈又绝望地填词，但凡朝廷有一点出兵的风声，他都会竭尽全力整军备战，可换来的，却是最恶毒的弹劾与诬陷。

比如他曾在湖南组建过一支两千五百人的"飞虎军"，日日操练，可惜从没机会把队伍拉上战场，还被人弹劾拥兵自重；比如他在江西严惩贪官、厉兵秣马，却又被诬陷为是滥杀无辜、为害一方的酷吏。

壮志难酬的辛弃疾始终活得很累，那双本该紧握长枪上阵杀敌的手，如今只能握着毛笔，在纸上狂泄胸中怒火：

醉里挑灯看剑，梦回吹角连营。八百里分麾下炙，五十弦翻塞外声，沙场秋点兵。

马作的卢飞快，弓如霹雳弦惊。了却君王天下事，赢得生前身后名。可怜白发生！

不了解辛弃疾曾经快意的戎马生涯，就读不透这首《破阵

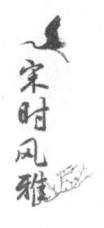

子·为陈同甫赋壮词以寄之》蕴含的悲愤与无奈，那曾是他的梦想，也曾是他的一切。

五

四十年一晃而过，辛弃疾六十四岁那年，主战派终于再次占回了上风。

主张北伐的韩侂胄大批起用主战派人士，辛弃疾便率领自己招募的万余名青年儿郎，慨然准备奔赴前线。

这已然是他人生最后实现梦想的机会，尽管鬓发皆白，尽管已无力紧握刀剑，可他还有一腔热血，一腔战死沙场、马革裹尸的勇气与豪情。

就在一切准备妥当，只等令旗一挥开赴前线之际，朝廷突然将他外放为镇江知府，即刻赴任。

这一天，六十六岁的辛弃疾登上镇江北固山，写下两首震烁古今的名作——《永遇乐·京口北固亭怀古》：

千古江山，英雄无觅孙仲谋处。舞榭歌台，风流总被雨打风吹去。斜阳草树，寻常巷陌，人道寄奴曾住。想当年，金戈铁马，气吞万里如虎。

元嘉草草，封狼居胥，赢得仓皇北顾。四十三年，望中犹记，烽火扬州路。可堪回首，佛狸祠下，一片神鸦社鼓。凭谁问：廉颇老矣，尚能饭否？

另一首是《南乡子·登京口北固亭有怀》：

辛弃疾：人中之杰，词中之龙

何处望神州？满眼风光北固楼。千古兴亡多少事？悠悠。不尽长江滚滚流。

年少万兜鍪，坐断东南战未休。天下英雄谁敌手？曹刘。生子当如孙仲谋。

宋宁宗开禧三年（1207）秋，朝廷起用辛弃疾为枢密都承旨①，这曾是辛弃疾梦寐以求的执掌军事的职务。

诏令从临安刚到铅山，病重不起的辛弃疾无力胜任，只得上奏请辞。

月余后，昏迷数日的辛弃疾突然睁开眼睛，仿佛要将整片天空包裹起来。

在侍从的惊讶声中，辛弃疾强撑着病躯半坐起来，对着北方高喊："杀贼！杀贼！"

然后，颓然倾倒，再也没有苏醒过来。

辛弃疾有两个梦：一文一武。文能提笔安天下，武能横刀斩金贼。

由武转文、文武双全的辛弃疾被后世赞为：人中之杰，词中之龙。

作为武将，辛弃疾快意恩仇，杀敌报国；

作为文人，辛弃疾以笔为刀，写尽风流。

没什么能阻挡他恢复中原、重整河山的梦想，那把杀敌千

---

① 疏密都承旨：掌管枢密院内部事务，检查枢密院主事以下官员的功过及补迁等事务。

人的宝刀，那支写满不甘的笔，都是他对抗命运的武器。

如果可以的话，辛弃疾大概是不会去填词的。可正是在这种无可奈何之中，辛弃疾成了南宋豪放词派领袖，与北宋苏轼遥相呼应，顺带还拿下了那些文人骚客一生创作，却终究得不到的桂冠——宋词写作量第一。

刘克庄评价辛弃疾：

公所作，大声鞺鞳，小声铿鍧，横绝六合，扫空万古，自有苍生以来所无。

雄奇广阔的意境，纵横驰骋的手法，横绝江湖的笔力，沉郁磊落的人生，这就是辛弃疾。

辛弃疾与苏轼不同。苏轼能以旷达的胸襟直面人生的惨淡，并将这种参透人生起伏的通透洒脱用豪放的情感化为内心的平静；而辛弃疾却总是以热血的激情和不屈的斗志拥抱人生，直来直往地表现失路英雄的豪情、悲愤、落寞、惆怅。

青山遮不住，毕竟东流去。在历史长河中，人们不会忘记那个拍遍栏杆的惆怅客，也不会忘记他的风流、他的豪迈、他的梦想、他的激昂人生。

他是辛弃疾，大宋立国三百年，最热血的刚猛文人。

杨万里：大宋第一学霸

一

宋高宗建炎元年（1127），也就是北宋灭亡的那一年。

当举国上下还沉浸在徽、钦二帝被金人掳走的耻辱和山河破碎的悲痛中时，江西吉水县南溪村教书先生杨芾家里，"大宋第一学霸"杨万里出生了。

一般情况下，父母给子女取名，难免要煞费一番苦心。

比如欧阳修，字永叔（永远健康），属于祝福类；

比如苏轼，字子瞻（瞻前顾后），属于勉励类；

再比如岳飞，字鹏举（奋发有为），属于期望类。

杨芾给儿子取名万里，字廷秀，体现着极高的期望，毕竟老杨家已经连续四代务农，好多年不曾有人入仕为官了。

杨芾爱读书，只可惜学偏了方向，在本该疯狂背诵诗书孔孟的年纪里，埋头钻研起了《易经》，科举入仕彻底耽误了。

为了养家糊口，老杨忍痛卖掉公务员考试的复习资料，买了一大堆乡村教师教学指南，转身在本地当起了乡村教书先生。

老老实实干一辈子教师，养家糊口是足够了，儿子可绝不能像自己这样。

为了彻底消除儿子走自己老路的可能性，杨芾花了很大的功夫培养儿子成才。

本着"再苦不能苦孩子，再穷不能穷教育"的原则，杨芾省吃俭用，花了将近十年的时间，积攒下数千卷藏书，看上去足够儿子读书用了。

有书读是基础，时间充足是保障。杨芾又给儿子制订了相当严格的作息时间表，天一亮必须起床，先早读再吃饭，饭后休息半个时辰，然后一直学到夕阳西下，天一黑必须上床睡觉。

每天被老爹安排得明明白白，客观上也帮助杨万里养成了极为自律的生活习惯。为了提高读书的效率，杨芾会陪着儿子一起学习，以便随时进行知识探讨，掌握学习进度。

有时候，读书读累了，杨万里就盯着书本发问："老爸，你读了那么多书，比较擅长哪一本啊？"

"我吗？比较擅长这一本。"杨芾笑着从书堆里翻出一大部《易经》，摆在了儿子面前。

"厉害厉害！我也想学。"杨万里随手翻了翻，发现完全看不懂。

杨芾摇了摇头："这本书不适合你，你要学那一堆。咱老杨家能不能扬眉吐气，可就全看你了。"

那一堆，就是《诗经》《尚书》《周礼》《礼记》加《论语》《孟子》。往后余生，杨万里都一直研究着。

二

热爱学习,是一种顶好的品质。

自主学习,是成为学霸的前提。

渐渐地,杨芾发现,儿子领悟知识的速度着实有点快。

一天教一章节,他又自学了一章节;一天教五首诗,他又自学了十首。

计划赶不上变化,教的赶不上学的,搞得杨芾整天被儿子催得团团转。

在十里八村,爱岗敬业的杨老师素以作风严谨、态度严厉出名,对待那些偷懒不写作业的学生,分分钟扒掉裤子打竹板,学生们对他是又敬又怕。

可在儿子这里,杨芾却连批评一句的机会都没有。

没办法,儿子太自觉、太优秀了!

当杨万里把家中数千册藏书都读了个遍,吵着嚷着让老爹再去买书时,杨芾知道,自己这点本事用完了。

他更清楚,平时教导的识字、训诂、音韵、句读、词章都只是入门级别,对于儒家理论的教习,只能让儿子停留在记忆背诵的层次,距离学懂弄通还差得老远。

于是,杨芾开始带着儿子遍访名师——那些真正在学术上有所造诣的大家。

十四岁那年,杨芾让儿子拜在吉水县有名的儒学先生高守道门下,深入学习儒家经典蕴含的义理,顺带掌握各类应用文体的写作方式。

由于离家较远，杨万里只能在书院留宿，但他却从不羡慕那些走读生。由于白天讲解的知识过于深奥，别的同学弄不懂，一般就算了，反正明天还能继续学。

杨万里却从来不愿得过且过，每到夜间，他依然会在书院苦读，这种不知疲倦追求卓越的精神，让他日后在学霸之路上畅行无阻。

多年后，他还特意写了首《夜雨》，纪念在书院读书的宝贵时光：

忆年十四五，读书松下斋。
寒夜耿难晓，孤吟悄无侪。
虫语一灯寂，鬼啼万山哀。
雨声正如此，壮心滴不灰。

三年后，高老师遇到了和此前杨老师一样的状况，杨万里问的问题，他也不太能解释得清楚。

比如杨万里问他：

子曰：生而知之者上也，学而知之者次也，困而学之又次也。困而不学，民斯为下矣。

那么问题来了，到底学习和人的层次有什么必然的关系呢？按理说，孔子肯定是圣人了，可他一样也是学而知之者，这么看来，他并不是上等人呀？孔子都不是上等人，那谁才有资格称得上是上等人呢？

高老师回答不上来，只能拍了拍学生的肩膀，欣慰地说道："这种问题，不妨留到将来去申报国家级重大研究课题，老夫已经没什么能教你的了。"

于是，十七岁的杨万里辞别高老师，去了安福县，在学术界影响更大的大儒王庭珪门下学习。

在王老师这里，杨万里累计学了《六经讲义》十卷、《论语讲义》五卷、《易解》三十卷。

特别让杨万里感到愉快的是，王老师在教授这些儒家学术之余，还特意让自己跟着他研习欧阳修、曾巩、司马光等人的文章专著以及程颢、程颐、张载等人的"理学"。

在王老师门下学了一年，杨万里又加拜了安福县另一位学者刘廷直为师，辅修了《尚书》等著作。

在高、王、刘三位老师的指点下，杨万里的学问日益精进，在六年的求学生涯中，他把古今各家学说的风格流派、沿袭发展和传承关系梳理清晰，各种文章信手拈来。

到了这时，他终于决定出师了。

三

绍兴二十年（1150），杨万里中乡试。可惜两年后的礼部试，杨万里没通过，只好回家复读。

这一点，杨万里并不觉得沮丧，学习才是他的唯一兴趣。

绍兴二十三年（1153），他拿着王老师的导师推荐信，拜在了知名学者刘才邵的门下。

与前几位老师不同，刘老师不光有学术著作《杉溪居士集》二十二卷，还有极其漫长的从政生涯。

开学第一讲，刘老师就给杨万里好好上了一课。

"年轻人，学习是为了什么？"

"当然是为了增长见闻、修行养德。"

"此乃一也。以我所见，年轻人要读有字之书，更要读无字之书。"

"何谓无字之书？请先生指教。"

刘老师微微一笑，在纸上写下八个大字：求取功名，入仕报国。

"读书如果只是为了自己，而未曾胸怀天下，试问掌握再多的知识、懂得再多的道理又有何用？"

刘老师既教知识，也教时政。这段学习经历，让杨万里了深入了解了靖康以来宋金之间的多次恶战，以及朝廷上主战、主和两派的激烈斗争。

岳飞、韩世忠那些精忠报国的英雄，秦桧、张俊那些陷害忠良的奸佞，在杨万里的眼中逐渐清晰、深刻，更让他慢慢坚定了入仕报国、振兴社稷的雄心壮志。

绍兴二十四年（1154），杨万里进士及第。次年，他获得了人生第一个官职——赣州司户参军，负责主管仓库收纳和民事诉讼。

由于此前一直在书院钻研学术，杨万里的社会阅历很有限，性格很清高，刚一到任，就遇到了麻烦。

新官到任后，按理应该前去拜访上级领导，这是职场人人都懂的规定动作。

可惜，杨万里的规定动作做得却不完整，他去是去了，只不过是挑着去的。那些他觉得品行不端、德行有亏的领导那里，他一个也没去。

就这样，杨万里得罪了自己的顶头上司，赣州通判黄金发。黄大人觉得被小小从九品的下属藐视了，心里甚是不爽。

小人的作风很直接，心里不爽，就要给对方穿小鞋。

黄大人让杨万里下乡催收粮税，杨万里觉得不妥："现在才三月份，庄稼才刚播种，哪有税收可供上缴。"

黄大人怒了："我怎么说你怎么干就完了，哪来这么多疑问！"

被上司莫名其妙训了一顿，杨万里的脾气也上来了："三月收税，卑职做不到啊！您另请高明吧！"

"你敢公然藐视上司，不想混了吗？"

杨万里冷眼一觑："大人欲加之罪，何患无辞。您要真跟我过不去，卑职大不了辞职，也不愿受这窝囊气！"

说罢，杨万里摔门而出，直接回了老家。

在家待了半个多月，杨万里渐渐冷静了下来，想想公然顶撞上司确实有些鲁莽，这年头就业多困难啊！连铁饭碗都摔了，入仕报国的夙愿还如何实现？

纠结了许久，杨万里又灰溜溜地回到赣州，先找薛知州认错，又拜托好友求情，才勉强保住了职务。

做官不易，且行且珍惜。

四

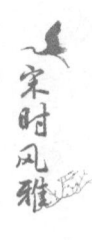

学霸之所以是学霸,就在于他们总能从失误中领悟一些道理。

杨万里就领悟到:与上司为善,与同事打成一片,平时吃喝玩乐、逢场作戏,虽然并非出于本心,可官场贵在知时变通,率性而为只会让自己陷入困境。

三年后,杨万里调任永州,任零陵县丞。

在这里,他依然要顺应官场那一套生存法则。

疲惫的同时,他依然快乐,因为他又遇到了两个老师,两个真正在他人生历程中起到关键作用的老师。

第一个老师,主战派领袖张浚。

杨万里上任县丞时,张浚已在永州隐居多年。

一般的拜访者,张浚是不见的。杨万里当时还是个一般人,所以先后三次被拒之门外。

对学霸而言,什么困难都挡不住拜师求学的热情。既然张浚不见,那就先搞定他的家人。

杨万里下了很大的功夫结识了张浚之子张栻,又软磨硬泡着让张栻给老爹推荐,这才终于见到了张浚本尊。

"德远(张浚的字)大大,给我签个名吧!我可是你的忠实粉丝!"

起初,张浚是不愿签的,阿猫阿狗都来找我要签名,那我多掉价呀!

所以,杨万里并不是单纯靠粉丝的热情,而是靠渊博的才学和勤学的态度感染了张浚。

张浚不但给杨万里签了名,还送他一句寄语:

元符贵人,腰金纡紫者何隙,惟邹志完、陈莹中姓名与日月争光!

这年头,趋炎附势者多如牛毛,有真才实学的年轻人真的不多了,努力,努力!

临别前,张浚寄一送一,额外又送了四个大字:心正意诚。

杨万里很感动,暗自发誓要以张浚为人生导师,无论个人身处顺境逆境,都要时刻在心里装着国家社稷。他还特意把书房改成"诚斋",对外自号"诚斋先生"。

第二个老师,刘子驹。

如果说张浚坚定了杨万里的人生志向,那刘子驹就是在他的创作生涯中一语点醒梦中人。

自师从王庭珪起,杨万里就迷上了"争新出奇、句律精深"的江西诗体,一写就是好多首,根本停不下来。

在永州任职期间,他听说本地人刘子驹善于品鉴,就带着一大摞作品,找刘子驹鉴赏。

没想到,刘子驹翻了半天,给出了一个让杨万里意想不到的回答:"依我看,你的这些诗作,稍微有点意思的只占三分之一,中等意思的不到五分之一,很有意思的基本没有。"

可学霸是不耻下问的,也不在意面子上过不过得去,既然人家这么说,肯定是写得有问题。

杨万里拱手谦问:"请刘兄指点一二。"

刘子驹随手翻着诗作，随口评价道："你看这句'立岸风大壮，还舟灯小明'，是不是很俗；这句'疏星煜煜沙贯日，绿云扰扰水舞台'，别跟我说词语、形象、意境不是抄袭前人的；还有这句'坐忘日月三杯酒，卧护江湖一钓船'，我怎么看都不像是你自己的真实感受，却很像是在无病呻吟。"

杨万里眼前一亮，这是大神啊！必须请他仔细指教。

刘子驹接着说道："以我所见，搞创作的人，都免不了有意识模仿前人的写作手法，可真正能在诗坛开宗立派的大诗人，都是学古而非拘泥于古。如果你写诗只为自娱自乐，那无所谓好坏，可你若想有所精进，就必须跳出局限，写自己的风景、写自己的情怀，寻找一片属于自己的天地。"

刘子驹说罢，杨万里盯着自己曾经得意万分的诗作，突然觉得一点也不香了。

如果要飞得高，就该把地平线忘掉。当天夜里，杨万里忍痛点燃了一把火，把这千余首作品付之一炬。

事后，就连刘子驹都觉得可惜："你也太草率了，毕竟这千余首诗里面，有些还是不错的，再说你写了这么多年，一把火烧了多可惜呀！"

杨万里却摇了摇头："既然决定从头开始，就要与过去彻底告别，不留任何痕迹！"

看着态度决绝的杨万里，刘子驹突然看到一团燃烧的火焰，那闪耀千古的诗坛星光，没准会在杨万里身上再次映现。

五

学霸,只会昂首向前,不会回头留恋。

杨万里一边重新写诗,一边在仕途上继续前进。多年来,他做过奉新知县、国子博士、袁州知州、太常博士、泸州知州、吏部右侍郎、将作少监、漳州知州、常州知州、提点广州刑狱、吏部员外郎、吏部郎中、东宫侍读、秘书少监等诸多官职,尽心尽力为社稷造福。

宋孝宗乾道三年(1167),杨万里给参知政事陈俊卿和枢密使虞允文上了篇《千虑策》,共分君道、国势、人才、论兵、驭吏、刑法、冗官、民政等三十篇,详细阐述了自己的治国理念。

乾道六年(1170),杨万里任奉新知县,到任后严查冤案,禁止逮捕缴纳不起赋税的百姓,并放宽赋税缴额、期限,坚决不让百姓受到戕害。

淳熙十五年(1188),孝宗采纳翰林学士洪迈的建议,让前宰相吕颐浩配享高宗庙,杨万里不同意:放着对国家有大功的张浚等人不配享,偏偏推荐不靠谱的吕颐浩。

一气之下,杨万里跑去痛骂洪迈:"你这么整就是指鹿为马,故意颠倒黑白,难道你想做赵高?"

孝宗一听这话,勃然大怒:"你骂洪迈是赵高,不就是说朕是秦二世了吗?"

结果,杨万里被贬出京。

一年后,宋光宗赵惇即位,召回了杨万里。

杨万里又连上三道奏疏,希望光宗做到"一曰勤,二曰

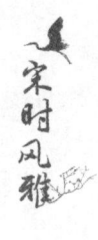

俭,三曰断,四曰亲君子,五曰奖直言"。

这时的他,不再需要去寻访名师,也无须向旁人请教经验心得了。

他已是自己的耀眼星辰。

学霸之所以是学霸,在于一颗永远追求优秀的心。

学霸之所以是学霸,在于始终怀着一颗学徒的心。

在烧诗后的几十年间,杨万里从江西诗体中解放出来后,先学陈师道的五律,再学王安石的七绝,又学晚唐诗人的绝句,然后彻底跳出条条框框,走上了一条随心所欲、诗法自然的创作道路。

他写诗,善于捕捉稍纵即逝的情趣,并用幽默诙谐、平易浅近、活泼轻快的语言表现出来。

写小池,"泉眼无声惜细流,树阴照水爱晴柔";

写小溪,"高柳下来垂处绿,小桃上去末梢红";

写山景,"山转江亦转,江行山亦行";

写明月,"老夫渴急月更急,酒落杯中月先入"……

一帧帧优美的田园风景,一卷卷清新的秀丽诗章。从"师古人"到"师自然",杨万里终于在诗坛开宗立派,以其平易浅近、生动活泼的"诚斋体"独步诗坛。

同为"中兴四大诗人",同样酷爱写诗的陆游评价:

诚斋老子主诗盟,片言许可天下服。

文章有定价,议论有至公。我不如诚斋,此评天下同。

杨万里一生作诗两万余首，流传至今的也有四千余首。虽然他从来不承认自己是"诗坛领袖""一代诗宗"，可他这种活到老学到老、学无止境的学霸品质，还是感染了无数后辈，在诗词创作的道路上破浪前行。

就像杨万里这首最著名的《晓出净慈寺送林子方》：

毕竟西湖六月中，风光不与四时同。
接天莲叶无穷碧，映日荷花别样红。

杨万里，就是南宋诗坛接天的莲叶、别样的红花。

人生没有捷径，想要在人群中更具竞争力，得先让自己拥有更高的分辨率。如果一开始就让你一步登天，这样的结果虽然暂时美滋滋，却一定会让你在日后摔得很惨。

如果你想做个学霸，就去学学刻苦努力、好学力行的杨万里，一步一步慢慢走。当你看遍了旅途的风景，尝遍了失败的苦涩，把愈挫愈勇的品质磨砺成无坚不摧的利刃，把追求卓越的意志装备成钢筋铁骨的战车，到那时你就会发现，学霸虽然只是个名号，却一定会在名号之外，为你带来鲜花、掌声和成绩，为你赢得关注、荣誉和追捧。

张孝祥：破镜者

一

李氏永远都不会想到，张孝祥状元及第归来后的第一件事，就是把她母子二人送走。

作为张孝祥的姑舅表姐，在张孝祥十五岁那年，李氏和他偶遇，然后自由恋爱，然后就瞒着双方父母同居了。

比早恋、地下恋情更荒唐的是，李氏居然未婚先孕，在婚姻还八字没一撇的尴尬局面下，坚持把儿子生了下来。

没名分，无所谓；见不得光，无所谓；没人知晓，也无所谓。李氏心甘情愿默默陪着张孝祥，就这么被一时的恩恩爱爱冲昏了头脑。

坦白讲，她实在很崇拜自己的男人。

张孝祥自幼资质过人，读书过目不忘，属于神童级别的天赋型选手。虽然张家是外来户（躲避战乱迁往明州鄞县），虽然张孝祥的老爹只是县里一个小吏，既没房产也没田产，可李氏还是对尚未成年的表弟一见钟情，甚至有点无法自拔。

张孝祥要复习备考，李氏挺着大肚子，给他洗衣做饭、铺床叠被，一句怨言也没有。

这边刚生下儿子，张孝祥那边就传来喜讯，顺利中举，有资格进京参加会试。

李氏欣慰地给儿子取名张同之，就是希望儿子长大后能和父亲一样优秀。

从十六岁到二十二岁，也就是从李氏结识张孝祥开始，到他动身赴京的六年里，是李氏这辈子最幸福的时光。

张孝祥一直陪伴着李氏和他们的儿子，还放弃了一次参加会试的机会。

当然，李氏也牺牲很大，她断然拒绝与父母回老家安徽浮山定居的规划，任凭父母如何劝说，她只有一句回答："孝祥会娶我的，你们就放心吧！"

有时候，李氏心里也有点没底，因为张孝祥从没主动提过婚嫁，可她倒也觉得，反正结婚是早晚的事，张孝祥不提，自己也不好意思提，这就叫守妇道。

有时候，李氏又觉得夫唱妇随、恩恩爱爱的现状很美满，最好别被外界因素打扰，也别有变动，她甚至自私地希望张孝祥不要进京赴考。

可惜，照顾家庭是暂时的，进京是必然的。到了第二次会试期，张孝祥就动身了。

送别之际，李氏望着恩爱了六年的夫君，终于说出了埋藏在内心深处长达六年的愿望："孝祥，待你进士及第，娶我可好？"

张孝祥轻轻地拥着李氏,在她耳边温柔地承诺:"放心,我会的!"

李氏哭了,她知道,那是幸福的眼泪;她更知道,自己多年来的心愿,就快要实现了!

二

绍兴二十四年(1154)的科考,注定要被载入史册。

"中兴四大诗人"其中三位(陆游、杨万里、范成大),还有一代名将虞允文(以一万八千人马击败金人十五万大军)都是在本次科考中步入仕途的。

然而,比起张孝祥的壮举,他们四位都还要往后稍稍。

张孝祥不但进士及第,而且还中了状元!这并不是最厉害的,最厉害的是他不仅击败了陆游、杨万里、范成大,更击败了秦埙——秦桧的孙子,本次科考的状元内定人。

宰相大人亲自操控,结果本来是不出所料的。在省试暂定的榜单上,第一名是秦埙,第二名是张孝祥,第三名是曹冠(户部侍郎曹咏之子)。

榜眼录取张孝祥,单纯是秦桧想表现得"大公无私"一点,总不能前三名都安排自己人吧。

可惜,自以为万无一失的秦桧还是大意了,因为最后一场殿试的试卷,皇帝都要亲自阅卷,一般情况下也就是走个过场,皇帝哪有时间一份份细看试卷,再者也不会轻易改变礼部给出的录取结果。

最主要的是,宰相大人的面子,高宗赵构还是要给的。

可就在这最后一步,秦桧输了。

秦桧怕赵构太累,只拿了前几名的试卷让他亲阅。虽然试卷上考生信息是被弥封的,但赵构打开第一名试卷的时候,就知道这是秦桧孙子写的烂文。

赵构扫兴地丢开试卷,又索然无味地打开了第二名的卷子。

就在这时,赵构的眼睛亮了。

首先映入眼帘的,是一个个"字画遒劲,卓然颜鲁"的标准"颜体"字;接着吸引眼球的,是一段段酣畅淋漓,文采飞扬的优美文字;最后赢得青睐的,是一整篇长达一万四千字,慷慨激昂、针砭时弊的超棒策论。

赵构龙颜大悦,高声拍板:"议论雅正,词翰爽美,难得得很,状元就他了!"

礼部侍郎直接蒙了:"陛下,那个啥,还要不要再考虑一下?"

赵构霍然抬头,直直地盯着侍郎:"怎么着,朕定的状元,你们还敢质疑?"

侍郎面色灰白,急忙深鞠一躬:"陛下息怒,卑职不敢!"

赵构脸上浮起一丝诡异的微笑,随即对侍郎发布诏令:"后面的试卷朕都不看了,唯独这第二份试卷,要定为状元,第三份试卷,定为榜眼,你们礼部定的状元,改为探花。"

当秦桧得知孙子只弄了个探花,胡子都气歪了,可他也无可奈何,皇帝钦定的状元,谁敢说个"不"字?

糟心的是,作为宰相,秦桧不得不去祝贺新科状元,还得违心地勉励一番:"恭喜孝祥高中状元,陛下喜欢你的文章,也称赞文章中的原创诗章和书法，敢问孝祥诗何体、书何字啊？"

张孝祥赶紧回答："晚辈诗法杜甫、字法颜真卿。"

"哦，果然是英才少年，以后要努力为陛下尽忠，为社稷造福。"

"多谢秦相鼓励，晚辈绝不敢忘！"

其实秦桧应该知足，因为秦埙输给这种大神级别的对手，一点也不丢人。

三

新科状元，必然会人人拉拢。

户部侍郎曹咏有心结交这位政坛新星，当场就向张孝祥提亲。

"小张，我女儿貌若貂蝉、才比文姬，现待字闺中。怎么样，考虑一下吧？"

张孝祥心有所属，自然不会答应："大人，您的美意我心领了，可我已经结婚生子了呀。"

"这样啊，那太可惜了。"

曹咏只是觉得可惜，秦桧却留了个心眼，他调出张孝祥的报名材料，发现端倪后，阴险地拿给曹咏看。

顺着秦桧手指的地方，曹咏赫然发现，张孝祥"是否已婚"那一栏，填的居然是"未婚"！

这是怎么个情况？你不是说你已经结婚生子了吗？

张孝祥也傻了，原来在填报档案时，张孝祥觉得既然只是同居生子，却没领过结婚证，也没办过婚礼，随手就填了个

张孝祥：破镜者

"未婚"。

本来，是否已婚对别人都无所谓，可张孝祥淘汰了秦埙，得罪了秦桧，秦桧就抓住这个漏洞，撺掇曹咏找张孝祥要个说法。

张孝祥极其懊恼，他也记不得当时为什么要失误填个"未婚"，可他确实是未婚，却又真有爱人孩子，这算怎么一回事呢？

一开始，大脑一片混乱的张孝祥拒绝回答曹咏的质疑。他很清楚，如果说自己已婚，那就是犯了欺君之罪，即便赵构不怪罪，可秦桧必然不会放过他；如果说自己未婚，那你老婆孩子哪儿来的？解释得清楚吗！到时一渲染、一恶搞，自己这面子还要不要？

可在曹咏一再的追问下，纠结再三的张孝祥为了仕途，只得忍痛做出最终陈述："大人，很抱歉，我确实是未婚，当时说已婚生子，纯粹是不想娶您女儿啊！"

"真是这样吗？年轻人，千万不要骗自己！"

张孝祥都快哭了："大人，千真万确！您就别再质疑了……"

高中状元的张孝祥，却带着一身的疲惫和自责回到家乡，他做出的选择，要求他必须斩断与李氏的连理枝。

也许，他真没仔细考虑过与李氏的婚姻；

也许，他真打算进士及第后就娶李氏过门。

可惜，这一切都没有意义了。镜子破了，再也无法重圆了。

李氏要去的地方，是她的老家安徽浮山。她带着儿子走的时候，与张孝祥相顾无言，也没有泪。

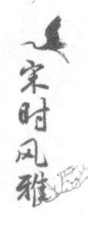

虽然她在张孝祥离开的日子里，整天都畅想着两人的婚礼，她多么多么想正式喊他一声：官人！也多么想让他喊自己一声：夫人！

然而，所有的畅想，以后都只存在于梦境里。

李氏乘舟而去，只留给张孝祥一个背影，待背影渐行渐远，就只剩下漫天秋色了。

人生就像一场舞会，教会你最初舞步的人却未必能陪你走到散场。

其实，张孝祥并不想忍痛割爱，他也不住地扪心自问：中了状元就抛弃旧爱，还有亲生儿子，张孝祥，你的内心不会痛吗？

送归云去雁，淡寒采、满溪楼。正佩解湘腰，钗孤楚鬓，鸾鉴分收。凝情望行处路，但疏烟远树织离忧。只有楼前流水，伴人清泪长流。

霜华夜永逼衾裯，唤谁护衣篝？今粉馆重来，芳尘未扫，争见嬉游！情知闷来殢酒，奈回肠、不醉只添愁。脉脉无言竟日，断魂双鹜南州。

爱人走了之后，张孝祥一度很凄凉，霜华寒夜，不会再有人为自己添衣加裳、嘘寒问暖，日子还有什么意思呢？

特别是回到两人的住处，张孝祥更是触景伤情。

他甚至有点讨厌自己，为什么不敢承认自己有爱人、有孩子，大不了舍弃功名不要。可他却做不到，既放不下功名利禄，也放不下自己的脸面，他只能去做破镜者。

这很现实，也很悲剧。

四

男人的眼泪，有时候干得很快。

女人的幻想，却长久都难以破灭。

李氏回到老家，还幻想着有一天能破镜重圆，也许将来张孝祥功成名就了，还会把自己和儿子接回去，再续前缘呢？

只不过，破了的镜子根本不可能重圆。

高中状元的张孝祥被家人各种催婚，很快就明媒正娶了另一位表妹时氏为妻。

我爱你时你正一贫如洗寒窗苦读，离开你时你已金榜题名洞房花烛。

绝望的李氏终于放下了执念，内心极度忧郁的她根本无力应付娘家人的指责和流言蜚语，遂把孤身托于道观，从此青灯古卷，把受伤的心永远幽闭在诵经修道之中。

此后，李氏还能打听到张孝祥的一些消息。让她想不到的是，张孝祥平时待人接物温文尔雅，性格居然如此刚强。

当时，岳飞被冤杀已经过去十几年了，可只要秦桧在，谁也不敢公然为岳飞申冤昭雪。

张孝祥却敢。刚回京任职没几天，他就坚定地站在主战派一方，上书请求为岳飞平反：

岳飞忠勇天下共闻，一朝被谤，不旬日而亡，则敌国庆

幸，而将士解体，非国家之福也。

赵构很生气，自己钦定的状元居然一点都没有看齐意识，哪壶不开提哪壶。他冷冷地丢下一句："日后再议！"就把张孝祥堵了个彻彻底底。

赵构只是生气，秦桧却是恼羞成怒，你小子抢了我孙子的状元不说，如今还敢替岳飞翻案！谁不知道我和他势不两立，让你得逞了，我还怎么混！

于是，秦桧指使党羽诬告张孝祥的父亲张祁意图谋反，将张祁一族投入大牢，百般折磨，张孝祥也戴罪被"双规"。所幸秦桧此时已油尽灯枯，案子还没审完就病死了，张孝祥最终被撤职，赋闲在家。

身在道观的李氏不由得为张孝祥的险境捏了一把汗，更为他勇敢的行为感到自豪。那样的张孝祥是曾为枕边人的李氏没有见过的。

令李氏感到自豪的事情还有很多。

比如秦桧病亡后次年，张孝祥便出任秘书省正字。首次奏对，张孝祥当廷建议高宗纵览朝纲，以免闭塞试听，导致政令不畅。

此项建议与高宗强化君权的意图相当契合，随即提拔张孝祥官升一级，出任秘书郎。

不过，由于张孝祥性格强硬，敢于提出不同意见，得罪了朝中许多求和派人物，因此屡遭弹劾，很快又被罢官。

在此期间，金主完颜亮亲率大军南下伐宋。张孝祥虽无官无职，却仍然密切关注战局变化，并极具针对性地向张显忠等当世名将提出抗金计策。

当虞允文率一万八千人马在采石矶大败金兵十五万，致使完颜亮南下灭宋的计划全盘破灭，自己也被部下叛将所杀时，张孝祥喜悦不已，当即作了一首《水调歌头》：

雪洗虏尘静，风约楚云留。何人为写悲壮，吹角古城楼。湖海平生豪气，关塞如今风景，剪烛看吴钩。剩喜燃犀处，骇浪与天浮。

忆当年，周与谢，富春秋，小乔初嫁，香囊未解，勋业故优游。赤壁矶头落照，肥水桥边衰草，渺渺唤人愁。我欲乘风去，击楫誓中流。

随后，张孝祥前往建康，拜谒主战派领袖张浚，希望能加入张浚的阵营，为日后对金作战贡献一份力量。

谈到兴起，张孝祥就席间高声朗诵这首《水调歌头》，听得张浚热血沸腾，从座位上站了起来，紧紧握住张孝祥的手："小老弟，你是好样的，我们需要你这种热血青年！"

然而，采石矶大胜却难以激起高宗追歼金人的信心，朝廷仍然以苟安江南为最高准则，收复失地的大好时机再次错失。

痛心疾首的张孝祥，愤然写下人生最著名的代表作《六州歌头》：

长淮望断，关塞莽然平。征尘暗，霜风劲，悄边声。黯销凝。追想当年事，殆天数，非人力。洙泗上，弦歌地，亦膻腥。隔水毡乡，落日牛羊下，区脱纵横。看名王宵猎，骑火一川明。笳鼓悲鸣。遣人惊。

念腰间箭，匣中剑，空埃蠹，竟何成。时易失，心徒壮，岁将零，渺神京。干羽方怀远，静烽燧，且休兵。冠盖使，纷驰骛，若为情。闻道中原遗老，常南望、翠葆霓旌。使行人到此，忠愤气填膺。有泪如倾。

这首《六州歌头》，算得上南宋豪放词中包容量最大、感情最真挚的绝美壮词。

五

绍兴三十二年（1162），张孝祥复官，出任抚州知州。半年后，宋孝宗赵昚继位，主战派迎来了短暂的辉煌时期。

可惜，张浚主导的"隆兴北伐"惨遭"符离之败"，孝宗本就不稳定的信心被彻底击溃，最终决定与金人议和。

后来，随着张浚病逝，张孝祥被罢为建康知府，主战派宣告彻底失败。

仕途的大起大落，抗金的理想破灭并没有让张孝祥驻足不前或是意志消沉。他胸怀"恻袒爱民之诚心"尽心尽力地为百姓造福，为社稷谋利。

在抚州知州任上，面对兵变，他单枪匹马与乱兵对峙，毫无惧色。调离抚州时，当地百姓自发夹道相送。

在平江知府任上，张孝祥打击不法商人，处理积压案件，上书朝廷催拨赈灾款项，减免拖久赋税，救助了许多濒死百姓。

在潭州知州任上，张孝祥为政清简，劝课农桑，使得"狱事清净，庭无留滞"，着力提升百姓生活水平。

在荆州知州任上，张孝祥亲临水灾第一线，重修堤坝防洪，还加强武备，整修军塞，建仓储粮，赢得百姓一致好评。

只不过，这一切都已与李氏没有任何关系。十年前，李氏还抱着一丝破镜重圆的幻想；十年前，张孝祥还经常为她写信、填词。

比如这首《转调二郎神》：

闷来无那，暗数尽、残更不寐。念楚馆香车，吴溪兰棹，多少愁云恨水。阵阵回风吹雪霰，更旅雁、一声沙际。想静拥孤衾，频挑寒灺，数行珠泪。

凝睇。傍人笑我，终朝如醉。便锦织回鸾，素传双鲤，难写衷肠密意。绿鬓点霜，玉肌消雪，两处十分憔悴。争忍见、旧时娟娟素月，照人千里。

李氏心想，也许他一直都挂念着自己吧，除了这些，自己还能要求什么呢？事业上果敢刚正，感情上却显得优柔怯懦，说到底，还是不够爱。

乾道六年（1170），李氏收到张孝祥病逝的消息，他是在泛舟芜湖时，中暑身亡的。巧合的是，他和岳飞一样只活了三十八岁。

消息传到京城，宋孝宗痛心疾首，大呼"用才不尽"。

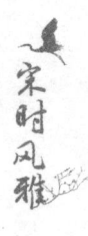

惊闻噩耗，李氏也缓缓放下了手中的道经，默默对着天空发起了呆，没人知道她心里在想些什么。

是悲伤，还是感慨呢？

不知过了多久，李氏悄无声息地病逝在道观中。悲哀的是，没人知道这位修道多年的女子究竟是谁家妻室，因何缘由忘却红尘、看开生死。

又过了很多年，张孝祥的私生子，也就是那个"父母是真爱，孩子是意外"而降生的张同之不负期望，高中进士。他安安稳稳活了一辈子，病逝之际特意在墓志铭上刻下"生父张孝祥""生母李氏"的字样。

人们这才知道，原来，"南宋第一状元""南宋抗金大文人"张孝祥曾经打碎了一面镜子，辜负了一个痴情人。

姜夔：自转的矛盾体

一

宋孝宗淳熙三年（1176）冬至，一年中白昼时间最短的一天，二十二岁的姜夔来到了扬州。

比气温更低的，是姜夔的心情。

印象中的扬州，应该是李白烟花三月送别挚友的驰名景区，应该是杜牧在青楼十年一觉的风流去处。

然而，一切都变了。

如今的扬州，在金人南下大肆劫掠后，已成为一座千疮百孔的空城。曾经富丽堂皇的十里长街，如今已荠麦疯长，状如荒野；曾经风光旖旎的二十四桥，如今也空对冷月，凄凉萧瑟。

冰冷如水、死气沉沉的氛围，让姜夔有些喘不过气来。科举失利、情绪低落的他，原本希望在这里放松心情，没想到心情没放松，还平添了几许忧伤。

失望至极的姜夔在扬州城逛了一圈，然后匆匆丢下一首《扬州慢》，黯然离去：

淮左名都，竹西佳处，解鞍少驻初程。过春风十里，尽荠麦青青。自胡马窥江去后，废池乔木，犹厌言兵。渐黄昏，清角吹寒，都在空城。

杜郎俊赏，算而今、重到须惊。纵豆蔻词工，青楼梦好，难赋深情。二十四桥仍在，波心荡，冷月无声。念桥边红药，年年知为谁生？

姜夔这辈子，一直在社会最底层，以最失意的姿态默默行丁着。

南宋主流圈子里，围绕"是战是和"，有两种截然不同的声音。要么像辛弃疾、陆游那样为收复河山慷慨激昂、高声呐喊；要么像秦桧、汪伯彦那样为偏安一隅鼓吹"共存"和"躺平"、屈膝求和。

而姜夔属于第三类，真正不问世事的落魄人士，喃喃自语地唱着自怨自艾的悲歌。

其实，他的人生本不应如此，很早之前，他就展现出过于常人的才华，写诗填词、音乐书法样样精通。只可惜，才艺越出众，反衬得应试能力越暗淡。

作为一个破落的官宦之后，姜夔的父母去世得很早，他一直跟着姐姐长大成人。

那时的他，理想很现实：科举入仕，摆脱穷困潦倒的境遇。

那时的他，追求很直接：做官后好好努力，报效社稷，功成名就！

搞不清姜夔是五行缺考试，还是光顾着畅想没认真复习，谁承想，从二十岁考到三十岁，次次落榜，连级别最低的乡试都考不过。

姜夔感觉人生仿佛被按下了暂停键。那时的他，第一次陷入了矛盾，我是继续复习备考呢，还是换一种活法呢？

思来想去，姜夔决定暂时放下执念。仕途没有了，毕竟还有生活，还有一身的艺术细胞，既然干别的不行，干脆去文艺圈加入个门派吧！

二

南宋中期以来，豪放派仍然有辛弃疾、陆游、张孝祥等大文人撑场子。

相较而言，婉约派就混得很惨，自李清照病逝后的几十年间，一个能扛起大旗的接班人都没有。而且随着国家的长期动乱，婉约派的发展出现了严重的倒退，早就没了那股子清新恬淡的意境和闲适优雅的风骨，词风变得软媚无骨，极度缺乏韵味。

不光是婉约派，曾经如日中天的江西诗派，表现一样苍白，就连本派两大至高武学"点石成金""脱胎换骨"，也被后人练得走火入魔、经脉错乱。原本追求的字斟句酌、求新求变，现在却越练越干涩，越练越偏狭。

既非婉约派、豪放派，也非江西诗派的姜夔，在仕途越走越悲剧的时期，悄然之间融合了三大门派的武学精妙，把江湖上一个不太出名的门派——格律词派，直接带上了巅峰。

在发展格律词的过程中，姜夔站在了巨人们的肩头，甚至还用上了江湖上失传已久的至高绝学——一气化三清。

他一方面继承了婉约派宗师兼格律词派创始人周邦彦炼字琢句的技巧，另一方面又移诗法入词，借江西诗派的瘦硬精奇扫清日渐柔媚的婉约词风，顺带还用晚唐诗的绵邈风神化解了豪放词派粗犷偏激的流弊，最终达到了音韵精密、格调雅洁、重视音律、转实为虚的境界。

姜夔对格律词派的贡献，可以总结为三点：

"清空"，描写对象舍其外貌而重其神理，不作过多的实质描写，注重从侧面渲染或虚处暗示，承接转折处跳宕腾挪，使内容更加生动传神；

"典雅"，擅用联觉思维，加之艺术的通感，将不同的生理感受连缀在一起，捕捉灵气飘忽的心境，消除因情感不真造成的软媚无力；

"音韵"，自创新调，强调格律严密、音节谐婉，可在词前附上精美风趣的小序，追求词的音乐美和词人情感律动的高度和谐。

以一己之力将格律词派发扬光大的姜夔，迅速被圈子里的知名人物接纳。毕竟名声在外了，想不被关注都很难。

最开始，姜夔结识了知名诗人萧德藻。

萧德藻可不是江湖上的路人甲，"中兴四大诗人"，他排第五，实力仅比陆游、范成大、尤袤、杨万里差了一丁点儿。

老萧写了一辈子诗，很少夸奖后辈，可一见姜夔，态度却出奇地热情："小伙子，你很优秀呀，交个朋友吧！"

交朋友只是第一步，下一步，老萧还亲自做主，把侄女许配给了姜夔。

侄女刚开始很不理解:"这个姜夔要房没房,要车没车,要前途没前途,还比我大了十几岁,不带您这么欺负我的!"

老萧却微笑着给侄女做思想工作:"如果你不嫁给姜夔,我保证是你这辈子最大的损失,他是个巨大的潜力股。年轻人,要把目光放长远一些,嫁给他,我不敢保证你一定能得到幸福,却敢保证你会跟着姜夔被世人知晓。"

三

与姜夔结亲后,老萧和他的关系更加密切。随后,萧德藻调任湖州,姜夔作为萧家的女婿,也跟随老萧前去。

这次行程,姜夔收获满满,他一连结识了圈子里许多重量级人物。

比如途经杭州时,姜夔结识了"一代诗宗"杨万里。

杨万里还是保持着一贯的学霸作风,从不以诗坛地位轻视晚辈,他本着互相学习、互相借鉴的态度,认认真真地鉴赏着姜夔的作品,还给出了高度的评价:小兄弟,你的作品写得很好,依我看来,很有陆龟蒙①的味道,希望你以后继续努力,争取获得更大的进步。

临别时,杨万里还写了首《进退格寄张功父、姜尧章》,送给姜夔,以作留念:

---

① 陆龟蒙:晚唐隐逸诗人,擅长写景咏物,与皮日休合称为"皮陆"。

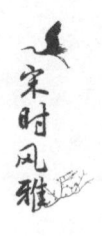

尤萧范陆四诗翁，此后谁当第一功。
新拜南湖为上将，更差白石作先锋。
可怜公等俱痴绝，不见词人到老穷。
谢遣管城侬已晚，酒泉端欲乞移封。

名人效应总是相互传来传去，杨万里觉得姜夔很不错，又把他推荐给了范成大①。

范成大不仅官至副宰相，还是南宋田园诗的重要人物，在政坛和文坛都有很强的影响力。

比如这首《四时田园杂兴》，就把田园生活描绘得格外生动活泼：

梅子金黄杏子肥，麦花雪白菜花稀。
日长篱落无人过，唯有蜻蜓蛱蝶飞。

范成大一样对姜夔欣赏有加，不但与姜夔结成好友，还经常邀请姜夔来家中做客。

某年冬天，姜夔应邀到范成大家里踏雪赏梅。

这一次，心情极佳的姜夔思如泉涌，兴致勃勃地亲自谱曲，填了两首最知名的代表作——

《暗香》：

旧时月色，算几番照我。梅边吹笛，唤起玉人，不管清寒

---

① 范成大："中兴四大诗人"之一，南宋田园诗集大成者。

与攀摘。何逊而今渐老，都忘却，春风词笔。但怪得，竹外疏花，香冷入瑶席。

江国，正寂寂。叹寄与路遥，夜雪初积。翠尊易泣，红萼无言耿相忆。长记曾携手处，千树压、西湖寒碧。又片片吹尽也，几时见得？

另一首《疏影》：

苔枝缀玉，有翠禽小小，枝上同宿。客里相逢，篱角黄昏，无言自倚修竹。昭君不惯胡沙远，但暗忆、江南江北。想佩环、月夜归来，化作此花幽独。

犹记深宫旧事，那人正睡里，飞近蛾绿。莫似春风，不管盈盈，早与安排金屋。还教一片随波去，又却怨、玉龙哀曲。等恁时，重觅幽香，已入小窗横幅。

当歌伎小红演唱完这两首作品后，范成大居然激动得有些失态："小伙子，你太厉害了，林逋可是我们这一代人的偶像啊！你竟能以其《山间小梅》中'暗香''疏影'两大意境谱曲填词，真让我吃惊！"

连得杨万里、范成大两位前辈的推崇，姜夔的名气越来越大，湖州城的许多达官显贵都争相来拜访，甚至连当代知名大儒、连苏轼都敢批评的朱熹，都愿意亲自动身，前来结交姜夔。

四

姜夔在湖州一住十年，结交了众多文人骚客。

当然，文人骚客们都是来切磋诗文的，身为一介布衣，姜夔这些年来在生活上一直依靠着萧德藻。

对于寄食于人这个问题，姜夔一直都没有认真关注过，毕竟自己娶了老萧的侄女，老萧就是自己的长辈，"啃老"虽然有点跌份儿，心理上却可以接受。

可惜，"啃老"只是暂时的，萧得藻必然会退休的，也必然要落叶归根的。

这样的结局说来就来，宋宁宗庆元二年（1196），萧德藻光荣退休，然后被侄子接回老家池阳。

这一回，姜夔不能跟着去了。而且，他也没心情继续在山上隐居了。

毕竟要吃饭、要生活，又想继续追求那种无忧无虑的高质量生活。

姜夔由此陷入了人生更大的矛盾：想保持人格的独立，就应该放弃一切外界援助，自己动手丰衣足食；想不劳而获，继续和他人谈文论诗，就必须投奔富贵人家，寄人篱下。

正纠结着，姜夔突然收到了一封信件，是三年前游历临安时结交的世家公子张鉴寄来的。

姜夔快速浏览着这封很长的书信，紧皱的眉头居然慢慢舒展开了。

信是这么写的：

姜老弟，我是张鉴，你还记得我吧？是这样的，自从三年

姜夔：自转的矛盾体

前有幸结识了你，我一直希望能与你促膝长谈。你也知道，我是个文字"发烧友"，可惜身边一直没有真正有水平的名士相伴。众所周知，你姜老弟声名远扬，所以兄弟我有个不情之请，不知你能否屈驾来临安居住呢？衣食住行方方面面我都给你安排好了，希望老弟能给我一个机会，让我掌握点填词作诗的技能。

张鉴的身价，姜夔是知道的。

作为南宋"中兴四将"[①]之一张俊的后代，张鉴是富二代，在临安、无锡都有多处田宅。

原本姜夔还在为到底要不要寄人篱下矛盾着，张鉴却替他做好了选择。既然有人主动要求，那何乐而不为呢？

于是，姜夔愉悦地拿起笔回信：收到。好的！这是我的荣幸！

事实证明，姜夔来对了。

张鉴不但免费给姜夔提供了一处邻近张府的大宅院，还承包了姜夔衣食住行的所有花销。

姜夔平日的工作，就是陪张鉴填词作诗、饮酒取乐。

这还不算，当张鉴听说姜夔早年间屡试不中，甚至准备出资替姜夔买官。

这种简单粗暴的砸钱式行径，姜夔是不会答应的，躺平多丢人啊！他还是想凭借自己的努力，弥补人生最大的遗憾。

由于住在临安，很多工作就方便开展了。姜夔先是给朝廷

---
① 中兴四将：岳飞、韩世忠、刘光世、张俊。

献上自己精心写成的《大乐议》和《琴瑟考古图》，在文中指出宫廷音乐存在的不足及改进措施，可惜朝廷没有重视。

两年后，姜夔再给朝廷献上《圣宋铙歌鼓吹十二章》。这一次，朝廷给了姜夔一个很好的机会，破格让他直接参加会试。结果，姜夔还是落榜了。

从此，姜夔彻底断了入仕的念头，安心住在张鉴提供的大宅子里，无忧无虑地写诗填词、享受生活。

五

如果这辈子一直有"贵人"相助，那姜夔就不会有晚年的颠沛流离、食不果腹。

嘉泰二年（1202），张鉴驾鹤西游。这一年，姜夔四十八岁了。

离开了张鉴，他依然只是个除了写诗填词啥也不会的白衣。更惨的是，此后近二十年间，他再也没有遇到下一个合适的贵人。只能靠着多年来积攒的名气，给人填个词、题个字、谱个曲，勉强维持生计。

两年后，临安发生了一次严重的火灾，尚书省、中书省、枢密院等政府机构都被殃及，两千多家民房也同时遭殃，张鉴死前免费送给姜夔的那栋豪宅也不幸被毁，家产几乎烧光。

姜夔没有资金重建房屋，只得离开临安，奔走于金陵、扬州之间，为的只是填饱肚子。

到了此时，姜夔才猛然发现，没有谋生的门路，想在社会上自食其力，原来这么艰苦。也许他很后悔，当初若是拜托老萧谋个出身，或是拜托张鉴谋个挣钱的门道，想必也不会落到这个地步。

嘉定十四年（1221），漂泊一生的姜夔走到了生命的尽头，别说留下遗产，就连死后的安葬费，还是靠曾经的朋友们众筹，才勉强将他葬于钱塘门外的西马塍。

姜夔这辈子，算不上悲惨，作为格律词派的领袖，无论生前还是身后，业界对他的评价都极高，还给他戴上了许多金光灿灿的王冠。

比如"词中之圣""南宋唯一开山师""词中有白石，犹文中之有昌黎（韩愈）""如盛唐之有李杜"……

可是，他却一直活得很矛盾。他结交贵族又不愿趋炎附势，性格清高却又不得不寄人篱下。

他就是这样的矛盾体，自转着、纠结着、矛盾着，骨子里很骄傲，内心又缺乏自信，不会在快乐的时候未雨绸缪，更无法在困难的时候找到出路。

其实，生活偶尔会因为环境的变化而突然变得顺风顺水，也会因为某个人的到来而带给你一片崭新的天地。

如果这种改变持续得够久，你就能唱着小曲、喝着小酒，安然享受生活；当这种改变戛然而止时，你大概也会像失去贵人的姜夔那样，颠沛流离，黯然悲歌。

到那时，悲歌唱得再动听、再感人，也是毫无意义的，因为悲歌者，像歌中唱的一样悲哀。

宋慈：救时与救世

一

南宋理宗宝庆年间，江西信丰县一中年秘书（主簿）突然被借调到江西安抚使郑性幕府任事。说是借调，其实是提拔。

秘书很纳闷地问："我在县里刚任职不久，才疏学浅，能为您做些什么呢？"

郑性微微一笑，只对他说了两个字：平叛。

原来，南宋后期，政治腐败，官场黑暗，江西福建一带少数民族经常发动叛乱，作为江西安抚使，郑性急需寻找一批熟悉本地民情的可用之才。

经人推荐，郑性得知这位秘书乃大唐名相宋璟之后，出身官宦世家，又是当时两大著名理学家吴稚和真德秀的得意弟子，这次自然要将其招来，希望能够为平叛出一份力。

初出茅庐的秘书听到郑性的回答，居然一点不推辞，积极适应新工作，参与军事谋划。

在郑性的刻板印象中，秘书常年坐办公室写材料，对叛乱这滩深水估计把握不住，没想到首次平叛布置会议上，秘书就滔滔不绝分析了起来：

"在我看来，本次赣南一代方圆数百里动乱，根源在于一小批反官府的土匪煽动饥民造反，如果不分善恶一律剿灭，那只是治标不治本，即便平定赣南百姓叛乱，整个区域的社会治安也不会真正有所改善。"

"那依你之见该当如何？"郑性非常希望能从秘书口中听到自己想要的答案。

"很简单，我有两策可供参考。一是尽快开仓放粮，让大批灾民得以弃恶从善，重新回归农田；二是鉴于真正需要剿灭的黑恶势力也就只有那一小撮匪贼，因此不需要劳师动众，所谓擒贼先擒王，拿下匪贼首领，一切问题便迎刃而解！"

郑性点了点头："你说得极对，可擒拿贼首，谈何容易啊！"

"如您信得过在下，我愿意去！"

于是，郑性便派秘书跟随招捕使陈韡和监军李华带兵平叛。

出人意料的是，这秘书不仅运筹帷幄，行军用兵也很有心得，他配合两位主将平定莲城七十二寨寇，迅速缓和了江西境内的叛乱形势。史书称其"提孤军从竹洲进，且行且战三百余里"，连陈韡都不禁赞其"忠勇过武将矣"。

基于突出的功绩，他迅速被提拔为福建长汀知县、邵武军通判、南剑州通判，反正不是在平叛，就是在平叛的路上，要么就是去赈灾。直到被提拔为广东提点刑狱使，他才算真正安定下来。

这位身怀大才的中年人,就是世界法医学鼻祖,被后人称为"法医学之父"的宋慈。

他不写诗、不填词,却是历史上比那些写诗填词的名家分量更重的救时文人。

二

宋慈,字惠父,南宋建阳(今福建南平)人,与理学大师朱熹是同乡。

其父宋巩,曾任广州节度推官,之所以给儿子取名曰慈,字惠父,正是期望儿子日后做一个恩惠慈及百姓、贤名垂于青史的父母官。

不同于南宋许多久负盛名的大人物,宋慈起步很晚,求学生涯很长。

少年时代,他受业于同邑朱熹的弟子吴稚门下,史书称他"善辞令,据案执笔,动辄十言",平日酷爱阅读诸葛亮著作,常以"治世以大德,不以小惠"自我勉励。

二十岁那年,宋慈进太学拜著名理学家真德秀为师,因才华出众而深受器重。

三十一岁时,宋慈中进士乙科,被任命为浙江鄞县县尉。

由于朝廷上尸位素餐者大有人在,许多科举入仕的年轻人都很难迅速得到实缺。

可宋慈却拒绝了朝廷的任命,不是嫌官位小,而是父亲病重,必须回家照顾。

很多朋友都对此表示遗憾,可宋慈却说:"为人子者,官可以不做，父母恩情不可不还。如今父亲病重，我岂能贪恋官职而弃父亲于不顾！"

于是，宋慈毅然返回家乡照顾父亲，随后父亲病逝，他足足为父亲丁了九年忧，才重新踏上仕途。

北宋有包拯，南宋有宋慈，一样的至情至孝，令人钦佩。

直到四十岁那年，宋慈才担任江西信丰县主簿，正式开启官宦生涯。

此时，朝廷上皇帝昏庸，奸相贾似道勾结蒙古，国家局势岌岌可危；地方上同样政治腐败，苛捐杂税，致使百姓苦不堪言，特别是江西、福建一代，经常性发生小股百姓叛乱，令当地政府疲于奔命。

正是在信丰主簿任上，宋慈对平叛赣南叛乱贡献巨大，被招捕使陈韡举荐为福建长汀知县。

从此，宋慈走上了一条筚路蓝缕、发扬蹈厉，全力为百姓造福，稳定动荡局势的救时之路。

在长汀，他发现当地盐价极高，百姓吃盐不易，便上书请奏朝廷改福盐（福建沿海生产）为潮盐（潮汕一带生产），节约运输成本，从而降低盐价，节约百姓买盐成本。

在剑州，此时正值荒年，粮价暴涨，贫苦百姓饿殍遍地。宋慈便详细调查本地田产贫富，为严厉打击富户囤积居奇，他将百姓按照贫富差距分为五等，最富的一等要拿出一半粮食用来赈济，其余一半才能用于出售，二等富户只出售不无偿捐助，三等自给自足，四等半救助，最后一等赤贫户则给予完全救助。措施一经推出，效果立竿见影。

宋理宗嘉熙三年（1239），宋慈升任广东提点刑狱使，负责广东全境司法刑狱案件，大名鼎鼎的"大宋提刑官"，终于闪亮登场。

这一年，宋慈已经五十三岁了。也正是这一年，他迈上了人生的巅峰。

三

人生前五十三年，宋慈学的是儒家经义，做的是打击匪患、济民救灾之事，几乎从未与刑狱案件打过交道。

也许冥冥之中自有天意，拥有超强断案天赋的宋慈，在仕途末期、人生末年成就了"大宋提刑官"的美名，也为后世乃至世界法医史留下了浓墨重彩的一笔。

刚授任广东提点刑狱使那阵，朋友们纷纷向他道贺："你忙忙碌碌好多年，如今得到美差，可以好好休息等待退休了。"

宋慈却摇头道："可惜我苦差事做惯了，实在不懂该如何享受生活。"

宋慈是这么说的，也是这么做的。

下车伊始，刑狱司诸官员又是设宴又是推荐旅游景点，他们觉得宋大人年纪不小，估计也就是来混一混日子坐等退休的。

然而，宋慈拒绝了全部酒宴、游乐安排，用八个月的时间处理了二百多件积案，几乎多是死刑案，严厉惩处一批贪赃枉法的基层执法狱吏，为两千余人平冤昭雪。

一般来说，开棺验尸这种被视为"下贱"工作的活，都由仵作负责，刑狱使只需根据仵作验尸结果判断案情即可。

宋慈却不，他要现场看着仵作验尸，甚至亲自动手验尸、验骨，掌握第一手资料。正是这种严谨求实的作风，让宋慈断起案来有理有据，毫无纰漏。

此后数年间，宋慈又先后赴江西、广西、湖南担任刑狱使，每至一处必不辞辛劳，不避污秽，亲自深入案发现场验尸、搜集证据，一旦发现冤案，立即着手主持重判。

在这里有必要强调，宋慈断案的功绩如此辉煌，除了个人努力之外，也与南宋对于刑狱案件的谨慎程度密切相关。

宋孝宗乾道三年（1167），朝廷曾特意降诏：

> 狱，重事也。稽者有律，当者有比，疑者有谳。比年顾以狱情白于执政，探取旨意，以为轻重，甚亡谓也。

刑狱是朝廷大事，必须依律依规，定罪量刑必须有犯罪事实，犯罪事实必须要证据充分，让质疑者完全信服，不能像之前那样只凭上意决断罪情轻重。

为了践行这种审慎的刑狱精神，朝廷坚持以"吏不良，则有法而莫守"为原则谨慎挑选执法官员，并将每年狱中死亡的人数作为官员年度考核的一项关键指标，同时严厉打击办案中徇私舞弊现象。如果出现执法官员量刑不当、徇私舞弊甚至草菅人命的情况，则将依律、依罪过轻重施以杖刑、罢黜及下狱论罪的处罚。

除此以外，为防止执法官员主观上判断失误，朝廷还持续强化初检、复检程序，初检、复检结果必须保持一致，一旦出错，立即纠正，否则就要追究责任。

正是这种规章制度成熟、司法程序科学合理的大氛围，影响了宋慈，也成就了宋慈。

四

淳祐七年（1247），宋慈调任湖南提点刑狱使。这年冬天，他完成了一件个人乃至法医史上惊天动地的大事。

担任刑狱使这几年来，宋慈接手不下千余狱讼案件，积累了充足的办案经验。他有心对当时传世的尸伤检验著作如《内恕录》《折狱龟鉴》加以综合、核定和提炼，并结合自身丰富的实践经验，终于在这一年撰成并刊刻《洗冤集录》五卷。

这是宋慈司法事业的一小步，却是中国历史乃至世界法医史的一大步。

尽管人生绝大部分时间都是在研究儒家典籍，尽管担任刑狱使前毫无医学基础，但宋慈却有大量的相关书籍、宝贵的动手经验、充足的现实案件可供参考，在研究完一本本烦琐深奥的医书、验查完一具具含冤待雪的尸骨、办结完一个个离奇曲折的案件后，他终于能将生理、病理、药理、毒理知识及诊察方法综合运用在检验死伤的法医工作中，并顺利撰成《洗冤集录》。

无论是断案还是编书，与其说宋慈靠的是天赋或热爱，不如说是救时之人难能可贵的责任和担当。

《洗冤集录》开篇提到：

狱事莫重于大辟（死刑），大辟莫重于初情，初情莫重于检验。盖死生出入之权舆，幽枉屈伸之机括。于是乎决。

宋慈对于狱案，始终坚持慎之又慎，不敢有一丝慢易之心。他带头深入现场调查，不避臭恶，并时常告诫下属人命关天，万不可凭信一二人口说，同时要深入了解被害人生前的社会关系、经济状况，将所有情况条分缕析、抽丝剥茧，才能充分掌握真凭实据。

在《洗冤集录》中，宋慈对验尸的方法，归纳出一套科学合理的措施，特别是针对各类中毒症状，如服毒者"未死前须吐出恶物，或泻下黑血，谷道肿突，或大肠穿出"，死后"口眼多开，面紫黯或青色，唇紫黑，手足指甲俱青黯，口眼耳鼻间有血出"，都有一整套合理解释。

同时对于死亡状态如自缢、勒死、毒杀、外物压塞口鼻致死之类暴力致死与非暴力致死、自杀与他杀等各种实际情况，均给予了细致的论述。

此书是宋慈一生经验、思想的智慧结晶，也是世界第一部法医学专著，比意大利人菲得利写成的同类著作要早350多年，后世刑狱官员都将《洗冤集录》当成破案的指导用书。

宋慈也因这部《洗冤集录》被后人尊称为"法医学之父"。

五

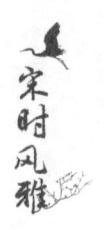

两年后，宋慈由宝谟阁直学士升任广东经略安抚使，掌管广东一路的军事行政。某日，宋慈忽患头疾，头晕无力，于同年三月病逝于官寓，终年六十四岁。

宋慈病逝后，南宋豪放派诗人兼好友刘克庄在墓志铭中评价道：

听讼清明，决事刚果，抚善良甚恩，临豪猾甚威。属部官吏以至穷闾委巷，深山幽谷之民，咸若有一宋提刑之临其前。

也就是说，宋慈任职之处地方官吏和豪强缙绅谁也不敢为非作歹，从属部官吏乃至穷乡僻壤、深山幽谷之民，无人不知宋提刑的大名。

他这一生，经历足够丰富，从最初参与平叛、处理政务，再到调平物价、赈济灾民、改善百姓生活，然后断理冤案、提刑一方。

他这一生，不仅仅会断案，不过确实因晚年刑狱使的经历得以名垂青史。

他这一生，有太多值得学习的宝贵品质。

南宋末年，州县官府往往把人命关天的刑狱案件，视为苦、脏、厌、烦之事，不注重实地检验，或虽到案发地点，也只是走走过场，以致出现判断失误，冤案丛生。

这一点是宋慈深恶痛绝的，他尊重生命，对待死刑之人，尤其不能敷衍了事，一定要查出实情，验明真相，不敢有丝毫马虎。

对待尸体，特别是能否暴露和检验尸体的隐秘部分。在宋明理学盛行的南宋，检验尸体都要把隐秘部分遮盖起来，以免有"妄思""妄动"之嫌。

宋慈却告诫下属：验尸切不可遮蔽隐秘处，所有部位都必须"细验"，仔细查看是否插入针、刀等异物。特别是对待女子的尸身，一定要抬到光明之处进行检验，以求真相，以避嫌疑。

"法医学之父"的美誉，宋慈自然当之无愧。

宋慈一生没留下什么诗词，可他对历史的贡献，抵得上百首千首诗词。

当其他文人游历四方，写诗填词感慨国家危矣、社稷危矣，或是感慨个人怀才不遇、壮志难酬之际，宋慈正不避辛劳，验尸断案，造福一方。

他坚守正义、百折不挠；

他勇于任事，活出了人生应有的浩然本色。

他像蜡烛一样燃尽所有，只为让陷入黑暗中的南宋王朝多一点光亮、多一点温暖、多一点希望。

他是救时者，能解辖区内百姓之苦、平百姓之冤，却不是救世者。放眼四海，蒙古铁骑在北方蠢蠢欲动，朝廷上奸佞乱政，祸国殃民，南宋王朝的局势愈发危急。

真正有希望救世者，唯有大宋最后一位大文人：文天祥！

文天祥:挺起大宋的脊梁

一

文天祥被当众处决后,大元当局通知他的妻子欧阳氏前来收尸。

在更换文天祥的贴身衣物准备入殓安葬时,悲痛欲绝的欧阳氏发现了丈夫衣服夹层里的遗书和一首绝命诗。

遗书写得很短,只有短短三十二字:

孔曰成仁,孟曰取义。惟其义尽,所以仁至。读圣贤书,所学何事?而今而后,庶几无愧。

绝命诗写得很长,是一首篇幅长达三百字的《正气歌》:

天地有正气,杂然赋流形。下则为河岳,上则为日星。
于人曰浩然,沛乎塞苍冥。皇路当清夷,含和吐明庭。
时穷节乃见,一一垂丹青。在齐太史简,在晋董狐笔。

文天祥：挺起大宋的脊梁

在秦张良椎，在汉苏武节。为严将军头，为嵇侍中血。
为张睢阳齿，为颜常山舌。或为辽东帽，清操厉冰雪。
或为出师表，鬼神泣壮烈。或为渡江楫，慷慨吞胡羯。
或为击贼笏，逆竖头破裂。是气所磅礴，凛烈万古存。
当其贯日月，生死安足论。地维赖以立，天柱赖以尊。
三纲实系命，道义为之根。嗟予遘阳九，隶也实不力。
楚囚缨其冠，传车送穷北。鼎镬甘如饴，求之不可得。
阴房阗鬼火，春院闭天黑。牛骥同一皂，鸡栖凤凰食。
一朝蒙雾露，分作沟中瘠。如此再寒暑，百疠自辟易。
哀哉沮洳场，为我安乐国。岂有他缪巧，阴阳不能贼。
顾此耿耿存，仰视浮云白。悠悠我心悲，苍天曷有极。
哲人日已远，典刑在夙昔。风檐展书读，古道照颜色。

欧阳氏读罢，不禁泪如雨下。

强悍的军队可以追亡逐北，却始终不能征服文人不屈的灵魂。

元至元十九年（1282）一月九日，阴，天空昏暗无光，刑场飞沙走石。

这一天，是文天祥英勇就义的日子。

这一天，从兵马司监狱至集市口，一路上布满全副武装的卫兵。大都数以万计的百姓听到文天祥被押赴刑场的消息，纷纷聚集在街道两旁。

他们中间，元人纯粹是来看热闹的，只想看看这位被囚禁三年零两个月，历经多轮劝降、逼降、诱降，却始终不愿归顺的宋朝宰相，究竟是何方神圣。

而那些随大宋皇帝归顺的汉人，个个暗自垂泪，为百折不挠的民族英雄热忱祈祷。

从监狱到刑场，文天祥神态自若，虽然脸色枯黄、身形瘦削，却隐约仍能看到那张曾经迷倒万千少女的英俊面容，依然炯炯有神的双眼、挺拔的鼻梁，还有那自始至终从未垂下的头颅。

临刑前，监斩官还是做了最后一次劝降："丞相还有何话要说？陛下特别交代，只要丞相点个头，本官立刻为你松绑，所有的罪过一笔勾销。"

文天祥却像没听见一样，微笑着向他问道："请问南是哪个方向？"

监斩官给他指了一指，文天祥随即向南拜了几拜，然后心满意足地对监斩官说："我的心愿已了，可以行刑了。"

监斩官审视他许久，最终叹息一声，下令行刑。

当屠刀在天空划过一道完美的弧线，文天祥从容就义。南宋最后一缕忠魂飘散在天地之间，随着呼啸的悲风，飘向他的故国，那里有他的百姓、他的理想、他心中的千秋忠义！

二

元世祖忽必烈亲自来狱中劝降文天祥时，南宋政权已经灭亡了将近四年。大宋的万里锦绣河山，早已在蒙古铁骑的冲击下尽数沦陷。

尽管如此，忽必烈仍然觉得并不圆满，因为在最高战犯的名单里，位列第一的文天祥还没投降。从某种意义上说，不能迫使文天祥在精神上屈服，接受大元的官职，忽必烈就有些遗憾。

忽必烈并不需要一个亡国之臣为大元提供多大的帮助，文天祥存在的意义，就是通过投降大元，彻底瓦解汉人心中那缕不甘奴役的精魂。

忽必烈望着面黄肌瘦的文天祥，却像面对一座屹立不倒的万里长城。他格外好奇一个问题，究竟怎么才能让文天祥投降呢？

"都过去快四年了，你的国家早亡了，你的君主、你的家人、你的同僚、你的下属，还有千千万万的宋人都降了，你还有什么好坚持的？你以前是大宋朝的宰相，朕会让你继续做大元朝的宰相，你一点都不亏啊！朕的建议，难道一点也打动不了你吗？"

文天祥平静地看着忽必烈，坚毅的眼神在阴暗的牢狱中依然绽放着耀眼的光芒："某受宋恩，忝为宰相，却无力挽救危亡，心早已随故国而逝，万无可能再事新主。苟延残喘至今，实愧于宋臣之名，请陛下早做决断，赐某一死足矣。"

说罢，文天祥再次陷入沉默。

忽必烈心中一凛，无奈地长叹一声："好男儿，可惜了！"

为了劝降文天祥，元朝当局用尽了手段。参与劝降的人物、威逼利诱的花样、待遇优厚的许诺、时日漫长的关押，足见元人"诚意"满满。

可文天祥惊人地战胜了一切考验，仅凭其坚定的意志，就足以让他在青史上留下浓墨重彩的一笔。

比忽必烈更早尝试劝降文天祥的，是文天祥的妻子和两个未成年的女儿。

文天祥一生育有二子六女，如今在世的只剩两个年仅十四岁的幼女。元人将他的妻女押至大都，立刻就让其妻欧阳氏给文天祥写信劝降。

尽管信的内容很温情：只要投降，家人即可团聚。

潜台词却足够狠毒：我们元人能善待你的妻女，自然也能永世让她们在宫中为奴，你若不降，我们还有一万种方法让你的妻儿在凄惨和屈辱中死去。

文天祥看了这封简短的信件，字字句句却像钢刺般扎进心底，他强忍着泪水，蹲下身来写了寥寥数言："谁人无妻儿骨肉之情？但事已至此，于义当死。奈何，奈何！"

亲情关之前，是君臣关。

投降后被元廷降封为瀛国公的宋恭帝，一样被元人叫来劝降。

文天祥行过臣子之礼后，曾经的旧主和曾经的宰相在阴暗的狱中相顾无言，还是文天祥简单地说了句："君臣缘分已尽，请陛下速回！"

宋恭帝如鲠在喉，黯然离去，一句劝降的话也没说出口。

三

文天祥刚被押赴大都时，元朝当局天真地以为，随便吓唬几下，就能让这个所谓的硬汉屈膝投降。

文天祥面对的，是一副沉重的木枷，一间潮湿阴冷、肮脏不堪的土牢，一个高低不平的木板床，既不让吃饱，还整天被恐吓："让你求生不得求死不能！"

文天祥：挺起大宋的脊梁

其实，文天祥既不怕屈辱地活着，更不怕落寞地死去。

他曾目睹挚友陆秀夫[①]背着年幼的皇帝赵昺跳海自杀，十万军民跳海殉国；也曾因军中暴发瘟疫，眼睁睁地看着母亲和儿子死在身边。身为亡国之臣，生亦何欢，死又何惧？

在文天祥被押往大都途中，他就尝试过自尽，用那种最简单的方式：绝食。

绝食了八天，结果没死成，元兵每天都会按时给他强行灌入一些食物，还全天候有专人看守，以防他突然死亡。

比绝食更早的尝试是服药，在被俘之时，他就绝望地吞了药丸，却因饮水不干净而上吐下泻，药力丝毫没有挥发。

决心赴死之前，文天祥目睹了国家灭亡的整个过程。

在张弘范[②]的军营，这位元军主将一样希望能劝服文天祥归顺朝廷。

崖山海战后，南宋宣告灭亡。在元军的庆功宴上，张弘范亲切地对文天祥说："你的国家灭亡了，作为丞相，你的忠义也尽到了。人最可贵的品质就是应天顺时，倘若丞相能转变立场，像侍奉宋朝皇帝那样侍奉我大元皇帝陛下，想必一样能保住丞相的地位……"

"国亡不能救，作为臣子已是死有余辜。"文天祥打断了张弘范的劝说，"我此前写的那首诗，足以表明我的立场，请

[①] 陆秀夫：抗元名臣，与文天祥、张世杰并称为"宋末三杰"，官至左丞相。
[②] 张弘范：元朝大将，跟随元帅伯颜南下攻宋，是灭宋之战的主要指挥者。

你不必再劝。"

文天祥口中的那首诗,是他被张弘范带着一同赶赴崖山,渡零丁洋时写的。

崖山之战前,张弘范希望文天祥能修书一封,劝说陆秀夫不要再负隅顽抗,文天祥却坚决不答应。路过零丁洋时,张弘范又来索要劝降信,文天祥便含泪写下了这首千古绝唱《过零丁洋》:

> 辛苦遭逢起一经,干戈寥落四周星。
> 山河破碎风飘絮,身世浮沉雨打萍。
> 惶恐滩头说惶恐,零丁洋里叹零丁。
> 人生自古谁无死?留取丹心照汗青。

四

被俘之前,文天祥以右丞相兼枢密使的身份,亲赴敌营与元朝丞相伯颜谈判。

伯颜打仗很猛,嘴皮子却不利索,在谈判桌上被文天祥批判得一脑门子汗。伯颜一生气,开始不讲武德,直接把文天祥扣押在元营,文天祥费了好大的功夫才逃了出来,后在转战福州时被叛徒出卖,押送至张弘范的军营。

文天祥是主动请缨前去敌营谈判的,毕竟左丞相留梦炎提前开溜,右丞相陈宜中比较惜命,打死也不愿去敌营,谢太后只好临时提拔文天祥做了右丞相。

在蒙古大军兵锋直指临安之际,南宋君臣已经做好了亡国的准备，谈判桌上尽量拖延时间，私底下该跑路的跑路，该投降的投降。

打是打不过的，死马也不能当成活马医，蒙古铁骑的所向披靡，文天祥心里很清楚。早在宋恭帝德祐元年（1275），蒙古人沿汉水挥师南下，谢太后就急发《哀痛诏》，命令各地官军火速勤王。

结果，响应的不多。三十九岁的文天祥时任赣州知府，却捧着诏书泪流满面，然后派下属在赣州募兵，同时联络溪峒蛮人，开始了一生中最高亢最悲壮的事业。

很快，他就招募了万余人马，火急火燎地准备冲上前线。

此时，朋友们却奉劝文天祥："元人兵分三路南下进攻，势不可当，你这万余乌合之众，好比群羊之斗猛虎，只会白白丢掉性命。"

文天祥不听，虽然他此前从来没拿过刀剑、没穿过盔甲，却准备拼死捍卫国家。

文天祥不会忘记，两年前被起用为荆湖南路提刑时，遇到了前任宰相江万里。

两人一边喝着下午茶，一边畅谈天下大势。

临别时，佝偻苍老的江万里望着气宇轩昂的文天祥，颇为感慨地勉励道："我老了，不能为国家做事了。老夫一生为官，阅人无数，今日有幸得见文山，深深感到天下英杰，能为国家尽忠竭力者，唯你一人！也许，你就是我大宋压不垮的脊梁！"

紧紧握着江万里如朽木般苍老而颤抖的手，文天祥忽然热泪盈眶。他从来不怕肩负重任，更不怕得罪权幸。

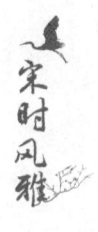

在他从政的十余年间,他讽刺过奸相贾似道,结果被勒令"退休";弹劾过力请迁都的奸臣董宋臣,结果被董宋臣黑心诬陷,几年之间他从瑞州知州、江南西路提刑贬为尚书左司郎官,又被贬为军器监,搞得他主动要求担任江西仙都观的主管,准备以二十七岁的年龄退居二线。

仕途的连连受挫,让文天祥几乎忘记了,自己当年可是朝廷钦定的状元。

那时的日子,是多么轻松愉快;那时的天空,是多么广阔辽远。

五

宋理宗宝祐四年(1256),二十岁的文天祥参加殿试,轻轻松松写下一篇气势恢宏的万字策论。

宋理宗当场拍板:"文章写得太赞了,状元就是你了!"

比状元更让人关注的,是文大祥逆天的颜值。

在官修正史《宋史》中,不吝用了十七个字来形容他的相貌:

体貌丰伟,美皙如玉,秀眉而长目,顾盼烨然。

这在历朝历代惜字如金的官修正史中,可是不多见的。

那时的他,是众多青少年和中老年女性的超级偶像,再加上状元的身份,自然成了社会各界人士争相交往的对象。

对于二十出头的年轻人来说,似乎人生之路已经提前铺平了。

《宋史》说他豁达豪爽，最爱结交江湖上的朋友。工作闲下来时，他就约上一干朋友夜夜笙歌，泡吧蹦迪，极尽奢华之能事，还给自己取了一个时尚而又小清新的绰号：浮休道人。

那时的他不会想到，以后的人生会如此跌宕起伏、波澜壮阔。

不光文天祥想不到，他的老爹文仪也没想到。

文仪这辈子不屑于做官，他只有一个爱好：读书，经常通宵苦读，把藏书看得比生命还重要。

受老爹影响，文天祥给自己取了一个很有意味的别称：文山，然后学着老爹那样，拼命读书、刻苦学习。

十岁那年，他就远超同龄人很多个台阶，当同学们放学后鱼贯而出、嬉戏打闹时，文天祥却经常在学校的名誉墙边发呆。

名誉墙上，挂着很多风雅文人的画像，苏轼、范仲淹、欧阳修，等等。

"什么时候，我才能成为他们中的一员呢？"文天祥心想，"只有向他们学习，才能成为真正的顶流文人！"

宋理宗端平三年（1236），文天祥出生在江西吉安。

那个时候，不会有人相信，这个婴儿，注定要成为大宋最后一个真正的文人，注定要挺起民族历尽磨难却始终压不垮、折不断的脊梁。

有文天祥在，大宋的穷途末路就不会黯淡；有文天祥在，大宋文人的精彩故事，就可以画上一个圆满的句号。